# 中国纺织行业管理创新成果蓝皮书

——全国纺织行业管理创新成果经典案例之二（2014~2015）

中国纺织工业企业管理协会　组织编写

中国纺织出版社

## 内 容 提 要

《中国纺织行业管理创新成果蓝皮书》是全国纺织行业管理创新成果案例集锦的第二辑，是在第三届、第四届"全国纺织行业管理创新成果奖"评选活动的基础上，精选获奖的13家纺织企业案例汇编成集，希望据此能够进一步总结和推广纺织企业管理创新经验，促进企业的创新发展，引导企业深化改革，全面提高企业管理现代化水平，推动中国式企业管理科学体系的建设。

本书资料丰富、条理清晰、内容翔实，对纺织行业管理创新的发展状况、政策、战略等进行了客观、公正、深入的分析、评估和预测，所讨论的各个主题具有很强的前沿性、前瞻性、战略性。对13家纺织企业的管理创新背景、发展模式、机遇挑战以及相应的应对策略均有详细描述，同时，内含创新理论综述、行业背景介绍、管理创新点提炼、相关辅导性阅读等内容。视觉独特、时效性强，对于政府部门、行业协会、企业、高校和研究机构均有较好的借鉴和启发意义。

**图书在版编目（CIP）数据**

全国纺织行业管理创新成果经典案例. 二, 2014－2015/中国纺织工业企业管理协会组织编写. —北京：中国纺织出版社，2016.12
（中国纺织行业管理创新成果蓝皮书）
ISBN 978－7－5180－3090－3

Ⅰ.①全… Ⅱ.①中… Ⅲ.①纺织工业—工业企业管理—中国—文集 Ⅳ.①F426.81－53

中国版本图书馆CIP数据核字（2016）第269547号

策划编辑：孔会云　　责任编辑：符　芬　　责任校对：王花妮
责任设计：何　建　　责任印制：何　建

中国纺织出版社出版发行
地址：北京市朝阳区百子湾东里A407号楼　邮政编码：100124
销售电话：010—67004422　传真：010—87155801
http://www.c-textilep.com
E-mail：faxing@c-textilep.com
中国纺织出版社天猫旗舰店
官方微博http://weibo.com/2119887771
三河宏盛印务有限公司印刷　各地新华书店经销
2016年12月第1版第1次印刷
开本：710×1000　1/16　印张：14.25
字数：211千字　定价：98.00元

凡购本书，如有缺页、倒页、脱页，由本社图书营销中心调换

# 编辑委员会

总 顾 问　王天凯
顾　　 问　高　勇　孙瑞哲　曹学军　杜钰洲　许坤元
　　　　　　徐文英　张　莉　杨纪朝　陈伟康　王久新
　　　　　　陈树津　张延恺　徐迎新　陈大鹏
主　　 任　夏令敏
副 主 任　杨　峻
主　　 编　王进军　李成钢
副 主 编　张京炜
特邀供稿　张文彬　杨　杜　顾庆良　周晔君　张代理
委　　 员　李陵申　端小平　杨兆华　孙淮滨　朱北娜
　　　　　　彭燕丽　陈志华　王树田　王加毅　董春兴
　　　　　　邢冠蕾　徐国营　谢方明　王亚超　郭　伟
编　　 辑　（按姓氏笔划排序）
　　　　　　王英霞　叶　伟　巩　轲　刘　威　刘蕴莹
　　　　　　李　芫　吴轶伦　赵婧宇　侯宝杰　姜　黎
　　　　　　姜　铸　黄淑莉　魏　爽

# 序

随着我国经济进入新常态,纺织行业也步入深度调整阶段。在企业生产经营成本不断上升、内外市场增长动力偏弱、投资增速下滑明显的不利局势下,2016年上半年,纺织行业坚持加快推进转型升级,着力深化供给侧结构性改革,产销、效益等主要指标实现增长,行业运行基本保持平稳。

与此同时,我国纺织行业发展仍面临着行业固定资产投资增速逐步放缓,棉花市场形势仍然复杂,上游原料PTA行业产能过剩,融资、物流、人工成本高企等一系列难题的考验。特别是对于我国数以万计的中小纺织企业来说,这场大考很残酷,且没有补考机会,动辄生死攸关。在以往历次风雨考验中,我们看到,那些乘风破浪、奋力前行的企业都有一个共性——兼具精益求精的工匠精神和开拓进取的创新精神。这两种精神是在困境中突围的法宝,我们必须推广和传承下去。

作为企业家精神的本质,创新是企业实现可持续健康发展的基础。企业通过对组织内部可控因素的创新去适应外部不可控因素的变化,提高软实力,增强抗风险能力,这就是管理创新的功用。管理创新不仅仅是产品研发,也不仅仅是技术创新,它涵盖了企业管理的方方面面。

在全球新一轮科技革命和产业变革中,信息通信技术加速发展和应用,对企业传统经营理念、生产方式、组织形式、营销服务等产生深刻影响。企业从生产到销售的所有环节都与外界相互关联、彼此影响,牵一发而动全身。这是一个充满挑战的时代,也是一个充满机遇的时代。那些具有创新精神的企业家组成了纺织行业的领军人物方阵,他们不断学习新知识、研究新形势,用创新思维推进企业组织与制度、人力资源管理、营销、文化等方面的调整,实现了许多伟大突破。不积跬步,无以至千里。不积小流,无以成江海。一家企业管理模式的不断创新能够推动自身的发展,多家企业的集体创新行为将推动行业经济乃至整个社会经济的大发展。

已经发布的《纺织工业"十三五"发展规划》中明确定义:纺织工业是我国传统支柱产业、重要的民生产业和创造国际化新优势的产业,是科技与时尚融合、衣着消费与产业用并举的产业,在美化人民生活、带动相关产业、拉动内需增长、建设生态文明、增强文化自信、促进社会和谐等方面发挥着重要作用。

针对我国经济进入新常态后表现出的速度变化、结构变化、动力转换三大特点，纺织工业发展要坚持市场导向、创新驱动、结构优化、绿色发展原则，主动适应和引领经济发展新常态，利用纺织工业自身良好的产业基础，加快结构调整和产业升级步伐，着力提高发展质量和效益，创造"互联网＋"时代和国际化发展的纺织新优势，成为科技、品牌、可持续发展和人才实力都不断增加的世界纺织强国。

在行业由大到强的进程中，企业应把加强管理创新、切实提质增效作为自强的手段和路径，既要开源又要节流，着力实现成本控制化、资源集约化、质量标准化、品牌国际化、内部市场化、员工创客化、服务专业化、生产智能化等适应市场需求的运营模式，增强综合竞争力，有力支撑行业转型升级。

作为我国纺织行业的"企业家之家"，中国纺织工业企业管理协会有责任也有义务推动企业管理创新工作再上新台阶。多年来，协会一直关注和总结在企业生产经营管理各环节、各领域可复制、可推广的成功经验，开展全国纺织行业管理创新成果评比，组织编写案例汇编，树立了山东如意、无锡一棉、青岛红领等一批活典型、硬标杆，在引导行业企业提质增效方面发挥了重要作用。这一次，本书收录了13家优秀企业的管理创新成果，以飨读者。

值此《中国纺织行业管理创新蓝皮书》付梓之际，恰逢中国纺织工业联合会换届之时，我们总结以往的成功经验、推广优秀管理创新成果，既有助于提升行业造血能力，也有助于增强全行业迎难而上的信念，在"十三五"新时期，让"发展向管理要红利"这一永恒的主题焕发出更新更重要的意义。

2016年10月

# 目　录

推进纺织企业管理创新　实现行业转型升级　/ 1

让管理创新成果服务于更多纺织企业　/ 9

## 政策解读

关于引导企业创新管理提质增效的指导意见　/ 16

## 专家观点

以全面创新驱动企业提质增效升级　/ 26

企业创新的目的是创造价值　/ 32
　　——从第四届中国纺织行业管理创新成果说起

新常态下中国纺织科技与管理创新　/ 40

## 行业视角

用创新营造企业持续竞争活力　/ 50

传统产业改变命运的最佳路径：大规模个性化定制为核心的"互联网＋工业"新模式　/ 57

## 经典案例

以一站式服务模式为基础，打造管理创新新篇章　/ 64
　　——北京三联虹普新合纤技术服务股份有限公司

追求品质零缺陷的六西格玛管理 /72
　　——大连瑞光非织造布集团有限公司

RFID 物联网技术导向下的生产绩效管理 /88
　　——青岛即发集团有限公司

基于全员参与、持续改善、自主管理的印染企业精细化管理 /106
　　——绵阳佳联印染有限责任公司

创新驱动战略引领下的华兴模式探索 /119
　　——山东华兴纺织集团有限公司

苎麻产业终端品牌战略的实践 /129
　　——湖南华升集团公司

以价值传递为核心，打造共赢发展的管理模式 /141
　　——德州恒丰集团

盛装装扮文明生态虹桥拓展追梦之路——盛虹"绿色印染"创新
　　管理成果 /152
　　——盛虹集团有限公司

智能制造推动两化深度融合的管理实践 /165
　　——青岛环球集团股份有限公司

新澳纺织：为传统纺织业插入"时尚"芯片 /177
　　——浙江新澳纺织股份有限公司

时尚、快乐、健康——浩沙集团转型升级之路 /185
　　——浩沙实业（福建）有限公司

**产学研合作体系发展道路的开拓者** /195
　　——原江苏奥神集团有限责任公司
　　（现合并连云港市工业投资集团有限公司）

**纺织品生态安全风险防范体系的建设与实施** /207
　　——山东南山纺织服饰有限公司

# 推进纺织企业管理创新
# 实现行业转型升级

"十二五"时期,作为国民经济的支柱产业、重要的民生产业和不断创造国际化新优势的产业,我国纺织工业规模效益稳定增长,结构调整不断深化,科技创新和技术进步水平明显提升,在全球纺织分工体系中的地位进一步提高。截至2015年底,全行业纤维加工总量达到5300万吨,占全球纤维加工总量的50%以上,年均增长5.1%;纺织品服装出口总额2911.5亿美元,占全球纺织品服装贸易总额的38.5%,年均增长6.6%;全国规模以上纺织企业实现主营业务收入70713.5亿元,利润总额3860.4亿元,年均分别增长9.2%和11.5%,分别超过全国工业2.2个百分点和10.6个百分点。

2016年以来,我国纺织行业经济运行情况基本正常,产销、效益等指标增长相对平稳,产业链终端运行质量稳中趋好。前三季度,纺织行业大类产品纱、布、化纤、服装产量稳步增长,增速分别为5.93%、1.77%、6.23%、0.46%;全行业实际完成投资增长6.89%;规模以上企业工业增加值增长6.2%;纺织品服装出口总额2038亿美元,下降5.96%,以人民币计价,出口13339.18亿元,增长0.04%;规模以上企业主营收入增长4.08%,利润总额增长3.66%。服装、家纺、产业用纺织品行业的效益增长均好于全行业。

在复杂的国内外市场环境下,纺织行业面临国际国内需求增长不足、企业成本居高不下的巨大压力,依然能够保持较为稳定增长实属不易。原因之一就是纺织企业多年来不断加快管理创新,提升管理水平,提高市场竞争能力。

## 一、"十二五"以来纺织行业管理创新成果显著

"十二五"期间,纺织行业在大力推动科技进步和品牌建设的同时,把管理创新作为重点任务,贯穿于企业生产经营的各个环节,扎实推进,努力提升企业管理水平,提高生产效率,取得了丰硕成果。

### (一)推进管理创新,企业效率提升,行业效益持续稳定增长

尽管生产成本、人工成本不断上升,经营压力不断加大,纺织企业仍坚持加强管理、挖掘潜力、提高效率。"十二五"时期,全行业经济运行效率指标依然保持较高水平,人均劳动生产率(按人均主营收入计)年均增长10%左右,

流动资产周转次数稳步提升，资本保值增值水平、利润率、三费占比较为稳定，资产负债率逐步下降，管理创新的作用十分突出。

**2011~2015年纺织行业运行效率指标**

| 年份 | 成本费用利润率（%） | 总资产贡献率（%） | 流动资产周转率（%） | 资产负债率（%） | 资本保值增值率（%） | 劳动生产率（万元/人） | 三项费用占主营收入比例（%） ||||
|---|---|---|---|---|---|---|---|---|---|---|
| | | | | | | | 全行业 | 纺织业 | 服装服饰业 | 化纤业 |
| 2011 | 5.95 | 15.10 | 2.88 | 56.01 | 117.99 | 53.38 | 5.76 | 5.17 | 7.87 | 4.43 |
| 2012 | 5.68 | 14.69 | 2.78 | 56.10 | 111.77 | 57.77 | 6.2 | 5.27 | 8.5 | 4.89 |
| 2013 | 5.85 | 15.39 | 2.85 | 55.78 | 109.73 | 62.39 | 6.14 | 5.2 | 8.45 | 4.7 |
| 2014 | 5.78 | 14.90 | 2.88 | 53.38 | 113.28 | 67.38 | 6.11 | 5.18 | 8.09 | 5.3 |
| 2015 | 5.79 | 14.82 | 2.96 | 52.22 | 107.24 | 72.00 | 6.12 | 5.12 | 8.11 | 5.61 |

## （二）推进管理创新，加快行业两化融合

纺织行业信息化建设始终走在工业领域的前列，这既源于纺织企业提升管理水平、提高竞争力的需要，也与市场充分竞争、倒逼企业加快信息化建设密切相关。"十二五"时期，纺织行业的信息化建设，或者称作"两化融合"，无论从广度或深度上都达到了前所未有的程度。中国纺织工业联合会（简称"中纺联"）跟踪统计的结果显示，大中型纺织企业中有95%以上建立了企业信息化管理系统，小微企业中有50.4%建立了生产环节的信息化管理系统。信息化管理系统在企业的生产经营中发挥了重要作用，特别是棉纺、化纤、印染、服装、纺机等行业信息化应用程度较高，成效显著。

## （三）推进管理创新，促进行业智能化

在不断推进信息化建设的基础上，纺织行业的自动化、数字化、网络化水平也稳步提高，技术装备和运营管理能力持续提升。近年来，棉纺、化纤、纺机、服装等行业陆续出现智能化生产线、智能化车间。智能化大大提高了纺织服装企业的生产运营效率，以及产品质量的稳定性和可靠性，减少了用工，降低了工人的劳动强度，加快了对客户的响应速度，增强了客户黏度，为"十三五"时期全面推进智能制造打下了良好的基础。

## （四）推进管理创新，带动中小企业管理水平提升

纺织产业集群集聚了大量中小微企业，提供了众多就业岗位，为地方经济

发展和社会稳定做出了重要贡献。中小微企业的存在和发展也是产业活力的体现，提升其管理水平，使其在市场中健康成长，是行业发展的重要任务，也是推进管理创新的重要目的。"十二五"时期，纺织产业集群的公共服务中，为中小微企业开展的人才培训、信息技术等工作有效地促进了企业管理水平的提升，增强了产业集群地企业的市场适应能力和抗风险能力。

### （五）优秀企业家队伍不断壮大，一批年轻企业家在快速成长

企业是行业创新发展的主体，企业家是支撑起行业发展的脊梁。中国纺织服装产业的快速发展，得益于企业家的智慧、魄力和市场把握能力。通过多年来在国内外市场的历练，一大批优秀的企业家成长起来。他们以卓越管理能力和经营才华带领企业在市场竞争中成长，也带动了行业企业家队伍的成长壮大。近年来，一批批具有国际视野、掌握现代管理知识和前沿技术的年轻企业家、二代企业家快速成长。他们对新理念、新知识、新技术和新模式的学习、理解和把握能力非常强，为行业带来了清新活力，让行业内外对产业未来的发展充满信心和期待。

## 二、纺织企业积极开展管理创新的成功实践

改革开放 30 多年来，中国经济高速发展取得了令世人瞩目的成就。中国纺织行业也迎来跌宕起伏、蓬勃发展的新时期。特别是 21 世纪以来，我国纺织行业高歌猛进、快速发展，成为全球纺织行业稳居第一的生产大国和消费大国。在全球化条件下，我国纺织行业充分参与国际市场竞争，企业的生产经营管理水平不断提升，管理创新能力不断增强。

### （一）加强品牌管理，创新品牌发展理念，拓展自主品牌的发展道路

内蒙古鄂尔多斯资源股份公司围绕羊绒这一品牌核心特色，努力提升自有品牌的国际竞争力。在规划品牌重塑创新时，确定必须更加倚重国内市场。因此，针对"鄂尔多斯"系列品牌存在的品牌重叠、定位不准、客群细分不够等问题，对品牌进行系统规划，以更好地满足不同客群需求，以品牌焕新带动业绩提升。新的品牌战略下，鄂尔多斯系列品牌划分为四个子品牌，具有各自鲜明的核心客群、品牌定位和业务流程。同时，通过信息化建设优化管理流程、提高生产管理能力、提升企业内部业务管理的协作效率，最终实现以客户为中心的快速响应机制，提升生产运营效率，提高了品牌的整体影响力和盈利能力。青岛红领集团公司始终坚持走新型工业化、品牌化发展道路，成立二十多年来，

以振兴民族服装产业为已任，树立高起点、高标准、高品质、高档次的战略定位，以市场为导向，努力做到管理现代化、经营规模化、销售网络化、服务规范化、设计人性化、产品多元化、效益最大化，形成了独具特色的企业管理模式。红领集团创立大规模个性化定制的生产方式，充分利用信息技术、制造技术快速发展的成果，融合现代设计方法和管理模式，打造出快捷高效的供应链，在引领服装企业转型升级方面起到了示范作用。

### （二）加强质量管理，优化质量管理体系，提高产品质量

山东如意科技集团公司始终注重质量管理创新，通过整合质量管理模式，建设标准化管理体系，形成了一套上下贯通的决策稳、执行快的质量管理模式，保证了产品质量始终处于国际一流水平。大连瑞光为追求产品品质零缺陷，实施六西格玛质量管理办法，实现了公司水刺产品一等品率的提高和水刺能源消耗（电、蒸汽）的降低。无锡一棉不断调整管理思路，从小处入手，挖掘企业管理潜力，强化生产管理，提高管理效能；开展工艺管理，进行工艺专试、成品质量监控，棉纱质量水平显著提高，获得国内外客户的充分信任与肯定。安徽华茂集团公司坚持以质量为中心，实施严格的质量管理和技术创新，追求卓越质量，打造精品效应。多年来，华茂集团的纱、布质量水平始终领先行业，出口产品价格均大幅高于市场同类产品水平。

### （三）加强研发管理，推进技术创新应用，不断提高生产经营效率，增强竞争力

山东如意科技集团公司高度重视技术管理创新，实行梯度式"双三级"技术研究开发新模式，搭建与梯度研发配套的三级技术创新转化平台。其自主创新涵盖了技术原始创新、集成创新和引进消化吸收再创新，显著提升了企业的核心竞争力。常州旭荣针织印染有限公司大力投入研发设计，投资5000多万元成立了工程技术中心，打造纺纱、织造、染整、成衣一条龙的研发体系，同时开展产学研合作，研发成果快速转化并投入市场，市场竞争力和经济效益稳步提升，研发实力获得国内外客商的高度认可。湖南华升集团公司不断开发科技含量高、附加值高的新产品，引导苎麻行业的消费潮流。新近开发的高档苎麻系列产品已实现批量生产并推向市场，具有显著的经济和社会效益。同时，华升集团采用纳米银纤维电磁屏蔽技术和特种助剂进行面料整理，研发生产了阻燃防火、防酸碱、防静电、抗油拒水、防紫外、防水透湿、高强效复合功能性面料，可广泛满足机械加工、矿山、冶炼、化工生产、电力等特种行业的服用

功能。五洋纺机有限公司立足以技术创新推动企业发展，多年来坚持高素质技术队伍建设，选拔技术骨干出国深造，并与科研院所合作进行技术攻关和产品开发，取得良好效果。近年来，企业先后成功开发了数控多梳经编机、贾卡压纱板经编机、双针床提花经编机、全成形智能服饰经编机等系列产品，并以每年成功推出3~6个新产品的高效率引领市场，公司销售收入连续多年保持30%以上的增幅。

### （四）加强成本管理，增强企业成本控制意识，节本增效

"十二五"时期，随着要素成本快速上升，劳动力、能源价格上涨，原材料价格大幅波动，各种费用随之增加，企业的经营压力日益增大。纺织行业通过管理创新不断化解成本上升难题。魏桥纺织股份有限公司高度重视管理创新，集约化统筹管理是其提高效率与效益的一大亮点。企业在战略规划、项目决策、技改工程、能源供应、物资采购、市场营销、生产计划、人力资源、财务、信息化建设等方面实行高度统一的管理体制，加强了总部控制力度，形成了集约、节约型的成熟经营创新管理模式。企业原材料、水、电、汽等各项消耗指标在全国同行业均处于较低水平，全员劳动生产率等经济技术指标均处于全国同行业先进水平。2015年，魏桥纺织"纺织废边纱、回丝、纯棉包布加工回收再利用"等6项技术入选中国棉纺织行业《节能减排技术暨创新应用目录》；在工艺方面，企业采取的"重定量、大牵伸"高效工艺，实现了节约设备投资、节省用工能耗、降低生产成本的目标；在操作方面，企业采取的"细纱专人专项操作法"与"棉条、粗纱整体上下车操作法"成效明显，产量与效率双双提升。义乌华鼎锦纶股份有限公司建设智能化工厂，减少用工，大大降低了用工成本。企业开发的高效低耗加工工程技术将能耗降低了30%。河南永安纺织有限公司大力倡导感恩文化，建立和谐企业，稳定职工队伍，员工流失率连续多年大幅降低，而员工的工作积极性大大提高，工作效率明显提升，从而实现了企业生产成本的降低和生产效率的提高。

### （五）加强资源管理，实现节能减排，绿色生产

"十二五"期间，纺织行业节能降耗、污染物减排、资源循环再利用和环境保护工作进展明显，一大批优秀企业加强资源管理、推进绿色生产，为全行业树立了典范。青岛凤凰印染有限公司通过管理创新、范式创新，采用新工艺、新装备、新流程和新管理模式，不仅提升了生产效率、产品质量和经济效益，持续降低水、电、汽的消耗，还实现了染料万米单耗的大幅下降，蜡染烟气、

生产废气的达标排放，大大改善了生产环境。常州旭荣针织印染有限公司多年来斥巨资进行节能减排，开展多项节能项目，对生产工艺及生产中涉及水、电、气等能源的机台进行技术改造，大幅降低了生产成本和能耗，获得了明显的经济效益。盛虹集团一直致力于创建现代印染企业管理模式，在推广清洁生产过程中，通过点面结合的方式由一厂试点成功后推广至多厂。同时，注重应用新原料、新技术、新工艺和新设备，充分发挥"创新"作用，提高企业的经济效益和市场竞争力，推动印染清洁生产的全面发展。

### （六）加强风险管理，提升企业抵御市场风险的能力

在国内外市场低迷的环境下，企业的风险也在加大。原材料价格波动、汇率大幅波动、贸易保护主义抬头、海外投资环境复杂及跨行业投资等都成为企业发展中面对的不稳定因素，企业亟需加强风险管理，防范风险，避免遭受损失。南山纺织整合多项纺织品生态安全国际标准，建设基于供应链的纺织品生态安全风险防范体系，实现了纺织品生态安全源头控制，推进了国际市场纺织品生态安全标准认证工作，降低了出口风险，提高了经济效益和社会效益。此外，还有许多棉纺、化纤企业通过期货市场，利用金融工具锁定棉花、PTA的中远期价格，降低了原料价格波动风险。

### （七）加快推进两化融合，不断实现生产方式和运营模式创新

无锡一棉集团是纺织行业中较早开始信息化建设、推进两化融合的企业，现已成为全国两化融合示范企业。经过多年投入和不断完善，无锡一棉已经实现生产设备全线、全流程智能联网监测，管理效率和水平大幅提升，效益十分明显。青岛即发集团近年来导入"RFID物联网技术导向下的生产绩效管理"项目，基于网络信息技术进行生产管理，利用RFID技术跟踪产品生产过程中的加工工序、人员信息、产品生产进度以及质量追溯信息，彻底解决了企业运营管理与实际生产执行过程中的协同问题，实现了生产计划和生产制造系统之间的数据一体化集成管理，提高了生产经营管理与控制决策能力。这为提升产品质量、提高设备生产效率、降低维护成本、优化产品交货期以及通过质量追溯完善售后服务都提供了有力的保障。三联虹普的化纤行业工程技术服务运用"云数据挖掘""云信用计算"和"云结构服务"三大核心技术，整合纺织行业资源，建立纺织行业大数据体系，把一站式服务模式进行平台化运作和拓展，在金融、信息与征信领域进行多维度服务创新，建立征信服务与资本支持的创新服务新模式，助力中国纺织企业的可持发展。韩都衣舍基于互联网建立营销体

系，把供应链通过互联网技术高效串连起来。企业内部以产品小组制为核心建立单品全程运营体系，目前运行良好。

### 三、纺织行业管理创新永远在路上

"十三五"时期是我国全面建成小康社会的决胜阶段，也是纺织行业建成纺织服装强国的关键时期。从国际市场来看，全球经济增长乏力，贸易保护主义抬头，国际市场需求增长动力不足，我国纺织服装产业发展压力巨大。从国内形势看，新常态下经济增长动力正在转换，经济发展方式加快转变，国内市场潜力很大。内需仍将是纺织服装产业发展的主要拉动力。在供给侧结构性改革的宏观背景下，中国纺织行业未来发展只能靠创新来引领，努力把科技创新与制度创新、管理创新、商业模式创新及文化创新结合起来，推动纺织服装产业发展方式向依靠技术进步、品牌提升和劳动力素质提高转变，在不断增品种、提品质、创品牌过程中，促进产业向中高端迈进，在全球化发展过程中构建中国纺织服装产业的强国地位。

#### （一）大力弘扬企业家精神

中国纺织行业快速发展，汇聚了一代又一代、大批优秀纺织企业家。他们身上体现出了独特的企业家精神——艰苦奋斗的创业精神、开拓进取的创新精神、精益求精的工匠精神、诚实守信的合作精神。纺织行业的发展成果得益于企业家精神，未来的发展也离不开企业家精神。若要打造百年纺织企业，建设充满活力与希望的时尚产业，就必须把宝贵的企业家精神一代代传承下去并加以大力弘扬，让每一个中国纺织企业家都能够不忘初心、继续前进。

#### （二）加快推进两化深度融合

随着"中国制造2025"和"'互联网＋'行动计划"的全面推进，信息技术在纺织行业的设计、生产、营销、物流等环节得到深入应用，推动企业生产模式向柔性化、智能化、精细化转变。纺织行业由传统生产制造向服务型制造转变。大数据、云平台、云制造、物联网等新一代信息技术的广泛应用将催生纺织服装产业新的业态和新的商业模式，为纺织行业带来创新发展的广阔空间，也将对传统生产经营方式形成极大挑战，因此，加快管理技术进步、实现管理现代化迫在眉睫。纺织企业和企业家应积极树立互联网思维，加快信息技术的深度应用，实现研发设计网络化、生产过程数字化、营销管理电子化、物流服务现代化，全面提升管理水平，实现企业管理现代化。

### （三）加大扶持力度，帮助中小微企业提高管理水平

中小微企业在管理创新上还有许多先天不足，既有人才缺乏问题，也有经验缺少问题；既有技术问题，也有制度问题。各级政府部门，特别是中小微企业集中的纺织产业集群地的政府和有关部门，应当在中小微企业管理提升方面加大投入，组织开展企业管理创新总结推广活动，培育和发现企业创新管理、提质增效的成功经验和好的做法，采取组织培训班、召开经验交流会、企业现场会等多种形式，推广先进经验和做法；也要支持高等院校、研究院所深入纺织产业集群中，开展调查研究、咨询服务工作，有针对性地为纺织中小微企业的管理提升服务。只有中小微企业的管理水平得到提升，纺织产业升级才能成功。

### （四）中国纺织工业企业管理协会（简称"中纺企协"）将充分发挥行业组织的作用，推进纺织企业管理创新

作为我国纺织行业的"企业家之家"，中纺企协有责任也有义务推动企业管理创新工作再上新台阶。多年来，中纺企协一直关注和总结在企业生产经营管理各环节、各领域的成功经验，开展全国纺织行业管理创新成果推广工作。今后，还将进一步加大力度，研究建立纺织企业管理创新提质增效的评价指标体系，通过企业自我评价和第三方评价等方式，引导企业对照国内外先进企业的标杆查找自身差距和薄弱环节，不断加以改进，提升管理水平。同时，中纺企协还将努力推动地方政府、部门和有关机构为纺织企业的管理创新提供更多公共服务，培养造就一批优秀企业家和高水平经营管理人才，帮助企业强化管理、提质增效，共同推进纺织企业管理创新，实现行业的转型升级。

为了实现"十三五"发展目标，建成纺织强国，全行业必须不断推进管理创新，提升企业管理水平，提高国际竞争力。在总结管理创新成功经验的同时，我们还应当看到中国纺织企业在管理技术、管理模式、管理效率、管理水平方面与国际优秀企业还存在很大差距，需要学习的东西还很多，需要提升的空间还很大。中国纺织企业实践管理创新永远在路上。

中国纺织工业企业管理协会会长　夏令敏

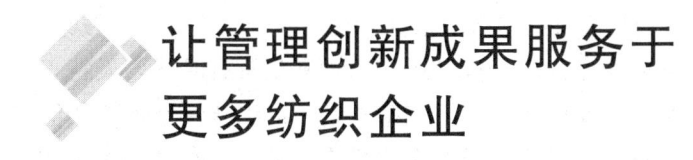

# 让管理创新成果服务于更多纺织企业

纺织工业是在对外开放和市场配置资源条件下，发展最快的行业之一，也是中国市场化程度最高、竞争最充分、与市场和消费终端最接近、经济带动作用最大、劳动相对密集、国际竞争优势比较明显的产业之一。在解决就业、满足市场消费、出口创汇、推进区域经济发展等方面发挥着积极而重要的作用。

当前，纺织产业正处在转型升级的关键时期。一方面，在从计划经济体制向市场经济体制转型的过程中，纺织行业不断攀登新台阶。原来实行的计划经济体制在20世纪发挥了一段积极作用以后，劳动生产率低等弊端日渐突出，致使我国纺织行业与发达国家之间在经济、技术等方面差距明显。但是，由于当时劳动力资源丰富、市场需求旺盛，传统的管理模式仍然能够发挥人多力量大的优势，推进行业实现高速增长。从最初的国企到国企改革、退出，经过压锭，大量民营企业涌出，目前民企数量已占我国纺织行业企业总量的90%以上。随着行业进入新的发展阶段，民营企业也处在更新换代、二代企业家接班的关键时期。企业在管理上存在着诸多问题，有迫切提升管理水平的需求。

"十二五"期间，中国经济增速在经历"换挡期"后进入"新常态"，伴随而来的是中国纺织行业增长速度的逐步放缓。产业增速放缓最为重要的原因是，原有生产模式难以为继，而新的模式还在探索形成过程之中。进入21世纪以后，纺织业技术设备、工人素质、生产要求、市场条件等发生了巨大变化，从规模型的顶峰向提质型转型。随着纺织产业资本和技术投入比例的不断调整以及外部经济环境的转变，加之环保、低碳、清洁生产等企业社会责任标准的日益提高和相关投入的增加，纺织产业面临前所未有的严峻挑战。在这个时期，管理创新成为企业转变发展方式的核心工作。

中国纺织工业企业管理协会成立于1981年，是纺织行业最早成立的协会。30多年来，协会一直把抓企业管理作为工作重点。2010年9月，时任中国纺织工业联合会会长、中国纺织工业企业管理协会会长的王天凯同志，在山东济宁如意集团召开的中国纺织工业企业管理协会会长会上，提出了"抓行业企业管理创新发展"的新思路，确定了要在行业内推广管理创新的典范，树立排头兵企业。通过院校专家教授，对典范企业的创新成果进行总结、分析、提升、案例总结的方式，对行业有推广性质的经验进行挖掘，最后撰写管理创新典型案例集。

根据王天凯会长在济宁会长会议上的指示精神，我们通过调查研究，搜集、总结企业在加强管理和管理创新方面的经验和举措，特别是具有时代发展特点和导向性的典型案例。在实际工作中，我们切实感觉到，组织开展这项工作能够为企业提供创新发展的思路和启示，为企业家构建交流的学习平台，促进纺织行业转型升级。在此背景下，"全国纺织行业管理创新成果奖"案例成果评选活动也应运而生。

我国纺织行业正处于由制造大国向"智造"强国转型的关键时期，转型中必然要面对的危机和挑战给我们带来了前所未有的巨大压力，倒逼着行业从内部进行调整升级，激发企业萌生通过管理创新实现新一轮发展升级的新思路。危机的出现，说明旧的生产关系已经不再适应生产力发展的客观要求，也更加凸显了管理创新在提升产业和企业竞争力中的重要作用。新环境和新条件，迫使纺织企业打破传统管理模式，通过采取科学的管理模式提高劳动生产率，从而获得良好的经济效益和可持续发展能力。在这一过程中，纺织行业不断涌现出管理创新先锋企业及其成功经验，值得全行业学习与推广。

目前，"全国纺织行业管理创新成果奖"评选工作已经成功举办了四届。在这几届评选中，中国纺织工业企业管理协会与专家对获奖企业进行认真调研、深入探讨的成功模式，共同总结出先进企业的管理创新经验，并出版了第一届和第二届《全国纺织行业管理创新成果经典案例》，为行业创新管理模式、加快技术改造、拓展发展思路提供借鉴。

例如，青岛凤凰印染有限公司以创新思辨打破旧的生产方式，重新规划工艺路线和设备配置，引进先进装备，攻克关键技术，精准均衡前后车速，实现无缝连接，以"染料厨房"概念实现统一化料、统一分配等集成化管理创新，支撑流程再造，实现节能环保，化解旧流程的矛盾，极大释放生产力。

青岛红领集团有限公司以理念及战略创新为先导，以信息化为支撑，积极开展针对高端消费群体的量身定制（MTM）业务，创造出新的量身定制方式——吊挂生产管理系统，该系统颠覆原有流水线模式的生产系统，可以满足同一生产流水线上生产批量西服，而每一件服装都有其特定的客户需求。该企业的创新成果通过推广后，得到了国家工信部的认可。

无锡市第一棉纺织厂摒弃了传统固化的思维定式，以专业简化、流动重组、灵活柔性的思路再造工作流程。"提高劳动生产率"是遵循的核心理念，但"提高劳动生产率"并不等同于"增加个体劳动量"。而要在"每单位满负荷工作"的条件下减少无效劳动，就必须打破传统思维，从根本上进行改革。管理者通过一系列紧密围绕核心理念的创新活动，最终实现了万锭用工25人的中国棉纺业奇迹。

鲁泰集团充分运用节能减排技术,重构行业现代化管理运行和使用模式,实现了全产业范围内经济效益与社会效益的双丰收。实施节能减排,打造全产业链低碳经营模式,成功解决了如何在新形势下通过管理创新实现可持续发展的问题。

见贤思齐,用人如是,治企亦如是。在推广上述优秀企业管理创新成功模式的过程中,我们实实在在地感受到了广大纺织企业管理者求知若渴、积极践行的迫切心情。这项工作从而也拥有了势在必行、行之有效的重要价值。本书是第三届、第四届《全国纺织行业管理创新成果经典案例》第二辑,从挖掘创新管理型企业到总结提炼先进经验,最终汇总为成功案例,以供全行业推广、学习,同时给各专业院校的教学与研究工作提供了鲜活的实例,极具指导和启发性。

北京三联虹普新合纤技术服务股份有限公司以"一站式"工程服务模式为基础,进行组织架构的整合与创新,形成规范化的工艺技术标准、专有设备标准、工程安装等,达到国际化服务水平。同时,公司将服务模式进行推广与延伸,开拓合作视野,寻求更高端的管理理念,以70多人的团队规模,实现了1亿元以上的净利润,并成功实现了上市。其优质高效的公司运作模式和管理创新的经验和做法值得深入挖掘。

大连瑞光集团面对动荡的市场环境,提出"要成为世界领先的制造企业,质量和成本是获取竞争优势的重要手段"。在实施六西格玛管理过程中,公司严格执行"定义(Define)—测量(Measure)—分析(Analyze)—改善(Improve)—控制(Control)"的流程模式。实施六西格玛管理模式以来,企业实现了"一降三提升"的管理目标,即企业资源成本的降低和企业产品品质、顾客满意度、企业经营业绩的提升。

德州恒丰集团是以德州恒丰纺织为主要发起单位而组建的,以凝聚共识为战略目标,以仁和文化为保障的纺织企业联合体。从集团组织管理形式及资产管理模式等方面来看,德州恒丰集团事实上是一个横向的股权式战略联盟。在统一管理模式下,通过制订科学合理的战略发展规划,发挥集团规模优势降低运营成本,形成了价值观统一、凝聚力和战斗力强的有机整体。

绵阳佳联印染责任有限公司以创新思辨精神,边探索边实践,将精益生产和TPM管理理念相结合,走出了一条具有佳联特色的精益化管理之路,并命名为"精益TPM"。TPM的特点就是三个"全",即全效率、全系统和全员参加。全效率指设备寿命周期费用评价和设备综合效率。全系统指生产维修系统的各种方法都要包括在内。全员参加指设备的计划、使用、维修等所有部门都要参加，尤其注重的是操作者的自主小组活动。此举实现了员工素质、设备"体质"和企业效益的提高。

浙江新澳集团身为传统毛纺企业的一员，却把主要发展方向定位为时尚产业，从原料创新着手，选择了纱线时尚趋势预测之源的流行色趋势预测。经历了模仿和依靠客户提供样本的阶段，从2005年开始，新澳每年两次在世界流行纱线展上发布自己的流行色卡和产品集锦卡，与世界同行同步，提前一年半预测市场流行趋势，以设计优势引导客户选择，成功地实现了时尚潮流引导者的角色转变，开辟了一条传统企业转型升级、科学发展的新路径。

山东南山纺织服饰有限公司（以下简称南山纺织）通过多年实践，整合多项纺织品生态安全国际标准，努力进行基于供应链的纺织品生态安全风险防范体系建设。通过该体系的建设，南山纺织实现了基于供应链的纺织品生态安全源头控制，推进了国际市场纺织纺织品生态安全品生态安全标准认证工作，降低了出口风险，提高了经济效益和社会效益，走出了一条我国纺织服装企业在转型背景下的低碳发展路径，打造了基于供应链的绿色、生态商业模式。

此外，书中还集纳了青岛即发集团有限公司、山东华兴纺织集团有限公司、湖南华升集团公司、盛虹集团有限公司、青岛环球集团有限公司、浩沙实业（福建）有限公司、江苏奥神集团有限责任公司等具有中国纺织行业管理特色的创新案例，一并呈现给大家。

结合前两届评选方式及纺织企业发展现状，中国纺织工业企业管理协会不断创新工作模式，完善组织结构，以求令评选工作更为规范和有意义，从第三届开始完善了"全国纺织行业管理创新成果评审办法"，制订了"打分标准细则"，从创新性、实践性、效益性、示范性、规范性及其他六方面进行评分，目的是为了令这项工作有章可依，更加科学、规范。

为了扩大申报企业的覆盖面，我们注重推广宣传，全程携手四家行业主流媒体将管理创新经验在全行业企业中进行宣传，共同努力让先进的创新管理经验对更多纺织企业有所启示，提升企业整体管理水平。

从第四届开始，这项活动由中国纺织工业联合会主办，中国纺织工业企业管理协会承办，并新增了"管理创新成果主创者"这一评奖内容。评审工作采取公平、公正的方式，先由企业申报材料，初审阶段由专家教授组及管理创新办公室成员审阅完材料后，根据主报告内容投票，最终划定入围企业。入围企业确定后，再组织专家评审组赴企业进行实地考评。通过参观生产车间，听取入围企业负责人介绍创新管理成果，与企业现场交流、共同探讨等方式，对企业的申报材料提出修改意见。参加考评的企业根据专家的建议，进行管理创新主报告的修改。随后专家教授针对考评企业出具点评报告，提交评审组。随后由管理创新秘书处对考评结果进行汇总，并对终审资料进行汇编工作。最终评审结果由业内专家及中国纺织工业联合会相关负责人进行审定，并公示"全国纺织行业管理创新成果奖""管理创新成果主创者"获奖名单。

纵观这几届的评选活动，从前两届胜出的企业管理创新成果来看，提高劳动生产率、精细化管理、自主创新体系建设、节能减排及可持续发展、产业链商业模式创建等都是与当前发展息息相关的热门主题。基于对中小企业的特别关注，第三届开始增加了优秀奖项，并扩大了获奖企业的覆盖面，把"全国纺织行业管理创新成果大奖"统称为"全国纺织行业管理创新成果奖"，即涵盖了创新成果大奖及创新成果优秀奖。值得一提的是，后两届突出了智能制造与两化深度融合、战略转型与适应互联网+的商业模式创新、国际化经营与市场开拓、绿色发展与节能减排、品牌塑造与企业文化建设等方面。总之，评选活动通过广泛搜集并梳理行业内加强管理和管理创新的方式，特别是具有时代特点和导向意义的典型经验，旨在为行业、企业在管理创新方面拓宽发展思路提供更多可资借鉴的范本。

时值"十三五"开局之年，我国经济社会发展将迎来深刻变革，纺织工业也将面对崭新的机遇和挑战。因此，中国纺织工业企业管理协会遵循"十三五"规划的基本发展思路，坚持市场导向、创新驱动、结构优化、绿色发展原则，秉承"创新、协调、绿色、开放、共享"的发展理念，深入开展全国纺织行业管理创新评审工作，大力推广成熟的管理创新案例，让更多企业受益于此，为"十三五"纺织战略的实施和纺织强国梦的早日实现贡献微薄之力。

杨　峻　王进军　张京炜　侯宝杰

# 政策解读

工业和信息化部
国家发展和改革委员会
财　　　政　　　部
人力资源和社会保障部
环　境　保　护　部
中　国　人　民　银　行　　文件
国务院国有资产监督管理委员会
国　家　税　务　总　局
国家质量监督检验检疫总局
中国银行业监督管理委员会
中国证券监督管理委员会

工信部联产业〔2016〕245号

---

# 关于引导企业创新管理提质增效的指导意见

各省、自治区、直辖市及计划单列市、新疆生产建设兵团工业和信息化主管部门、发展改革委、财政厅（局）、人力资源社会保障厅（局）、环境保护厅（局）、人民银行中心支行、国资委（局）、国家税务局、地方税务局、质量技术监督局（市场监督管理部门）、银监局、证监局，有关行业协会：

当前，世界经济仍处于深度调整期，全球总需求不振，我国经济发展进入新常态，经济下行压力加大，特别是近年来，我国企业生产经营成本持续上升，企业融资、物流、人工等成本高企，企业减税降费呼声较多，部分行业产能严重过剩，产品价格不断下降，企业面临着更加严峻的经营环境。同时，在全球新一轮科技革命和产业变革中，信息通信技术加速发展和应用，对企业传统经营管理理念、生产方式、组织形式、营销服务等产生了深刻的影响，既带来了前所未有的挑战，也带来了巨大的创新空间和发展潜力。

在新形势下，引导企业创新管理、提质增效，是企业有效控制成本，提高生产效率，提升技术、质量和服务水平，创新发展空间，提升竞争能力的迫切要求；是应对当前经济下行压力、稳增长的重要措施；是推动我国产业转型升级和结构调整，重塑国际竞争新优势，提高我国经济发展质量和效益的有力支撑。为引导企业适应新形势和新要求，进一步创新管理、提质增效，提高企业和产业竞争力，促进我国经济持续健康发展，现提出以下意见：

## 一、总体要求

### （一）指导思想

认真贯彻党的十八大和十八届三中、四中、五中全会精神，深入贯彻习近平同志系列重要讲话精神，全面落实党中央、国务院经济工作的一系列部署和举措，以企业为主体，以市场为导向，通过示范引领和政策引导，鼓励企业加强管理，内部挖潜、降本增效、开源节流、苦练内功，创新生产经营模式和质量管理方法，实现管理增效和创新增效，提升发展质量，增强企业竞争力，有力支撑产业转型升级和经济提质增效。

### （二）基本原则

——企业主导、政府引导。坚持以企业为主体、市场为导向，充分发挥企业在创新管理、提质增效中的主体作用，调动企业的积极性和创造性。政府主要是加强服务和政策引导，营造良好环境，降低社会总成本，引导企业提质增效。

——示范引领、加强推广。坚持典型引路，在企业生产经营管理的各环节、各领域，培育、发现和总结企业在创新管理、提质增效方面可复制、可推广的成功经验，树立活典型、硬标杆，推广成功经验和好的做法。

——因企制宜、分类指导。坚持从实际出发，因地制宜，因企制宜，不搞"一刀切"。企业应根据所处行业、环境及影响提质增效的各种因素，选准符合自身特点和实际的主要路径和好的做法，采取多种方式推进。

——夯实基础、注重创新。坚持"开源"与"节流"一起抓，既要引导企业在控制成本上做文章，更要引导企业深入推进管理、产品、组织、业态及模式创新，拓宽效益提升新空间，谋求新发展。

## 二、主要路径

引导企业降本增效、创新生产经营模式增效、市场开拓增效、战略转型增效，全面管理和控制生产经营成本，积极延伸产业链，拓展发展新空间，变革生产经营模式，加快推进创业创新，提高战略应变能力和风险防控能力，全面促进和保障企业提质增效。企业应立足自我，结合自身实际，找准制约提质增效的短板和瓶颈问题，积极与国内外领先企业进行全面对标，明确差距和提升方向，确定有针对性的主要路径进行突破，切实提升发展质量、增加效益。

### （一）加强成本管理和控制

推行全面预算管理，将企业的人、财、物全部纳入预算，强化预算全过程控制和刚性约束。树立战略成本和创新管理理念，从整体和全局视角对投资立项、研发设计、生产经营、营销服务各环节进行全方位的成本管控，增强系统成本控制意识，推行价值链成本管理和创新管理体系。实施目标成本管理，通过强化定额和对标管理，合理界定成本开支范围和标准，严格限制和监督各项成本费用支出。高度重视资金管理，加强资金使用的事前规划，统一集中调控资金，强化应收账款和预付账款管理，加快资金周转速度，优化资金结构，降低财务成本。强化成本核算，开展成本动因分析和成本预测，加强重点环节、关键领域的成本控制，重点管理和控制成本份额比例高的环节。建立成本责任制度，提高全员成本意识，加强成本考核，建立配套的激励约束机制。

### （二）强化资源能源集约管理

将资源能源管理的对象与范围拓展到生产经营的各个环节，评估各环节对经营绩效的影响，提高资源能源集约化管理水平。采取合同能源管理等方式，采购专业节能服务，提高能源利用效率。鼓励企业建立能源管理体系，提高能源管理水平。加强资源能源的计量、监测和统计，完善资源能源消耗定额管理，建立节能降耗责任制。加强原材料消耗的精细化管理，完善原材料领用、仓储、回收等管理制度，有效降低消耗；加强库存管理，力争实现零库存，实现库存成本最优化。树立集约利用资源能源创造效益的理念，推进资源高效循环利用，充分利用余热、余压、废气、废水、废液、废渣，发展循环经济；积极利用先进适用的节能降耗技术、工艺和装备实施技术改造，淘汰落后工艺和设备，提高资源、能源利用效率。

### （三）重视资源优化配置与管理

加强企业内部资源整合，调整优化业务板块，通过分立、转让、关闭清算等方式整顿处理低效无效资产和业务，发挥协同效应。提高集团管控能力，强化母公司在战略管理、资本运作、结构调整、财务控制、风险防范等方面的功能，发挥企业整体优势。积极稳妥地开展兼并重组，深入做好尽职调查等并购前期准备工作，重视负债情况及经济、法律、社会等风险因素，从管理架构、财务制度、技术资源、营销资源、人力资源、企业文化、信息化建设等方面加强重组后的整合和管理创新。加强供应链合作管理，培育和优选上游供应商，推进横向经济组织联合和纵向供应链整合，建立稳定的供应关系。实施统一集中的采购管理，积极利用第三方物流，优化物流配送网络，降低采购及物流成本。

### （四）加强质量品牌管理

建立健全全员、全生命周期的质量管理体系，加强研发设计、采购、生产制造、包装、检验、库存、运输、销售、服务等全过程质量控制和管理。重视研发和创新管理，加强技术改造和新产品研发，采用先进的技术和管理标准组织生产。积极利用标准化服务、产业计量测试等技术服务平台，提供全溯源链、全寿命周期、全产业链计量测试服务。积极采用六西格玛、精益生产、质量诊断、质量持续改进等先进质量管理技术和方法，提高质量在线监测、在线控制和产品全生命周期质量追溯能力，持续提升产品质量和竞争力。加强品牌战略规划的制订和实施，建立完善品牌建设的标准体系，围绕生产经营全过程，打造技术、创新、标准、品牌一体化全链条，夯实品牌发展基础，提升自主品牌的创新内涵和附加值，开展知名品牌创建工作，推进品牌国际化，打造国际知名品牌。

### （五）创新内部市场化经营机制

根据企业实际和业务特点，创新企业组织运营体系，探索引入内部市场化经营机制，传导市场压力，激发内在活力和创造力。加强适应内部市场化管理需要和灵活高效的组织模式创新，探索建立小型化、扁平化的内部市场化经营主体，赋予内部经营体更多的责、权、利，最大限度地调动员工积极性。明确内部市场要素，划分、划细内部市场主体，制定内部市场交易规则和流程，建立专门管理机构，健全交易协调、价格管理、内部仲裁等机制，监管内部市场交易行为，仲裁内部市场交易纠纷。围绕内部市场化经营的有效运转，建设相配套的信息系统，加强对内部市场交易的核算、结算、统计、考核、分配等。

### （六）加快推动创业创新

积极引入互联网思维和技术，推进企业资源平台化、开放化，整合全球创业创新资源，推动员工、创客及消费者全程深度参与价值创造过程。积极培育内部创新管理体系和创客文化，推进员工创客化，激发每个员工的创业创新精神，实现企业与员工的双赢。搭建创业创新平台，通过创业辅导培训、创意优化、产品快速试制验证、创业资金扶持、营销服务扶持等，全流程帮助内部创业者创业。有条件的企业可建设基于互联网的开放式平台，通过生产协作、共享资源、开放标准、组建联盟、投资合作等方式，为产业链上下游小微企业和创业者提供服务，实现产业链协同创新、共同发展。突破创业创新的管理瓶颈，完善内部创业创新激励机制，健全股权激励及薪酬分配制度，形成持续的创业创新动力，鼓励和引导企业建立和运行创新管理体系。对企业的研发、创新项目管理、创新成果转化、知识产权保护进行全面系统和可持续的管理，培养和保持组织的创新能力，保护创新成果，实现创新成果的转化，形成有效的生产力。

### （七）积极发展服务型制造

从客户需求出发，增加服务环节投入，推动企业向"微笑曲线"两端升级，延伸产业链，提升价值链。变销售产品为向客户交付使用价值，实现产品的服务化。结合自身实际和产业特点，有针对性地发展研发设计、技术支持、战略咨询等上游技术服务，生产装备租赁、产能出租、在线检测等中游生产服务，网络精准营销等下游市场服务，第三方物流、融资租赁、卖方信贷、产品保险等延伸性服务，以及总集成、总承包、综合解决方案等整合服务。积极开展服务外包，采用众包研发、网络客户服务、在线人力资源管理等外包新模式。适应服务化转型的需要，合理调整业务流程、组织架构和管理模式，优势企业可"裂变"专业优势，面向行业提供社会化、专业化、规范化服务。

### （八）推进信息技术深度融合创新

推动互联网等信息通信技术在企业生产经营管理中的深度融合和创新应用，有效降低成本、提高效率。建立贯穿研发设计、原料供应、生产制造、营销服务等产品全生命周期的信息集成平台，实现全方位实时精准控制和智能化感知、预测、分析、决策。加快发展智能制造，有步骤地选择简单重复、安全风险高、作业环境差、劳动强度大等岗位开展机器人替代，有序实施生产装备的智能化改造，建设数字化车间或智能工厂，积极发展大规模个性化定制、网络协同制造、云制造等新型生产模式。积极发展电子商务等互联网营销渠道，搭建客户零距离互动平台，发展线上线下良性互动的 O2O 营销新模式，利用云计算、大数据等技术深度挖掘客户需求，又准又快地满足客户需求。

### （九）注重战略管理

要发挥企业家的引领带动作用，及时跟踪内外部环境变化，特别是互联网条件下跨界融合加速、买方力量崛起、创新速度加快、共享协作经济兴起，传统的企业竞争优势被削弱等重大变化，根据自身条件，提高战略柔性和适应性，加快推动战略转型。实施跨界融合战略，选择与核心竞争力相匹配的领域，推进融合创新，跨越现有竞争边界，挖掘和创造新的需求和价值。抓住"一带一路"带来的战略机遇，开展国际产能合作，融入全球价值网络，拓展国际市场新空间。推进产业资本和金融资本的融合，围绕主业开展配套金融业务，探索建设产商融一体化经营平台，实现产业资本和金融资本双轮驱动发展。

### （十）加强全面风险管理

建立健全全面风险管理体系，预防和控制企业战略、财务、产品、市场、运营、法律等方面的风险。健全重大投资决策责任制度，加强对资产负债情况及现金流动性的动态预警，完善金融衍生品投资控制制度，从严控制企业对外担保、抵押、质押等业务。探索建立风险准备金制度。结合自身实际强化汇率风险管理，减少汇兑损失。严格安全生产管理，加大安全生产投入，加强生产装备维护、改造、升级，健全安全生产操作规范，强化监督检查，完善安全生产责任制，有效防控生产事故和质量事故。加强诚信管理，积极履行社会责任，防范企业形象危机。健全风险管理组织体系，建立风险管理信息系统和预警机制，科学制订应急预案。

## 三、保障措施

### （一）加强示范推广

组织开展企业管理创新总结推广活动，培育和发现企业创新管理、提质增效的成功经验和好的做法，每年选择一批示范成果，通过编写案例集、组织培训班、召开经验交流会和企业现场会等多种形式，推广先进经验和做法。支持高等院校将相关成功经验纳入企业管理教材及案例库。各地方、有关行业协会也要结合实际做好创新管理、提质增效相关的有效做法的总结和推广工作。

## （二）开展对标行动

指导相关行业协会和地方组织开展重点行业对标专项行动，研究建立企业提质增效的评价指标体系，通过企业自我评价和第三方评价等方式，优选一批国内外领先的同行业企业作为标杆，更新动态并向社会公布，引导企业对照标杆查找出差距和薄弱环节，不断加以改进，向标杆企业看齐。鼓励有条件的企业开展内部对标活动。完善国家质量管理激励机制，树立质量标杆，推广先进的质量管理办法。

## （三）强化服务指导

适当加大财政投入力度，通过购买服务等方式支持开展总结示范推广、交流培训、"向企业送管理"等活动，提供公共服务。组织开展免费专题培训，实施企业经营管理人才素质提升工程和中小企业银河培训工程，培养造就一批优秀企业家和高水平经营管理人才。组织咨询机构、专家及志愿者"向企业送管理"，对企业免费开展现场指导和管理诊断，帮助企业强化管理、提质增效。为企业提供政策咨询和公共信息服务，指导企业用好相关政策，加强分类指导、帮助企业解决创新管理、提质增效工作中遇到的困难和问题。

## （四）发展高水平管理咨询服务

积极培育和发展管理咨询服务业，加大政府购买咨询服务支持力度，组织编制企业管理咨询机构名录，加大对中小微企业购买管理咨询服务的支持力度，引导管理咨询机构为企业提供专业化的服务。加强管理咨询机构的行业管理，推动行业自律，引导行业规范化发展。

## （五）营造良好环境

严格环保、税收、质量等监督执法，加强国家强制性标准的制定和执行，加大企业产品标准自我声明公开力度，创造公平竞争的市场环境。稳步推进利率市场化改革，加快发展多层次资本市场，降低企业融资成本。积极开展贷前能效筛查，大力发展能效信贷。加快推进能源价格市场化，实施涉企收费清单制度，提高收费透明度，加强市场价格监管，减少物流环节，降低企业物流成本。最大限度减少行政审批，提高行政效率和水平，激发市场主体活力。健全反映人力资源市场供求和企业经济效益的企业工资正常增长机制。加快产业结构调整步伐，化解部分行业产能严重过剩矛盾，促进企业兼并重组，支持扭亏无望的企业破产退出，促进产业转型升级。

### （六）加强组织领导

有关部门要加强统筹协调，做好组织指导和协调服务，引导企业创新管理、提质增效，营造企业发展的良好环境。各地区、有关行业协会要统一思想，提高认识，深刻理解新形势下引导企业创新管理、提质增效的重要性和必要性，把强管理与稳增长、调结构、促改革等结合起来，结合实际制定具体工作方案，切实把各项任务措施落到实处。

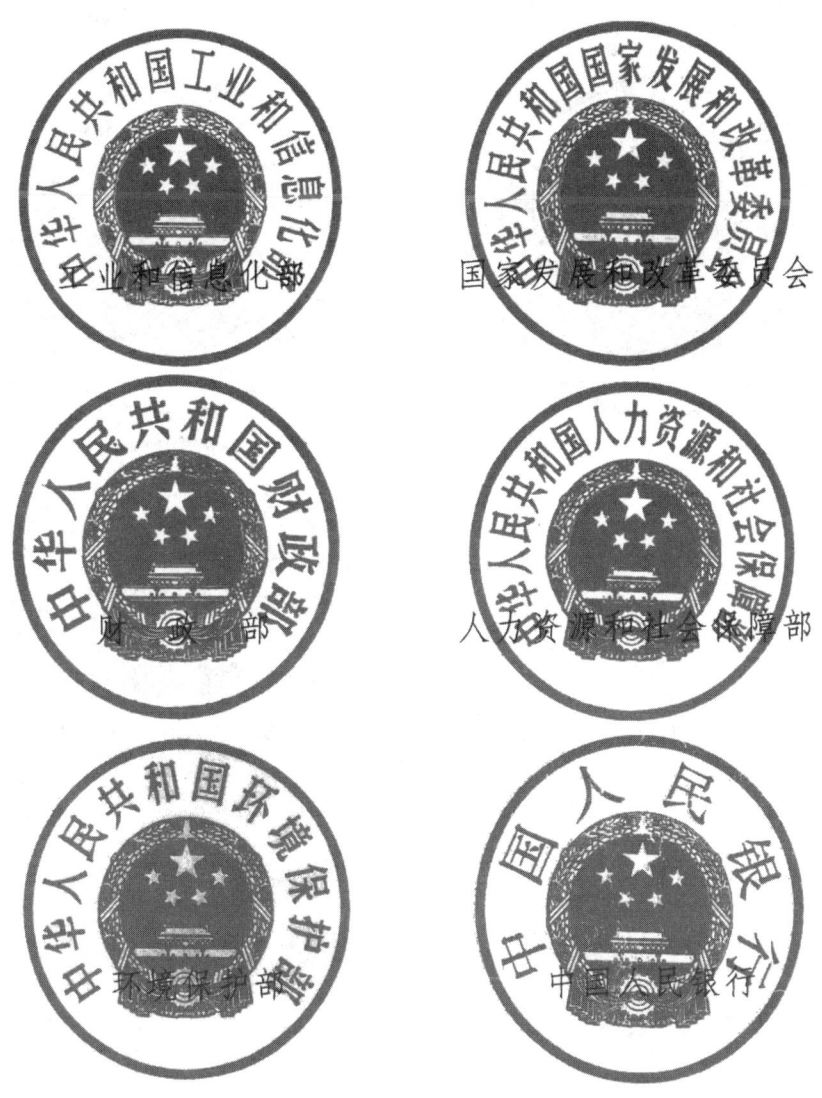

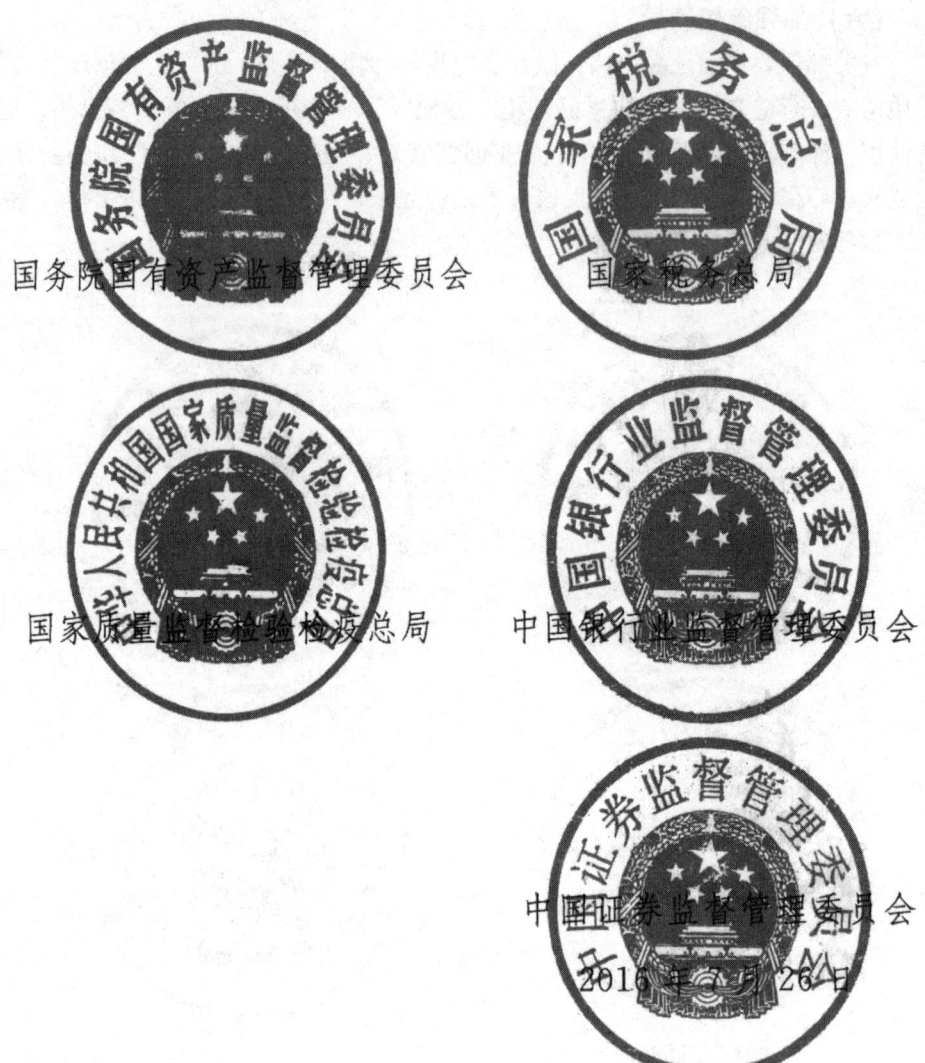

# 专家观点

# 以全面创新驱动企业提质增效升级

党的十八大做出了实施创新驱动发展战略的重大决策。2015年3月13日，中共中央、国务院印发了《关于深化体制机制改革 加快实施创新驱动发展战略的若干意见》，从经济体制、科技体制、人才体制、对外开放体制等方面提出了近百项改革举措。今年十二届全国人大四次会议通过的国家"十三五"发展规划，明确提出了"创新、协调、绿色、开放、共享"五大发展理念，作为今后相当长一段时期我国经济社会发展的总原则。5月19日，中共中央、国务院又印发了《国家创新驱动发展战略纲要》，规划了到2020年、2030年和2050年国家创新驱动发展的宏伟蓝图。5月30日，习近平总书记在全国科技创新大会、两院院士大会、中国科协第九次全国代表大会上发表了重要讲话，强调实现"两个一百年"奋斗目标，实现中华民族伟大复兴的中国梦，必须坚持走中国特色自主创新道路，建设世界科技强国。这些政策措施和战略部署为广大企业全面实施创新驱动发展战略指明了方向，扫清了体制机制障碍，提出了具体要求。

## 一、新技术革命为企业全面创新提供了战略机遇

科学技术是第一生产力，是推动社会进步的根本力量，为国家和企业的创新超越提供了战略机遇。谁抓住了这个战略机遇，谁就能跻身先进行列；谁错失了这个机遇，谁就会成为时代的落伍者。当前，以新一代信息技术、新能源、新材料、生物技术等为主要内容的新一轮技术突破及其交叉融合将引发新的技术革命和产业革命。

### 1. 新一代信息技术正在颠覆传统商业世界

互联网、移动互联网、物联网、云计算、大数据等新一代信息技术正在全方位改变着工业革命以来所形成的经济形态、生活方式和社会特征，一种与工业时代完全不同的全新商业世界正在逐步显现。信息和知识成为的重要资产，网络成为社会经济发展的重要平台和载体。一方面表现为信息网络技术自身的市场化、产业化，即信息经济、网络经济、知识经济等新经济的快速崛起，已经并将继续为人们带来不可估量的巨大商业机会，在短时间内诞生了众多世界级的企业；另一方面表现为信息技术、互联网向传统产业部门的渗透和延伸，使传统企业生产运作的所有环节正在一步步被互联网化。全球范围内国家之间、

企业之间、个人之间，甚至是人与物之间、物与物之间都可能实现互联互通，形成了一个庞大无比的互联式社会。每个人都可以成为信息的创造者、传播者，并与他人开展即时互动交流，彻底改变了工业时代厂商与消费者之间信息不对称和力量对比不均衡的状况，改变了传统的商业规则和竞争方式，形成一种全新的商业形态。

*2. 以数字化、智能化、个性化为特征的制造业革命已现端倪*

近年来，以智能软件、新一代机器人和3D打印为代表的一系列新技术开始向工业领域拓展。制造过程越来越数字化、智能化和个性化，工业机器人开始在工业领域得到大规模应用，这使得劳动力在制造领域的重要性开始下降。而3D打印机的发明则更是一次制造原理的根本性创新，所体现出来的制造理念变化将对现有的生产方式带来极大冲击。产品成本的重点转向了如何与最终客户保持零距离、分散生产布局、生产的灵活性和产品多样化等方面。数百年来全球生产流向劳动力价格低廉国家的趋势将发生改变，这将对以人口红利作为竞争优势的发展中国家构成严峻挑战。传统的"集中生产、全球分销"的生产组织方式将逐步转变为"分散生产、就地销售"。按需生产、体验式生产、参与式生产将越来越普遍，消费者的个性化需求将得到最便捷、最有效的满足。

*3. 新技术正在从根本上改变能源的供给和使用方式*

为满足全球日益增长的巨大能源需求，有效应对煤炭、石油等常规化石能源消费带来的生态和环境问题，世界各国正在兴起一场新能源革命，以实现能源供给的多样化和可持续性。太阳能、风能、水能、生物质能等可再生能源正在成为世界各国抢占未来能源发展先机的重点领域。欧盟委员会预计到2020年把新能源和可再生能源的消耗比例提高到20%。在能源方面更具革命性的变化是信息网络技术向能源领域的渗透，一种全新的分布式能源生产与使用方式正在兴起。德国分布式能源的发电量已经超过了集中式供电的发电量，远远领先于其他国家。我国的分布式能源也开始进入商业化应用的新阶段。和一百多年前煤炭、石油等化石能源革命所不同的是，这场以可再生能源和能源互联网为核心的新能源革命将重构全球能源结构和能源消费方式，进而引起新一轮全球产业变革和分工体系调整，甚至出现如杰里米·里夫金在《第三次工业革命》中所预测的那样一种全新经济范式。

## 二、我国经济步入新常态呼唤企业全面创新

当前，我国经济发展已经进入新常态。所谓新常态，是与原有高速增长的旧常态相比较而言的。1979~2009年，我国经济的年均增长速度达到了10%，

创造了世界经济发展史上的奇迹。但依靠的是物质资源投入、规模扩张和低成本的优势，一直没有摆脱粗放式发展道路。进入21世纪以来，能源、资源、土地、劳动力等生产要素供给日趋紧张，成本不断上升。我国能源消耗总量在2015年已达到43.0亿吨标准煤，是2002年（15.1亿吨标煤）的2.87倍。《BP2035世界能源展望》预测，到2035年，中国能源消费量将增加60%，在全球能源需求中的比例将上升至26%，而其增长将贡献世界增量的36%。随着城镇化的不断推进，我国土地供需矛盾越来越突出，用地成本快速上升，甚至超过了美国部分地区的用地成本。劳动力人口绝对数量开始减少，劳动力相对短缺和用工成本持续上升已成为常态。更为严重的是，各地大规模、高强度、低水平、重复投资已经造成了严重的产能过剩问题。有专家认为，与20世纪末和2005年前后我国发生的两次产能过剩相比，此轮过剩波及领域更广、形势更严峻，企业经营步入寒冬，许多行业甚至出现了全行业亏损。众所周知，经济增长的三个关键要素是人口、资本、生产率。目前，我国劳动力扩张和成本低廉的态势已出现反转；资本积累虽还有空间，但资本投入的利润率已经大幅下降；因此，要适应新常态，引领新常态，关键在于创新，要通过全面创新提高生产率，尤其是全要素生产率，从而实现发展从要素投入转向创新驱动。

### 三、以全面创新驱动企业提质增效升级

《国家创新驱动发展战略纲要》指出，创新驱动就是创新成为引领发展的第一动力，科技创新与制度创新、管理创新、商业模式创新、业态创新和文化创新相结合，推动发展方式向依靠持续的知识积累、技术进步和劳动力素质提升转变。这标志着我国对创新的认识和工作推动，已从单一的科技创新进入到全面创新的新阶段。

**1. 围绕"三个面向"开展科技创新，努力提升自主创新能力**

习总书记指出，科技创新要坚持问题导向，面向世界科技前沿、面向国家重大需求、面向国民经济主战场。这"三个面向"是广大企业创新的出发点和落脚点，是企业创新的主攻方向。尤其是当前我国经济发展进入新常态，在转方式、调结构，推进供给侧结构性改革，建设现代产业体系，提高国家安全和国防能力，改善民生，满足人民群众日益增长的多样化需求等方面都孕育着巨大的新技术、新产品和新市场的机会。恩格斯讲："社会一旦有技术上的需要，则这种需要就会比十所大学更能把科学推向前进。"因此，企业要化压力为动力，积极发现、挖掘这些市场需求和创新机会，找准企业创新的方向和着力点，着力推进科技创新。

一是要持续加大创新投入。只有持续的研发投入,企业创新能力才有可能得到质的提升。但从全国范围来看,我国企业研发经费规模仍不大,大中型工业企业研发投入强度不高,与美国、日本、德国等发达国家企业的差距十分明显。尤其是基础研究和应用研究投入更是很低。2013年我国企业研发经费支出中,科学研究经费占比仅为2.8%。而世界主要国家企业的科学研究占比普遍在20%以上。企业研发经费中科学研究所占比重偏低意味着企业原始创新不足,这已经成为制约我国企业创新能力提升的重要因素。

二是要积极创新、勇于创新。据2014年全国企业创新调查,2013~2014年间在我国64.6万家规模以上企业中,仅有41.3%的企业开展了创新活动;其中,实现产品创新、工艺创新、组织创新和营销创新的企业所占比重分别为18.7%、20%、27.9%和25.8%。这表明,我国一半多企业还根本没有开展创新活动,企业发展主要依靠资源投入的粗放式增长。近年来,我国在北斗卫星导航系统、C919大型客机、核电、高铁、第四代移动通信技术标准等领域之所以取得重大突破,根本在于这些领域的企业主动将研发活动向创新链条的前端延伸,从模仿创新向原始创新转变,从引进、消化、吸收的"逆向创新"向"正向创新"转变,突破了核心关键技术,引领了创新方向。广大企业要借鉴学习这些成功经验,增强自信,积极开展原创性、高水平研发活动,形成有重大影响的专有技术和主导产品。有条件的企业甚至可以开展相关领域的基础理论研究和前瞻性战略技术研究,以积累深厚的技术基础和强大的科技创新能力,真正实现从创新追赶向创新引领转变。

**2. 瞄准中国市场开展管理创新,探索信息时代管理新模式**

新一代信息技术的发展对社会环境的改变是革命性的,工业时代的管理模式已经无法适应竞争,只有对企业进行战略性的、贯穿整个价值链的深度管理变革和创新才能使企业在新的时代获得制胜的先机。中国已经成为全球最大、也是最活跃的市场之一。作为最了解、最熟悉中国市场的中国企业,应该有信心立足这片沃土,通过辛勤耕耘和艰苦实践,在全球率先探索出符合信息时代的企业管理模式,引领全球企业发展。

一是经营理念从工业思维转向互联网思维。亚当·斯密的分工理论是工业文明发展的基石,由此诞生的规模经济、科层制结构及其相适应的标准化、专业化和集中化,被美国未来学家托夫勒称为工业时代的精神气质。然而在网络时代,经济发展的特性与工业经济完全不同。为此,企业必须突破工业时代所形成的标准化、大规模、一体化、零和竞争等传统经营理念,树立起开放、协同、融合、共赢的新理念,把工业化时代分离的内外部系统通过网络整合为以消费者为中心的圈环式价值创造网，使企业与员工、产业链上下游、合作者、甚至是竞争者等相关方成为同呼吸共命运的利益有机体，实现商业生态系统的有效协同和共赢发展。

　　二是经营方式从以产品为中心的一体化经营转向以用户为中心的网络化经营。一体化经营在工业时代被众多企业作为增强企业竞争优势的重要经营战略。互联网的出现导致市场交易费用和管理费用明显下降，突破了科斯定律等经济法则，用户成为市场的主人，企业的经营转变为用户驱动，围绕用户需求来确立业务结构和商业运作模式，并以互联网为平台，构建以用户为中心的社会化网络经营方式。在未来的经营中，企业要不求大，但求强；不求广，但求专；不求全，但求精；不求所有，但求所用。

　　三是业务方向从产品经营转向基于数据挖掘的新服务。当前，世界经济正在向服务经济转型，发达国家的服务业已经占到75%以上。服务经济所指的"服务"从根本上讲是通过服务能带来"增值"的业务。服务与产品之间不再是互补关系，而是平行关系，是为顾客创造价值的两个同等重要的方面。而且，服务经济与产品经济有着不同的经济规律和管理规律。产品经济讲规模效益，而服务经济既讲规模，更讲范围；产品经济时代，供应链是企业赚钱的法宝之一，而在服务经济时代，需求链才是赚钱的关键。尤其随着数据挖掘分析技术的发展，通过海量数据分析精准地了解客户需求，寻找没有被满足的需求"缝隙"，开拓能带来增值的服务业务，实现从以产品为中心的产品经营转向以客户为中心的服务经营。

　　四是产销模式从大规模标准化生产转向个性化定制。工业化时代的产销模式是建立在规模经济上的，是大生产+大品牌+大物流+大零售，核心是通过大规模的标准化生产持续降低成本，从而形成竞争优势；而在网络时代，消费者权力上升，大众消费正在向碎片化消费发展，工业化时代的大规模标准化生产逐步被各种形式的大规模定制和柔性化生产所取代，按需生产将成为企业源源不断获得竞争优势的来源。

　　五是组织结构从科层制转向流程驱动的网络组织。网络时代最大的特点便是速度快捷。这对企业组织机构的柔性和对外部环境的适应性提出了越来越高的要求，原本等级健全的科层制组织架构暴露出行动缓慢的天生缺陷，越来越多的企业开始借助于网络向松散的有机式网络型组织结构转化，呈现出小型化、扁平化与外部化的特征。组织管理的范围从内部拓展到了企业外部；管理的重点也从传统的内部管理转变为如何通过数字神经系统的建设，实现组织的扁平化、柔性化，保持类似有机体那样的低成本有机协调的能力，并加强企业内部与外部的各种联系、协作和合作，把企业从"机械组织"转变为有机的生命体，能够自适应、自创新、自激励。

六是员工管理方式从命令控制转向赋能和自我管理。互联网的发展使得知识员工和创意精英阶层崛起，并逐渐成为企业员工的主体。与其他类型的员工相比，知识型员工、创意精英更加重视有挑战性的工作，喜欢在自我激励下自主工作，他们的满意度来自于工作本身，更重视公平、公正的工作机会，他们不仅具有"社会人"和"自我实现人"的特性，更具有"创造人"的特性，创造是知识型员工的本质。为此，企业管理者必须改变传统的命令与控制型的管理方式，管理者要从传统的决策者、命令者转变为教练员、服务员，通过充分授权和赋能，让员工自我管理、自我控制和自我激励，以最大限度地发挥员工的创造潜能。

中国企业联合会企业创新工作部　张文彬

# 企业创新的目的是创造价值

——从第四届中国纺织行业管理创新成果说起

## 一、不得不创新的四大压力

近几年来，随着中国经济增长由成长期进入成熟期，内外环境变化使纺织行业企业感受到了沉重的压力，主要表现在以下几个方面。

一是竞争压力。需求侧的发达经济体市场需求增长平缓，又要重启工业化进程，加强对纺织产业链高端的控制。供给侧的新兴经济体深入参与国际市场布局，纺织制造能力快速提升。可谓是前狼后虎。

二是资源压力。人力资源上，劳动人口增长进入拐点，纺织业人力资源结构性短缺成为常态，用工成本快速提升，比较优势不复存在。物质资源上，国内棉花流通体制市场化改革尚未完成，纤维原料供给的品质、价格等仍是重要挑战。

三是客户压力。随着人们生活水平的提升，消费结构升级加快，对纺织服装等产品的各种功能要求越来越高，品牌、质优和服务好成为客户基本需求。

四是环境压力。环境保护的约束不断增强，这届案例企业的创新成果中，就有多家提到投巨资引入污水处理设备。

企业是个经济体，不是科学院，创新本不是它的本质目的，只是由于来自各方面的压力，企业才不得不进行创新，创新是企业生存和发展的手段，而不是目的。我们并不因为企业的创新是被动的、是不得已而为之的，就对企业提出批评。

纺织是传统产业，行业进入门槛低，加上习惯上的"羊群效应"，导致同质化严重，该大不大，该小不小，产业与企业结构布局不合理，既有过度竞争，又有地域割据。

但是，在衣食住行中，衣排第一。衣装既是生活必需品，又是时尚奢侈品，加上中国人的吃苦勤劳、聪明好学、致富欲望和改革开放的大好政策环境，纺织服装业多年来保持了持续高速发展。

时过境迁，依靠环境保护政策宽松、劳动力成本低廉、市场机会到来、发家致富冲动等动力已经不能继续拉动纺织企业的可持续发展。新常态下纺织企业要保持国际竞争力，创新是必需的。后有追兵，前有拦路虎，中国纺织企业如何通过创新闯出一条新路，甚至不得不杀出一条血路来，是业内人员应该深思的问题。

## 二、纺织行业企业的六大特点

数据表明，中国纺织行业代表性企业相对于国际同行代表性企业，从发展指标看，属于成长型，不属于效益型；从产业链看，属于制造型，不属于营销型；从生产方式看，属于缝制型，不属于设计型；从产品档次看，属于大众型，不属于品牌型；从投资战略看，属于产业多元型，不属于地域多元型；从定位看，属于外贸型，不属于全球型。

为了说明这些特点，表1做了一个行业内比较。样本是纺织服装行业仅有的两家进入世界500强的公司，一家属于制造业的中国魏桥集团，一家属于流通业的美国TJX公司。

表1 中国魏桥集团与美国TJX公司近五年经营业绩比较

单位：百万美元

| 指标 | 公司 | 2011年 | 2012年 | 2013年 | 2014年 | 2015年 |
| --- | --- | --- | --- | --- | --- | --- |
| 营收 | 魏桥集团 | 24905 | 29562 | 39259 | 45757 | 53026 |
|  | 美国TJX | 23192 | 25878 | 27423 | 29078 | 30945 |
| 利润 | 魏桥集团 | 1128 | 1074 | 1103 | 1150 | 1121 |
|  | 美国TJX | 1496 | 1907 | 2137 | 2215 | 2278 |
| 净利率 | 魏桥集团 | 4.5 | 3.6 | 2.8 | 2.5 | 2.1 |
|  | 美国TJX | 6.5 | 7.4 | 7.8 | 7.6 | 7.4 |
| 总资产 | 魏桥集团 | 13000 | 15868 | 20965 | 23401 | 27049 |
|  | 美国TJX | 8282 | 9512 | 10201 | 11128 | 11499 |
| 资产收益率 | 魏桥集团 | 8.7 | 6.8 | 5.3 | 4.9 | 4.1 |
|  | 美国TJX | 18.1 | 20.0 | 21.0 | 19.9 | 19.8 |
| 股东权益 | 魏桥集团 | 6859 | 7719 | 8713 | 9294 | 9458 |
|  | 美国TJX | 3029 | 3666 | 4223 | 4264 | 4307 |
| 员工数 | 魏桥集团 | — | — | — | — | 140358 |
|  | 美国TJX | — | — | — | — | 216000 |
| 500强排名 | 魏桥集团 | 440 | 388 | 279 | 234 | 163 |
|  | 美国TJX | 478 | 453 | 436 | 410 | 338 |

美国 TJX 公司成立于 1956 年，总部位于马萨诸塞州的弗雷明汉，是唯一一家进入世界 500 强的服装与家居时尚用品折扣零售商。TJX 公司通过美国的 Home Goods 连锁店和 Winners 经营的加拿大 Home Sense 连锁店销售服装与家居时尚用品，在北美地区和许多欧洲国家开有连锁分店。2007 年该公司进入世界 500 强，排名第 452 名，并在十多年获得了高效益，但是相对稳健的增长。

1998 年成立的山东魏桥集团是一家以棉纺织为基础，纺织—染整—服装和铝电—金属冶炼—金属延压加工为主的跨行业多元化企业。公司坚持以市场为导向，以经济效益为中心，规模化生产、多元化经营、集约化增长，把企业不断做大、做优、做强。该公司的技改管理方针是"五同五早"，即土建施工、设备安装、人员培训、产品开发、市场开拓同步进行，早施工、早安装、早投产、早达产、早回报。从五年的经济指标数据看，它实现了做大、做快。

两家公司的不同特点，与企业成长的不同阶段和不同的战略定位密切相关。魏桥集团在 2012 年跨入世界 500 强后，就明确提出了"力争 2015 年销售收入突破 3000 亿元，2016 年冲击世界 200 强"的奋斗目标。目前的战略目标依然是做大，即 2020 年营业收入争取突破 5000 亿元，进入世界 100 强。尽管它的利润没有增长，收益率在急剧下降。希望他们能遵循"既要量力而行，又要尽力而为；既要在发展中提高，又要在提高中发展"的战略方针，实现"又好又快"发展。

近几十年来，中国企业的基本特征是做大了，但没有全面做强。所谓全面做强有三个特征：一是成长快，这点中国企业基本做到了；二是盈利高，这点中国企业有差距；三是地位高，这点中国企业差距更大，比如价格影响力、规则和标准制定权、知识产权等。中国企业什么最便宜就卖什么，什么最贵就买什么，这是因为没有价格影响力。中国企业总是被人告倾销，是因为没有规则制定权。中国进出口贸易总额世界第一，但技术贸易有巨大逆差，是因为缺少知识产权。

### 三、企业创新是为创造价值

企业的价值首先体现在客户价值。企业创新要为客户服务。创新最终是为了满足客户需求，即使有时候创新是为了赢得竞争，但是，不顾客户价值的胜者长期看是虽胜犹败。

为客户创造价值的创新是有底线的，比如，创新是为了降低成本，但必须在无损于产品质量的前提条件下降低成本；创新是为了提高效益，但必须在坚持不违法的前提下获利；创新是为了扩张，但必须在保证合理利润水平的前提下投资或多元化；创新是为了知识产权，但必须在保证有商业价值的前提下申请专利。

华为公司连续数年成为全球申请专利数量最多的公司，但他们提倡只做有价值的创新，反对技术情结，反对无边界的创新，反对盲目的创新，反对为创新而创新。德鲁克认为，企业唯一的任务就是创造顾客。华为认为，公司存在的唯一理由就是为客户服务。如果同意这种观点，那么，在保证必要性的基础上，实现充分性，在企业使命的引导下，实现自我价值追求，就成了企业创新的首要原则。

第四届中国纺织行业管理创新成果，给业内人提供了不少的启示。

三联虹普设备公司创造的"一站式工程服务"模式，就是不仅把设备，而且把技术和服务送到客户那里，其实质就是技术与服务的集成、整合。与传统模式相比，"一站式工程模式是将精益管理理念与工程项目组织与实施相结合，不仅提供工程项目的方案规划、工艺设计、基础设计和详细设计等核心工艺技术，还承担项目采购、生产工艺、设备制造、技术优化、工程安装、项目开车、产品保证以及售后服务等在内的系列化成套服务，从而有力保证了工艺技术及其专用装备的不断进步与领先，形成客户需求和技术突破高效互动的机制"，把自己的工作延伸到了客户的工厂，形成了客户服务零距离。

他们成功研发出多项具有自主知识产权的国际领先聚酰胺聚合及纺丝成套工艺及装备技术，由卖设备，走向卖技术，卖服务，成为国内纺织行业难得的以"技术"和"服务"为核心竞争力的公司，提升了国内聚酰胺行业的整体技术水平和国际竞争力，逐渐成为中国聚酰胺行业科技创新及产业升级的引领者。

纺织企业多数是制造业，生产管理方面的创新是重头戏。比如际华三五零二职业装有限公司的"生产组织模块化""加工工艺模板化"的"双模化"管理创新也颇具特色。首先是模块化，是把复杂系统进行分解和整合的动态过程。具有相对独立功能的子系统，具备标准统一接口，可重用、重组及分解，快速组合成更大更完整的系统模块，可把一个产品视为若干模块的组合，每个模块又由若干个零部件（子模块）组成大部件。他们按功能性质分为通用、标准、变动三种模块。其次是模板化，是在模板材料上开出槽位，使用相应针板，按照槽位轨迹完成缝纫的一种辅助工具。20世纪60年代初，德国开始研发试用服装模板，20世纪80年代中期在日本推广使用，20世纪90年代初引入中国。使用模板降低了员工技能要求，控制成品尺寸，提高质量，提升劳效，降低成本。从资料上看，这家公司在模块化、模板化管理上下了相当大的功夫，已经做到了极其精细和到位，体现了对业务的精深了解，不少做法足以成为很多同行企业的重要参考。

绵阳佳联印染公司基于全员参与、持续改善、自主管理的印染企业精细化管理也是如此。该公司并不追求把企业一味地做大，而是要以人均产值、人均利润等指标来衡量企业是否能做强。他们甚至认为，中国企业20多年来的发展，与世界500强最大的差距就是班组层面的差距，班组的基础管理、基层管理者的基本职业化素质都有待提高。解决不了现场和基层组织的管理问题，再高妙时髦的管理创新也没有价值。因此，他们的创新是从6S开始，抓"精益TPM"。

瑞光集团与管理咨询公司合作，引入六西格玛管理方法，力图实现"一降三提升"的目标。一降指通过降低资源成本，尤其是不良质量成本损失。三提升主要是指"企业产品品质的提升""顾客满意度的提升"和"企业经营业绩的提升"。

这里认为，企业创新有五层价值。

"一降三提升"的创新目标，体现了企业创新的三层基础价值：第一层是与自己比的创新价值，比如通过创新缩短了工时，减少了用工，降低了损耗和残次品，采用了新技术等；第二层是与客户需求比的创新价值，比如缩短了交货期，提升了产品品质、服务质量等；第三层是与业界同行的创新价值，质量更好、品类更优、服务更佳、诚信更好等。从而实现创新的最终目的——创造客户，提升业绩。

企业创新要创造价值，要实行产品开发、客户服务或实现效益，而不是注重发明创造、论文发表或者评奖评职称。但是，企业创新还有第四层价值：那就是与国内同行比，从无到有的创新，比如能申请实用新型和外观设计专利或发明以及著作权。创新成果中已经有不少公司做到了这一层。第五层是与全球比从无到有的创新，比如拿到国际专利，研发新材料和新理论等，第五层就是对人类的价值贡献了。企业创新类型矩阵见表2。

表2 企业创新类型矩阵

| 创新层次 \ 创新范围 | | 个人 | 团队 | 企业 | 企业群 |
| --- | --- | --- | --- | --- | --- |
| 第五层 | 与全球比 | 个人全球发明 | 团队发明 | 全球发明 | 全球联盟 |
| 第四层 | 与专利比 | 个人国内专利 | 团队专利 | 绒面涂料 | 借壳 |
| 第三层 | 与同行比 | 新技术、新工艺 | 双模化管理 | RFID 物联网 | 协会式集团 |
| 第二层 | 与客户比 | 新型客户关系 | 经销商活动 | 一站式服务 | 相互持股 |
| 第一层 | 与自己比 | 合理化建议 | 提案活动 | 六西格玛 | 借脑 |

无论是六西格玛精益管理，还是双模化管理，都不是划时代的创新，但这就是企业创新的本质：追求效率、效益而不是追求标新立异、先进一流的有价值创新。这些创新内容，不是那么高大上，不是那么一鸣惊人，甚至只是在模仿国外公司的成熟做法，但这正是建立在目前我国纺织行业管理水平、技术水平和员工素质水平上的务实性创新。

从0到1是发明，从1到N是复制，从N到1是整合，从1到0是跨界。以前中国企业是中间做得好，两头做得差，随着企业的发展壮大，和对知识产权的重视，中国创新已经开始在从0到1和从1到0发力。

### 四、激励创新者

创新的原动力就在创新者身上。企业的持续发展，不再是延长劳动时间，增加劳动强度，增加员工人数，而是让员工开动脑筋，出新创意、新技术、新方法，这里的关键就是激励创新者。

山东华兴纺织集团确定了"跳出纺织做纺织，依靠科技求转型"的创新战略。在工作思路上，提出了与时俱进，"锐"于创新；敢为人先，"勇"于创新；借鉴吸收，"巧"于创新；锻造人才，"能"于创新；营造环境，"利"于创新的五个角度，清晰条理。利于创新，核心就是建立激励员工创新的机制环境。

创新是一种知识劳动，不能给予知识劳动应有的回报是不可能有持续创新的。回报首先是经济收入。黑牡丹公司首先是顶住成本压力，保证员工收入的持续提高（图1）。

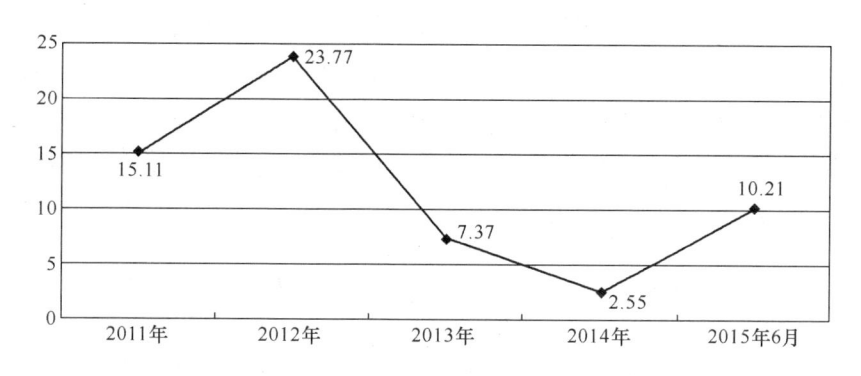

图1 员工薪酬增长趋势（%）

其次是向核心骨干推行利润分享机制，在年度取得利润的基础上，给予骨干员工以一定比例的利润奖励，以达到个人利益与企业利益相统一的目的。

知识工作者不同于一般劳动者，他们除了经济利益之外，更想获得地位、机会、有兴趣的工作、参与决策、工作自主权、学习培训等，黑牡丹公司设计的五种职业发展通道，为有创新、有贡献的员工找到了相应的地位、机会和感兴趣的发展通道（表3）。

表3 员工职业发展五通道

| 管理类 | | 营销类 | 技术类 | | 生产作业类 | 工勤类 |
|---|---|---|---|---|---|---|
| 高层 | 正职 | | 首席专家 | | 首席员工 | 首席员工 |
| | 副职 | | | | | |
| | 助理 | | | | | |
| 中层 | 正职 | 资深营销经理 | 主任工程师 | 正职 | | |
| | 副职 | 高级营销经理 | | 副职 | | |
| | 助理&调研员 | 营销经理 | A类主管工程师、高级技师 | | | |
| 主管 | | 主管级营销员 | B类主管工程师、一级技师、大班长 | | 值班长 | |
| 科员 | | 营销员 | 技术职员、技师（除一级） | | 组长 | 组长 |
| 见习员工 | | | 技工 | | 作业员 | 工勤事务人员 |

备注：技师和高级技师是指经公司正式聘任的职务。高级技师的工作业绩和个人技能达到一定的水平，经公司聘任可向主任工程师方向发展。工勤事务人员工作业绩和个人技能以及学历要求达到一定水平，经公司聘任可向科员方向发展。值班长的工作业绩和个人技能以及学历要求达到一定水平的，经公司聘任可向中层方向发展。各类别之间可以根据公司需求与个人情况相互交叉发展。

注：引自该公司资料。

有企业提出留人，更要留心，因为员工用心尽心是有利于创新的。但创新不仅看过程，更看结果，留人留心都有一定的弊病，我们认为创新机制的关键是"留知识"。留人，但人的成本在快速升高，年轻人的市场流动性在增强。留心，但同心同德的追求会产生情感，老员工会成为沉淀层，愚忠公司的情况也可能发生。因此，我们认为创新就是"留知不留人"：把员工的经验、创意、技术尽可能地发掘出来，通过给知识贡献的员工以合理回报，比如知识资本化、知识产权化等措施转变成企业的组织资产，员工则可以拥有流动的自由之身。

腾盛纺织公司、浙江莱美纺织印染科技公司等，坚持"以科技为先导、以创新为灵魂、以人才为根本"的经营理念，体现了对技术和知识产权的极大重视，对创新者的充分激励，其成果就是产出了为数众多的专利。虽然发明专利相比实用新型专利要少些，且还处于自我保护、专利交费，而不是专利互换和专利收费等创造价值的阶段，但是，在发达国家纺织行业企业技术和专利的压力下，做到如此已实属不易。发明专利化、专利标准化、标准市场化、市场价值化是未来努力的方向。目前已经可以明显看出，同样是创新，在技术和知识产权创新上有优势的公司的经济效益，比靠现场管理创新降低成本的公司要好。

### 五、协会式集团的创新

创新不仅是产品、技术等层面，更是创造一种新的生产经营组织模式。

德州恒丰集团是一个协会性质的组织，各成员企业为集团理事单位，独立法人治理，相互之间资产独立、核算独立、自负盈亏。集团的管控模式，是各公司董事会申请加入恒丰集团，并委托集团对企业的运营进行统一管控、服务。这种独特的协会性质集团的管控模式，实现了各公司以价值创新为核心的优势互补、大宗物资采购、市场统一管理等集团化运作的规模优势，使新建理事单位都在高标准基础上投入生产，起步就跻身高端市场行列，而且通过大宗物资采购可以轻装上阵，共赢发展。

成立六年，拥有25家理事单位、29家企业的德州恒丰集团，营造出了一条独特的创新思路：在统一的"仁和与恒丰"价值观指导下创造价值，并通过统一规范的管理方式、强大的团队合作、标准化的管理流程、科学的管理工具，使价值流动、传递，形成了互动互生、共赢发展的企业生态圈，保持了集团各公司的快速发展。这是纺织行业中唯一采用战略联盟形式实现同行业企业共同发展的经济体。

在"群吃单"的今天，中国纺织行业如何实现由蚁群到狼群，再到大象群的发展模式，德州恒丰集团选择的是一个不错的方向。区域块的产业集群、产业链的企业集群、超越董事会的理事会管理机制，是中国企业形成生态网络优势的一种创新。企业内精细管理和企业间合作学习日本企业，长期激励机制学习美国企业，以客户为中心的融资合作是中国特色。把这些优点整合起来就是中国企业的融合式创新。

经过几十年的发展，单一企业的单打独斗模式已经到了尽头，企业不应该追求赢家通吃，而应该追求合作共赢；不应该追求独享利益，而应该追求共享经济。都说中国人不好合作，擅长内斗，我们创新的一个重要使命，就是要打破这一魔咒，实现中国企业之间的合作共赢。

中国人民大学商学院教授　杨　杜<br>
2016年8月

# 新常态下中国纺织科技与管理创新

"新常态"是对当前中国乃至世界经济发展现状的一个基本表述。2015年底，中央经济工作会议不同寻常再次强调"认识新常态、适应新常态、引领新常态是当前和今后一个时期我国经济发展的大逻辑。"

引力波的证实以及量子理论的进展改变了人类对世界的认识，这是第三次科学革命全面深入的里程碑，标志着后工业革命已经发生，自第一次工业革命后，世界正进入科学革命和工业文明的新常态。

"新常态"是"科学哲学观"关键概念，是认识经济规律指导管理创新的理论框架。因此，从历史阶段的角度，准确理解新常态，深入解析当前新常态的特征是改变中国纺织发展思路、指导纺织科技和管理创新、引领新常态的前提。

## 一、理解认识新常态：新常态是事物发展的重要阶段

新常态是事物发展特殊阶段的一种状态，是相对于常态（normal）和反常态（Anomaly）的状况而言。任何事物的发展过程中大部分时间是处在"常态化"，然而事物发展到极点而出现的突变——对事物的发展是决定性的。常态化的发展是一种增量式的演变（evolution）和进步，这种量变式的增长推动事物的发展。但这种量变的累积会使原来的系统无法承载，渐变的发展会导致局部不均衡并冲击原有的框架、体制，就出现了反常态：矛盾、冲突、困境、危机、失衡。这种矛盾的张力和持久对峙促生质性的突变和颠覆性的革命（revolution），即新的范式（paradigm）革命将改变事物的发展模式、形态和生存方式，事物进入一个新的发展阶段和发展周期，即"新常态"。

科学哲学家科恩（Kuhn）不是第一个但是最完整地表述科学哲学中"常态"概念的。他认为科学发展大部分时间是人类应用已有的科学理论范式认知和解释世界，解决现实问题，称作常态研究（normal research），然而，随着研究的深入，现有理论已不能解释一些现象，或无法指导科学研究，甚至出现严重的理论危机与现实的矛盾，这种"反常态"的现象反映文本世界和现实世界的矛盾和理论危机，促使科学理论创新，新的范式（paradigm）的出现，推动科学革命和人类认识世界突破性的进步，比如爱因斯坦广义相对论是对牛顿物理学的一种理论范式革命。

科恩的科学史观和科学哲学的理论贡献：其一是他论证了科学革命是工业革命的基础与前提，没有第一次科学革命的热力学和牛顿力学就没有蒸汽机和纺纱机启动的第一次工业革命；没有第二次科学革命在电子学、化学的成就，就没有电报、电话、电动机、内燃机的第二次工业革命。其二是他颠覆了工业文明的线性和链式思维，范式革命本质是事物结构变革，即对常态而言，反常态是原有结构失衡导致危机，范式革命一定是结构的革命。

康德拉惕夫（前苏联经济学家，Kondratieff，1892－1938）认为工业革命以来的五波周期（50～60年）反映了产业革命的新旧技术迭代消长和兴衰的过程，如电力替代蒸汽动力，流水线替代单机装配。这种过程不仅是技术颠覆，更会引起创新者与守成者在产业、市场和经济政治上的全面冲突，即从常态到新常态经历痛苦的脱胎换骨的变革期。而当前世界已进入新一波产业技术革命迭代期。

马克思早就以这种辩证唯物史观分析了社会人类文明的进步，特别是工业文明发展规律：正是因为生产工具的革命，导致生产关系以至整个社会关系革命，从而突破旧体系的束缚，推动人类社会的发展［共产党宣言，1848］。

熊彼特，纺织企业主的后代和奥地利经济学派代表人物，受马克思创新思想的启发，提出了技术创新与经济周期的关系，认为经济发展大多数时间是增量式演进，随着原有技术范式的边际收益递减，新的矛盾和不均衡积累，常态下的经济结构和系统趋于崩析，经济危机出现。此时，新技术创新激活要素重组、启动经济转型和新管理与技术范式的创建，促生经济新一轮增长周期，形成经济新常态［商业周期论，1939］。

总之，这些思想家从不同的尺度与视角说明一个道理，常态到反常态（矛盾困境）最终引发范式革命，这种创新导致新常态，这是经济发展的必然规律。

而世界正处于罕见"四期"交替迭代的新常态：第三次科学革命和后工业革命周期，新产业革命周期（康氏），和（熊氏）经济短周期的反常态—新常态。

在这样的阶段，尽管仍有大量可以用常规技术与管理解决的常态性问题，但更多的是一些无法用常规方法解决的问题（如招工难与就业难），甚至无法用当前理论解释，用传统模式无法解决的反常态问题（两难和悖反）。

因此，在经济新常态下，中国纺织的技术与管理创新不仅仍要关注增量式创新，更要求范式革命和颠覆性创新，这就是当前技术与管理创新的时代特点和历史任务。

## 二、认识新常态与适应新常态

如上所述，世界正经历着"四期"叠加的新常态，而中国经济和中国纺织更是处于由此导致的时代变革期。

### 1. 中国纺织处于科学革命新常态

第三次科学革命虽然不直接影响纺织行业，但人类对宇宙宏观与微观的科学发现以及相应在材料、生命科学的进步扩展了纺织和产业定义，将纤维作为人类的基础材料，扩展了低维材料的概念及纺织在生命医学与空间等领域的广泛应用。

### 2. 中国纺织处于工业文明新常态

中国将在 2020 年全面实现工业化和小康，将步入后工业化时代，一方面中国经济在很多方面还处于工业化初期水平，棉花等的小农生产方式还未根本改变，市场体系未成形，严重影响着纺织产业稳定发展，一些企业管理水平低下，习惯于追底杀低（race to the bottom）；另一方面必须适应后工业文明的生存方式。

### 3. 中国纺织处于产业革命新常态

工业化初期，纺织已不再是新产业革命的主角，但永远是人类生存的主力产业，基于经济信息技术（IT）和数据技术（DT）的新技术革命不断给纺织产业带来质的提升，也在淘汰旧的产能，移动互联网使习惯于链式思维的纺织企业陷于困境。

### 4. 中国纺织处于全球化经济贸易新常态

全球化和贸易自由化是趋势，然而由此产生的冲突始终不断，中国始终成为贸易保护主义者的目标。2001 年中国入世时，中国纺织服装做出了极大让步，换来一纸关于市场地位的约定被西方赖账；2005 年多纤维协定取消贸易自由化，跨太平洋合作伙伴关系（TPP）等还以原产地等明显反自由贸易的规则压制中国纺织，成为围堵中国战略的一环；世界银行研究发现另一反常态现象是世界纺织出口增长只有三分之一是低成本决定的，高工资的纺织出口国靠创新也在增长。

### 5. 中国纺织处于人类生存与地球生态的新常态

中国是人类环境保护和防止气候变暖的积极推动者，并承诺 2030 年前碳排放达到上限，即中国纺织既要不断满足全球消费需要，不断提高产能和贸易，又要使单位产值能耗和总排放下降。

### 6. 中国纺织处于世界经济衰退的新常态

2008 年开始的经济衰退至今已八年，但出乎意料的是，颓势仍在继续，世界市场的下滑，成为影响中国自 2014 年后的纺织出口贸易增长停滞甚至下滑的主要因素，而人民币汇率波动和来自低成本地区的竞争加剧了困境。

### 7. 市场经济处于新经济阶段新常态

中国经历了改革开放 30 年的高速发展，人均 GDP 已超过 8000 美元，而对应"中等收入陷阱"或刘易斯拐点，无论哪种理论解释都说明中国经济可能出现结构性的失衡，产业结构变动和劳动力供给结构的失配，供给与需求的失调。再加上人口政策的迟滞和收入差距拉大造成经济动力下降和增长的失速。

## 三、发现非常态，破解反常态

严格地说，中国纺织面临的多种新常态交叠，实质是旧常态被新常态替代。其转折点是反常态，大量的不均衡、不对称的两难困境，矛盾与悖反现象出现。比如招工难和就业难，（财政政策）宽松和紧缩等。

反常态主要是两难困境（Dilemma）和矛盾悖反（Paradox）。

所谓两难困境，即人们不得不在两个都不理想的方案中做出抉择，比如当前经济困局中为了刺激经济要执行宽松政策，但为了防止经济过热、抑制泡沫与通胀又要紧缩；同样左右为难的是要实现小康，提升购买力促进消费就要增加工人工资，然而对于微利的实体企业，高企的劳动成本使其难以生存。对于服装企业既要满足小批量多品种，提高设计和产品品质，又要降低成本和价格，"既要马儿跑，又要马儿不吃草"。

所有企业既要在严峻形势下生存，又要担当企业社会责任和绿色环保可持续增长重任。行业不断用创新投资和新环保理念向上竞争（race to the top），作为时尚产业，规模量产化与个性化、定制化，平价低成本和功能化，时尚化和高品质是永恒的矛盾。迫使行业用柔性化生产体系和创新商业模式，特别是面对市场低迷背景下，"小单、急单、快单、短单、补单"增加的情况下，敏捷零售和精益制造，实现产值利润双增，成本和库存双减。

所谓矛盾悖反是事物的一种反逻辑的现象，即事物发展的结果是与常规逻辑相反。如节俭悖论：在经济不景气状况下，人们趋于节俭以共渡难关，然而这种集体节俭行为的结果使消费和支出下降，经过乘数法则，使经济状况更趋恶化；出口悖论：一国为提高市场份额，加强出口，不断提高贸易顺差，而这种状况会使该国因货币升值而降低出口价格竞争力，导致出口下降。时尚界的悖论：时尚一旦流行就不再流行了。

很长一段时期，中国采取出口导向的战略，在积累了大量外汇形成了我们长期经济发展支撑的同时，也带来了贸易顺差所产生的相关问题，因此，实践均衡的贸易和包容性政策，开拓内需消费以及增加进口，引进先进设备，有利于提升产业优势，活跃市场，提升产业设计和品牌的水平。事实上，中国企业走出去进入新兴发展中国家投资，不仅促进这些国家的贸易，也带动了中国纺织品和装备的出口，实现包容性增长。在新常态下，中国纺织企业已经开始跨越，秉承"欲取之，先予之""退一步，进两步""有容乃大"的创新思辨，创造了新的产业链关系和价值法则。

两难悖反表现为矛盾和反常反逻辑。实际上是反映原有的模式和方法已经不适应新的发展，或需要转换思路与机制，是创新者的契机。

### 四、创新实践引领新常态

以技术与管理范式创新，创造中国纺织新一轮增长。

在中国经济新常态的复杂态势下，中国纺织唯有依靠创新，冲破困境，走出泥淖，抵住下行压力，开创新的发展空间，提升向上升级的活力。这就需要除了常规的渐进的创新，降低成本，提高效率，更应注重革命性的范式创新。

首先应认识新科学革命对纺织的意义，对产业范畴和产业领域的拓展，关注诸如3D打印、新材料的应用、数据技术"DT"和移动互联网对纺织管理创新带来的动力与影响。

#### 1. 中国纺织管理创新的特点

面临反常态，纺织企业没有现成的理论、方法可遵循，没有现成经验可参照，创新实践往往先于理论、突破常规、颠覆传统的管理思维方法和体系机制。

红领单裁单制的高级定制，集成了数字化人体三维测量，面料、体型、版型、款式等海量数据库，创新应用数字裁床，UPS系统，率先将云计算、大数据、人工智能等集成于一体，创造了新的商业模式，这种复杂系统集成已超过了任何教科书的水平。

移动互联网下跨时空的经济关系，商业网络和价值拓扑，超越了工业制造3.0之前链式的生产链、价值链理论，打破了大鱼吃小鱼的产业生态和零和博弈，消费者已不仅是价值获得者，也是价值创造者，在电子商务中，顾客成为创造财富的资源，"种豆得瓜"已是常见的商业模式。

#### 2. 一把密钥解多把锁

新常态下各种常规的问题、非常规和新问题往往纠结在一起，前工业化的问题和新产业革命的问题同时出现，新旧冲突导致的技术、经济、管理、社会、环境等问题相互关联，就事论事的单个问题的解决方案无济于事，因此，有效的创新不仅要综合考虑各种因素，更聪明的做法是发现找到一类方法可以一举解决各种问题。比如海思堡引进吊挂系统（本身已不算是创新技术），不仅解决了面对小批量多品种的趋向和"快单、急单、小单、补单"等买家需求，做到了缩短交期、柔性快速反应、平衡生产线，提高了劳动生产率，提高了质量，降低了在制品库存，管理更规范，提高了劳动者积极性和收入。

### 3. 移动互联网思维下的纺织管理创新

移动互联网跨时限跨疆域的性质，从根本上改变了生产关系、社会关系……使其更平等、自由、公平，使落后者可以跨越，使弱势者可以崛起，使天然或人为的藩篱羁绊化为无形，使纺织企业脱离困境，走向新一轮增长。如兰亭集势创造全球即时在线婚纱定制商业模式，开辟婚纱产业蓝海。棉纺车间晚班熄灯运转，运用手机 APP 和其他技术手段（定长粗纱、设备监控等），不仅减少用工，减轻工人负荷，克服年轻人厌工心态，解决用工难，使工人、管理者、企业共享利益，并形成关系和谐的企业社群和文化，这类创新投入少、收效大，已在纺织企业迅速应用，并不断增加新的创新。

由中国提出 eWTP 平台构想，有望突破世界贸易组织（WTO）的机制矛盾和困境，为纺织贸易增添一个更自由、更公平、更平等、更包容的虚实结合创新空间。

### 4. 纺织经济双创型态

所谓双创经济，即大量中小企业的微创新创业形成的经济形态，被认为是经济体最有活力的增长基因。中国纺织需要像红领、滨州华纺、如意等大型骨干企业大手笔、大投入、高水平、高起点的世界一流的创新，也需要中小企业的小产品大市场、小投入大产出、小改革大颠覆的创新，在经济波动期更需要小微企业依靠小点子、小创意、非常规的跨界创新，并将其转化为市场，如河南永安通过技术创新，用普通细绒棉纺制 7.3tex（80 英支）纱，使吨纱增值数千元。这种技术并不是高精尖，也不需要大投入却解决了棉价波动或成本上升的大问题。

### 5. 面向新消费主义创造新需求

关注消费和市场需求创造新的消费预期，是十三五纺织产业解决供需失衡，发现新增长的工作重点，如"跑马（跑步和马拉松）经济"、户外运动，这是三高（高学历、高收入、高时尚）群体，特别是青年人的生活方式时尚潮流，而由此衍生的纺织产品占消费的大部分，且要求功能性、时尚化、高品质、技术和款式俱佳，需要材质、设计、色彩表现全面创新，可以释放巨大市场潜量。江西昌硕户外休闲用品公司，就瞄准这一类新兴市场，以"专精新特"将小众市场做成大产业。

#### 6. 跨界创新

跨界创新是新经济时代创新的特点。跨科技领域、跨市场、跨文化、跨产品概念、跨产业、跨时空的创新在不断给予现代纺织动力。

跨科技边界纺织技术在不断受到材料、生物、物理、生理等科学进展的影响，纺织也在不断应用其他技术，如海思堡的数字镭射"印花"，快捷、灵活、个性、时尚、无污染。

跨市场边界可穿戴智能产品和智能服饰产品本来不是一个概念和应用，

但既可分也可合。手环既是电子产品，也是一种时尚饰品，更是数据信息之源，用以分析与管理，新涂层面料可做家纺、服装、户外用品、太阳能集热器、消防服、伞面等。

跨文化边界时尚可交织不同国家民族，不同艺术精华，用不同的纺织技术、艺术表现手法，纺织既有物质也有非物质的价值。

跨产业边界时尚产品本身就是跨产业跨技术（服饰、首饰、包袋、鞋履、时计、眼镜等），单品纺织早已过时，跨界创新联盟合作已是新常态。

跨时空边界纺织技术与管理创新越来越多将境内境外、线上线下、虚与实结合，产生新方法、新路径、新空间。

#### 7. 技术创新和管理创新的结合

新产业革命下，新旧技术迭代必然产生管理、经济、政治、社会体制各方面的冲突，新常态下的纺织创新要求从系统、体制到技术产品的全面创新。比如新产品的研发，既涉及材质创新，也要发现新市场准确定位，重塑品牌，重组生产流程。

因此，大多数创新是系统的集成化，很难将产品创新、生产工具创新、市场与应用创新、原料与材质创新和生产组织创新孤立分开，特别是一类颠覆性的产品概念创新。

比如生物质的合成纤维材料，具有合成纤维强力、弹性、"可纺性"和保形性，又具有极佳的服用性能，有广泛的产业和民用的市场空间，创新产品的市场化必须与管理创新相结合。

### 五、中国纺织技术与管理创新的重点

创新的本质是一种新的组合过程：将要素资源（包括资本、人力资源、土地、知识、智力、技术、信息等）重新组合，激发这种重组的关键是一类革命性的技术创新或范式创新，而完成这类创新和最终实现创新价值的是管理创新。

通过管理创新将发明从实验室移到车间，从模型变为实用技术，从概念到市场，这对颠覆性创新尤为重要，管理创新包括生产组织（工艺流程、作业组织）、要素构成（资本、土地、劳动、装备的组配优化）、营销战略（价值流程、利益分配）和商业模式等方面的创新。

### 1. 纺织产品研发和概念创新

纺织服装的产品创新大多数与纺、织、染、整工艺及纤维材质创新有关，比如莱美用创新的染整技术强化面料防紫外线、疏水、抗菌等功能，提高产品附加值，使企业逆势持续增长。

要重新认识服装、家纺等产品概念，服装家纺是人体和空间、人群（家庭、职员）与外部环境的一个互通交换和区分的界面，以此概念出发进行结构款式设计、面料的研发会有独到的思路。

### 2. 新的原料与材质开发

纺织纤维是基本材质，是纺织纱线面料时尚表达的载体，是产品创新的源泉，是实现产品的差别化特征。

熊彼特提到的"原料"创新，是指通过技术与经济的手段获得对原料的控制权。因此，除了不断开发新纤维材料，挖掘优质天然纤维价值；更要通过原料基地建设和制度设计，平抑价格，均衡供需，开发纱线面料的差异特色和功能与下游产品和品牌联盟，而取得标准、规则、市场秩序的主导权和话语权。

纺织纤维与纺织品已定义为与人类生活关系最密切的材料，纺织企业在不断拓展其在生物医学、航天航空、新能源等高科技领域的应用，不断渗透日常消费领域，开辟除服装家纺之外的高性能技术纺织品，是纺织产业新的增长点与制高点。

### 3. 新工艺流程创新

工艺流程创新分为渐进式和革命性创新，如缝纫流水线从渐进捆扎系统（PBS）到单位产品系统（UPS），或模块系统，都是流程再造和革新。目前UPS已经在服装业广泛应用，也在家纺产业推进。新工艺流程不仅降低能耗和污染，极大提高生产率、产品品质与性能，甚至创造新产品，如青岛凤凰机器蜡染的流程再造。

新的技术装备如智能机器人，会根本改变流程，如新凤鸣集团的自动落筒流程再造和信息流再造。

### 4. 新的市场及应用

纺织企业的根本职能是创造需求。创新的最终目的是通过创造和满足需求而实现价值。新纤维、新产品、新工艺流程都是为了满足顾客更高、更多、更好的需求，包括其他生产者和消费者本身都未能识别的需求，因此识别、发现、明示这些需求，将创新引进新应用、新市场、开拓产业新天地、创造增长新常态，如江西昌硕的遮阳功能面料，可广泛用于遮阳伞、帐篷、户外服装、特种防护服，包括民用、军用、户外作业，救灾、临时住所，甚至可以进入联合国采购目录。

### 5. 新的生产组织

新的流水线不仅是设备的更新和机器的重组，更是人机物的重组，必须对机器生产单元和人员组织优化，甚至彻底改造。广义的生产组织创新包括整个企业组织、治理结构、研发供应、制造销售体系、信息技术沟通方式的创新。

无锡一棉的经验不仅是操作流程与工作法改进，更是组织体系与机制创新。

### 6. 纺织创新范畴的扩展

产品、流程、市场、原料材质、组织五类创新在大多数情况下是相互关联、互为因果、依次转换、渗透嵌套的，如新纤维应用会改变纺织染工艺流程，创造出新的产品，创造新的市场应用，甚至促生新产业，彻底改变企业商业模式。

移动互联网颠覆了生产关系、社会关系，改变了创新要素条件：原料资源不一定是物质的，顾客也可能成为资源和创新主体，创新和价值创造不仅发生在供应端，也发生在消费端，组织流程创新也不只发生在企业内。纺织管理创新需要更广的视界和疆域。

东华大学纺织学院纺织经济研究所　顾庆良

# 行业视角

# 用创新营造企业持续竞争活力

无锡一棉是拥有近百年历史的传统纺织企业，专注于纺纱、织布，其核心理念是"传承+创新"——打造经典，创新发展。作为一个国有纺织老企业，又地处长江三角洲发达地区，在当前行业低迷、竞争加剧、内外矛盾交织的情况下，勇于持续管理创新，用创新改造企业、用创新激发活力，使企业在纺织困难中有效、有序地推进转型升级，向"生产智能化、管理精细化、产品特色化、贸易国际化"的方向发展，创建高效纺织。

## 一、为什么要进行管理创新

棉纺织行业有句行话："三分技术，七分管理"。从当前棉纺织企业的普遍状况来看，重视管理显得尤为重要。创新管理，既能提升企业的经济效益，又能促进企业的升级转型，并能在相互学习借鉴中探索形成适合企业自身实际的管理模式。

### （一）创新管理具有明显的经济效益作用

"向管理要效益"不是空话，管理创新花钱少、见效快，尤其在纺织困难形势下，更是企业苦练内功、挖掘潜力的重要环节。

1. 创新管理的"补短板"效应

近几十年来，纺织工业飞速发展，技术进步远远超出了管理的进步。特别是改革开放以来，装备的信息化和自动化，纺织技术的升级换代、纺织器材的日新月异、纺织产品的推陈出新，纺织产业投入大幅增加。但是如果用落后的管理方法去管理先进的技术，必将造成资源和技术的大量浪费。创新管理"补短板"，使装备技术性能得到充分发挥，纺织生产的产质量水平必然会有明显提升。

2. 创新管理的"投入产出"效应

近几年来，纺织一直处于低谷运行，在这状态下，大规模的技术改造投入要冒很大的风险。因此，减少简单、粗放的大规模投入，进行积极的管理创新，投资少、效果好、回报快，且可持续。可以将有限的资源，最大化地运用到生产变革中去，通过管理变革，用创新的方式来提高劳动生产率，可以在防范大规模投入风险的前提下,保持企业在困境中持续稳定发展。

### (二) 创新管理具有助推转型升级的促进作用

企业转型升级的根本目的是要提升企业的竞争能力,创新管理具有助推转型升级的促进作用,创新主题的选择和确立重点关注以下三个问题。

#### 1. 着力研究纺织行业共性的突出问题

中国纺织工业劳动生产率水平总体较低,是当前纺织经济转型的突出问题。如何提高劳动生产率,解决行业低效纺织的普遍性问题,从而提高企业竞争力,已成为企业乃至行业最关注的问题。创新管理、打造高效纺织,是企业的发展方向。

#### 2. 关注行业未来可能存在的突出问题

未来 5~10 年纺织经济面临着增长速度趋于平缓,行业维持 L 形发展态势,行业企业竞争加剧、原料成本上升、劳动力短缺、国内外市场需求低迷、能源紧缺与环保低碳等突出问题,生产一方面需要加快技术创新与设备升级,提升行业硬实力,而更为迫切的是要深化管理创新,探索符合行业实际与时代要求的管理体制,找到一条既可降低劳动负荷,又能减少用工、降低能耗的绿色发展之路。

#### 3. 聚焦企业现有的突出问题

无锡一棉地处长三角经济发达地区,国外的埃及、印度、越南、巴基斯坦等棉纺织主要生产国企业成本相对较低;国内,新疆因受政策扶持,成本也处于低位。用电、用工、原料、税收等无一优势,生存发展的难度更大。因此,也唯有创新,使企业管理精细化,保证生产"高产、优质、低耗"水平,才能缓解成本上涨压力。同时,作为劳动密集型企业,用工荒已不可避免。为了缓解一线劳动力紧张的困难,必须进一步精细劳动用工管理,优化操作方式,创新培训管理模式,并逐步向智能化方向发展。

### (三) 创新管理具有学习融合再创特色的作用

管理创新是持续递进的过程,也是学习、借鉴,进而与企业实际相融合,形成有本企业管理特色的一个过程。无锡一棉为此注重以下三个方面,使管理创新落到实处。

#### 1. 学习国内外先进、成熟的管理理念

可以先进行简单模仿,因为国内外的先进管理理念已经经过了几十年的实践检验,不容怀疑,完全可以照搬照做,大幅缩短国内企业与国外先进企业之

间的差距。

**2. 学习提高融合管理的拓展思路**

立足纺织、跳出纺织，探索"信息化+纺织"的思路，使生产、经营、质量管理更为透明、即时、全面、准确，提高管理效能和科学决策。实现物流、资金流、信息流、人力资源的集成一体化管理。同时，可以借鉴各行业的特点与优点，为我所用，将碎片化的先进管理理念，探索运用到纺织管理中来。

**3. 加强内部研讨，制订详细的实施方案**

对于任何可以借鉴与学习的经验知识，采用大胆设想、小心求证、谨慎推广的方法。集思广益、研究方案、分析利弊，明确思路，先试验、后总结、再推广。在推进过程中可以树典型，及时将正面信息传递给广大员工，从而树立信心，推进改革创新的深入。

## 二、管理创新的有序推进与主要成效

无锡一棉自获得第一届创新管理大奖以来，把荣誉作为前进的动力。在中国纺织工业联合会的指导下，积极参与行业交流，继续把深化管理创新看作是企业发展的重中之重，有序推进各项管理创新改革。

### （一）以智能化为引领，促进深度"两化融合"

无锡一棉集团是在全行业中最早探索"两化融合"的企业，并成为中国棉纺织行业"两化融合"的示范企业，十几年的探索，深刻感受到自动化、数字化、网络化、智能化是棉纺织行业提高生产效率、提升产品质量、改善环境的重要举措。

**1. 深度"两化融合"，建立示范车间**

近两年来，"智能化"成为深度"两化融合"的发展趋势。棉纺的智能化生产，不仅是单机的智能化，还要实现环境监测、信息、物流的智能化，加快转变单纯依靠投资驱动、扩张、出口导向的增长模式。

2013年国家工信部组织实施两化深度融合项目——《基于在线生产监控的棉纺织行业企业管控集成试点与推广》项目，无锡一棉集团作为该项目全国四个试点厂家之一，在企业扬子江棉纺车间开展了"智能车间"的创新探索，进一步加大了设备在线监测硬件、软件研发和应用，通过与国内优秀企业合作，采用有线和无线网络相结合的方式，对国内纺织生产设备进行全线、全流程智能联网监测。2015年7月试点项目通过了中国纺织工业联合会组织的验收。同时，还强化了两化融合管理体系的贯标工作，并于2015年3月首批通过国家工信部两化融合管理体系贯标认证评定。

#### 2. 完善信息体系，创建"智能工厂"

通过十余年对由传感网、ERP和电子商务组成的信息化体系的不断建设和完善，使管理效率、产品品质得以逐步提升，经济效益明显。在"十三五"期间加大技改投入，对纺织生产线进行信息化、自动化、连续化、智能化改造，加快推进智能化工厂建设，改善劳动环境，达到省力、省工、省心、可靠、智能，实现高效纺织。

### （二）以精细化为引领，促进管理上台阶

无锡一棉集团通过管理创新，曾创出了全行业最好的用工水平。近两年来，在经济发展新常态下，无锡一棉集团苦练内功，通过质量、消耗等精细化管理，提升品质可靠性，降低生产成本，达到优质、高产、低耗，进一步做强企业。

#### 1. 强化精细管理，促进品牌建设

在近年的工作中，企业不断调整管理思路，从小处入手，挖掘企业管理工作潜力。一是通过划小核算单位，透明管理。及时发现用工、原料、能源、机物料等方面的潜力，消耗定额细化到部门、班组、工序、品种，增强了各级的成本效益观念。二是强化生产管理，提升质量水平。广泛开展运转、设备专线检查，通过各类技能竞赛、劳动竞赛等活动提高管理效能，2016年上半年共节约用工8800多工。三是开展工艺管理，进行工艺专试、成品质量监控、重点项目检查和后道客户意见整改等工作。通过强化生产管理，棉纱质量水平有显著提高，企业针织用纱荣获中国棉纺织行业协会颁发的2015年针织用纱"用户信得过优等产品"，精密纺机织纱荣获中国棉纺织行业协会颁发的"2015年度纱线产品优质奖"。

#### 2. 深化节约降耗，走绿色发展之路

传统企业要长远发展，就要走可持续发展的新型工业化道路。纺织企业更要注重节约能耗，节约棉花，走"绿色"发展之路。一棉集团坚持以管理和技改双促进的方式，深化节能降耗。一是通过细纱紧密集中吸风改造、更换节能日光灯、优化清花流程、梳棉除尘系统流程、合理冷冻管理、空压机热能回收等一系列举措，2015年全年节电597万元。二是通过对内细化定额、加强管理，降低消耗；对外大宗物资加强产交所平台采购，并严控质量，采购费用下降近600万元。三是利用现有厂房屋顶建设了分布式光电站，屋顶面积为40700$m^2$，装机容量为3.245MW，每天平均发电量达1万kW·h以上，成为无锡第一家工业企业试点单位。企业荣获了首届"2015年度中国纺织工业联合会产品开发—

卓越能效奖"荣誉称号。

## 三、管理创新贵在坚持

任何一种管理，都有局限性和时效性，都具有历史的烙印。如何能与时俱进，具有生命力，重点在于创建良好的企业文化，努力打造学习创新型企业。

### （一）消除管理创新的误区和瓶颈

企业要应对来自政策调整、贸易壁垒、市场波动、技术颠覆等带来的各种突发情况，就要增强管理的适应性，以变制变，对症下药，及时调整，保证管理的有效性。

*1. 创新的瓶颈之一：体现在是否能够带来新的价值*

打开眼界、打开思维，创新的目的不在于新，其本质在于能否产生新的价值。所以创新不是单纯为了创新而创新，而是通过不同的视角发现问题、运用特殊的方法创新突破，寻求价值的提升。

*2. 创新的瓶颈之二：迫切需要全方位提高融合创新能力*

一方面纺织业是全世界高度成熟的产业，设备和产品都难有"核心技术"的垄断，是一个完全竞争的行业，不可能通过一项措施就能一蹴而就；另一方面面临知识结构老化，随着技术的不断更新，跨界技术的融合更显优势。所以，只有通过提升能力，实施融合创新，形成领先的竞争能力。

### （二）学习型企业是管理创新的基础

管理的持续升级，关键在于提升员工的认知，社会在进步，人的知识结构也需要不断的优化完善。俗话说，"活到老，学到老"，如果人的知识不更新，企业的发展就难以持续。

*1. 提倡全员学习，加强纺织专业知识的学习*

随着纺织企业自动化程度的大幅提高，专业知识明显有落伍趋势，必须坚持"走出去，请进来"的方式，加强与外界的沟通与交流。倡导全员学习，用学习制度固化员工的日常化业务学习、常规化技能培训。同时要以问题为导向，有针对性地进行"补短"式的学习培训。

*2. 提倡团队学习，加强不同领域的多方位学习*

采用多样的学习方式，加强集团内部门之间的学习交流，注重部门内的学习分享，注重向客户学习，注重向兄弟企业学习，注重跨行业间的学习，不失为一种有效的学习方法，他山之石往往有奇效。同时，积极参加外部的培训活动，请专业的培训公司等进行全面培训，取长补短、博采众长、为我所用，不断进步。

### 3. 提倡终生学习，营造浓厚的学习氛围

企业要时刻保持高处不胜寒的危机感与时不我待的紧迫感，在企业内部营造浓厚的学习氛围，鼓励员工在实践中学习，在学习中实践，提高技能，培养综合能力，跟上快速发展的时代步伐。

## （三）培育一流的员工队伍是管理创新的保证

随着智能工厂的创建，一棉集团的员工队伍构架也进行相应调整。既要会动手又能动脑，既有纺织专业知识又有实践能力，同时具有跨界学习的能力。着力打造操作过硬的生产一线团队、保障过关的技术团队、专业高效的管理团队。

### 1. 打造适应经济新常态的专业化纺织队伍

企业的发展离不开创新驱动，而创新驱动是依靠人才的驱动来保证的。企业坚持以人为本，形成"找人、用人、育人、留人"的发展理念，并凝聚为企业文化的核心内容，加强企业人才培养梯队，提升企业软实力。从员工进厂的源头抓起，加强校企合作，大量招录有文化基础的大中专生，全部从生产一线岗位上开始培养，目标做到知识分子工农化、工人阶级知识化。建立后备干部信息库，拟定培训路径和方向，所有管理和技术岗位均从生产一线的优秀员工中选拔。同时，通过择优选拔、岗位交流、业务培训、上岗锻炼、挂职培训、借调试用等，规划普通员工的职业生涯，创建良好的成长平台。企业获得教育部颁发的"国家级工程实践教育中心"称号。

### 2. 鼓励员工开展创造性工作

鼓励员工创造性地思考问题、解决问题。企业通过各种激励机制鼓励员工创造性地工作，特别是解决生产中难题或是给生产带来显著改进的创新，及时给予表彰、奖励和宣传，在企业内部营造创新和谐的工作氛围。

### 3. 强调以人为本的管理

实施"以人为本"的管理方式。着力创建一个开放、平等、宽松、积极向上的工作氛围，充分尊重员工的个性发展，切实关心员工的心理动向，最大限度地尊重人、关心人、依靠人、凝聚人，让员工树立起"主人翁"的心态，充满激情地干事业。在激励上要坚持按贡献分配，建立良好薪酬体系，鼓励多劳多得，能者多得，最大限度地体现员工的价值。有效促进在企业内形成重能力、讲贡献、论业绩的管理氛围。

今年是"十三五"规划实施的开局之年。当前中国正处于转型升级的关键阶段，纺织工业实施供给侧结构性改革，落实中央"创新、协调、绿色、开放、共享"五大发展理念，在适应经济新常态下谋求发展。中国纺织正朝着智能化、绿色化方向发展，一棉集团将通过不断的管理创新，加快结构调整，突破发展瓶颈，实现降本增效，增强企业综合竞争能力。

无锡第一棉纺织厂　周晔君

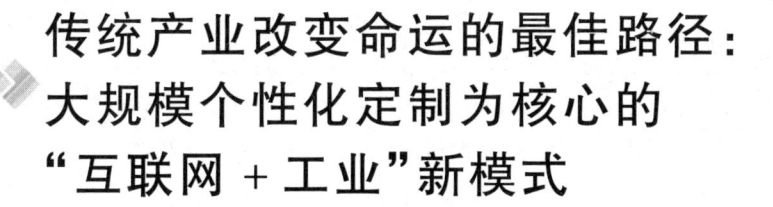

# 传统产业改变命运的最佳路径：
# 大规模个性化定制为核心的
# "互联网+工业"新模式

围绕新需求创造新供给是制造业供给侧结构性改革的着力点。随着消费水平和消费观念的升级，越来越多的消费者不再满足于千篇一律的工业化规格式生产，个性化需求增强，传统的产品开发和生产模式已无法适应。当前，移动互联网、云计算、大数据等新技术的应用，个性化定制、柔性化生产的发展，为制造业企业创造新供给、满足新需求提供了解决方案，是从生产端入手推进供给侧结构性改革的要义所在。

"+互联网"是实现传统制造业产业升级的有效路径。当前，制造业民营企业的基础仍很薄弱，工业化水平也不均衡，绝大部分企业仍处于半机械化时代，即工业1.0~2.0之间，部分企业处在工业2.0阶段，少数企业实现了工业3.0及以上。要实现中国制造2025的目标还有很长的路要走，要补足机械化和自动化的功课。很多制造业民营企业，特别是中小企业感到差距很大，找不到切入点。红领实践证明，在工业2.0甚至1.0的状态下，企业不需要大量引进高端自动化设备和大规模裁员，在现有的生产装备水平上嫁接互联网，改造生产和经营模式，同样能实现传统产业的弯道超车、跨越式发展。

## 一、互联网时代企业的出路

互联网时代是虚（电商、网络）实结合的时代，是虚实并行的时代，只做"虚"的没有未来，所有的产品都是工业创造的；只知道低头做"实"的，跟不上时代步调，永远都是传统企业。互联网时代的企业必须虚实结合，以客户的需求为源点，以平行交互为手段经营，才能游刃有余。实业与网络平行交互，是传统产业改变命运的最佳路径，网络必须服务于实体，融入实体，过程达到平衡就是理想状态。要紧紧抓住消费需求变化，研究基于互联网的大规模个性化定制生产模式，变标准化制造为个性化定制，增加产品的附加值，处于价值链底层的制造企业才能走向高端环节。企业的转型升级，可以从以下需求方面突破。

### 1. 用消费者需求驱动企业的有效供给

传统企业较多采取"企业—中间商—零售终端—消费者"的销售模式，一方面,各环节的成本增加了产品的最终价格;另一方面,生产企业难以及时获取消费者多样的需求信息。利用互联网技术,消除中间销售环节,实现了消费者与生产企业的直接连接,即C2M模式。企业通过建立电子商务平台,消费者从电脑、手机等终端登录,在线提交需求,企业根据订单进行生产,可大大降低资金和货物积压,实现"按需生产、零库存",能最大限度让利消费者,使其无需再分摊中间成本。

2. 用信息化手段实现大规模个性化定制

个性化与高效率本来是矛盾的,但企业通过信息化对生产流程进行再造,可以极大提高大规模定制生产的效率。消费者通过企业的在线定制平台,可以自主进行产品选择、模块化组合设计、支付交易,企业实时接收订单,信息进入企业数据库进行数据建模,自动转化为生产数据。生产过程中,应用物联网技术,实现订单数据驱动产品全生命周期,可采用射频芯片技术,每件产品有单独的伴随生产全流程的电子芯片,每个工位有终端设备,从互联网云端下载并读取电子芯片上的订单信息。这一模式既能满足个性化定制的需求,又能实现大规模工业化生产,提高效率,降低成本。

3. 依靠数据驱动实现产业链的协同生产

数据的价值不在于规模有多大,而在于对可用数据的采集、开发与应用。企业要注重多源数据的整合与开发。首先建立数据库,进行可用数据的采集,然后进行数据建模,最后是建立算法,对顾客的需求,系统都会通过算法进行最佳匹配,同时计算出最佳的产品生产流程。

在互联网工业时代,商业不再主导未来,产业价值链的"微笑曲线"将被倒转和颠覆(图1)。营销渠道的电商化、企业研发的平台化,将凸显工业制造

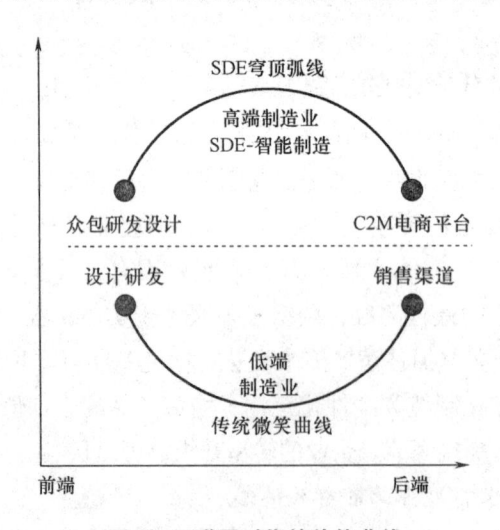

图1 互联网时代的价值曲线

的核心价值。智能工业将是未来经济发展的主导者和领航者，全球经济发展的未来将是"工业为王"的时代。

### 二、新时代需要有新的经营哲学

有不少企业家认为经营困难的根源在于：缺资金、缺技术、缺市场空间。其实他们并没有找到问题的根源，抓住问题的实质，企业家真正缺的是思想。企业转型升级是思想观念的转型，企业的创新是经营思想的创新。互联网时代，商业逻辑发生了根本性的变化，消费者不会把自己的权力交给任何人，做企业就必须转变思想，必须为消费者提供价值，为消费者服务好。以消费者的需求为驱动和源点，由消费者的驱动主导、参与、整合企业的所有价值链满足消费者的需求。红领实践形成"源点论管理思想"。"源点"是指企业所有行为都以需求为源点，以源点需求来驱动、整合和协同价值链资源，最终达成源点需求，通过最大限度地满足客户需求来实现企业目标和价值。

#### 1. 组织流程是变革的核心，高效协同是根本

科层制与高校协同背道而驰，不能适应企业战略需求，领导化、审批、部门、科层很大程度上会阻碍高效协同，成本无法下降、效率很难提升。互联网时代的组织，需要极致扁平化。

#### 2. 去领导化、去部门、去科层、强组织、自组织的细胞化组织形态

全数据驱动的商业模式当发展到一定的程度，如何保障组织的活力和企业的利润最大化，成为企业组织结构迭代的最新驱动力，因此，将原来的平台转变成为资源提供的平台，原来平台的人根据源点需求，快速或慢速聚合，将组织进行细胞化重塑。每个细胞就是一个独立的生命体，每个细胞以提高客户最佳体验和满足客户需求为源点，并以利润最大化作为其绩效主要指标，如何降低运营成本和提高盈利，便直接决定细胞中成员的收益。一个个的细胞依附于商业生态中，商业生态为每个细胞提供源源不断的养分，细胞保证生态的活力与演化，如图 2 所示。

互联网公司必须具备灵敏的业务调整能力和产品不断迭代的水准，才能紧跟互联网时代的发展速度，组织再造与流程变革更是企业的组织内部能够焕发不倦活力的基础保障。每一位员工都是流程的变革者和组织再造的参与者，没有人会等着公司去调整的时候再去被动地改变，除了每个人已经具备"源点论"的基因外，还因为企业已经将组织再造和流程变革变成了不断进步的常态。也正是得益于现在的组织结构，按需求聚合的细胞，随时可以按照公司需要组成自己的聚合圈，聚合后的细胞同样也无需传统的科层或部门来管理，他们只需

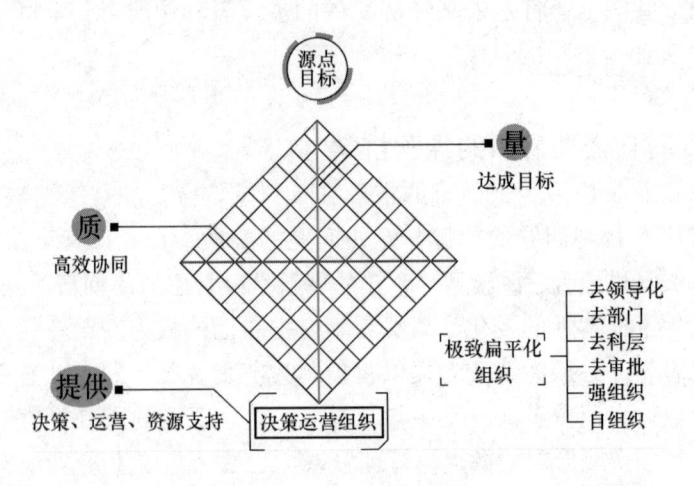

图 2 源点论自组织体系

要对着源点做事，他们的绩效便是源点需求的满足情况。流程也在组织变化的同时悄悄地完成了变革，流程的设计为源点满足提供了最佳路径，这也是区别于传统流程的本质。

公司上下及每一个生产步骤只有一个目标导向，即高效率、高质量地满足客户需要，这是公司最核心的价值取向。价值链上的每一个节点都需尊重来自源点的需求，将源点辐射到每一节点的信息贯彻落实，不受外界因素干扰。源点论的思想将企业发展视角回归到客户需求，以最大化满足客户需要为企业发展目标，回归到企业生存和发展最原始也是最核心的价值取向。

企业是一个充分具有自组织特性的社会经济系统。这是由企业系统自身的特点、企业的经营环境和与之相适应的经营模式所决定的。在工业经济社会，各种组织结构模式的提出都有其特殊的理由和依据，同样，这些组织结构模式被企业管理者所分别采用，更说明了每种组织结构模式存在与完善的合理性。各种传统企业的组织结构理论虽然都共同体现了工业经济的特性，但在实践操作中，每一种组织结构模式则是按照自身的独特性来构建企业内部的管理框架。在采用不同的组织结构的企业中，管理权的分配、管理的层次与幅度、组织内部不同部门之间的关系等均有所不同。源点论扁平管理的特征是开放、无科层、无部门，因此也就无权力。源点论管理没有组织架构，人人都是组织，是超扁平的"自组织"，源点论管理中没有权力，只有职能、服务，是高度的自主。

3. 自组织创新管理机制

自组织现象原是指自然界中自发形成的宏观有序现象。系统从无序状态转变为具有一定结构的有序状态，或者从有序状态转变为新的有序状态。系统内部各子系统之间自发的相互作用组成一定的有序结构，并通过各种形式的信息反馈来控制和强化这种组织的结果时，这种组织就称为自组织。哈肯认为：自组织系统可以在没有外部指令情况下，仅靠某种相互默契，工人们协同工作，各尽职责来生产产品。即自组织就是系统内部组成部分在无外界指令下，相互作用而自行从无序到有序、从低序到高序的演化过程，人类个体思维也遵循自组织规律。

企业组织管理以精确的计划和严密的控制为手段实现企业系统的目标，是组织成员（包括子系统）在感知外界环境发生变化后，在竞争和协同等机制的作用下而迅速地自我调整，使组织达到能适应环境的新的有序状态的过程。

两者具有不同的作用机制和优缺点，见表1和表2。

表1 企业组织管理和自组织管理作用机制比较

| 企业组织管理 | 企业自组织管理 |
| --- | --- |
| 目标是"外加"的 | 目标是"内秉"的 |
| 管理客体是外生的没有生命力的机器 | 管理客体是内生的复杂的人 |
| 把管理看作是高层和中层的特权 | 管理是全体员工参与的过程 |
| 通过制度实现刚性的、精确的控制 | 通过默契柔性的、模糊的协作 |
| 从上到下的命令下达 | 从下到上的信息反馈 |
| 对准确信息和高层判断力、决策能力依赖性强 | 对员工的自主意识和自主能力依赖性强 |
| 子系统简单加和，1+1≤2，造成部门条块分割 | 子系统通过协作构成有机整体，1+1>2 |
| 让员工参与管理是民主的象征 | 让员工参与管理是实现自组织的需要 |
| 以环境的缓慢变化为背景 | 以环境的快速变化为背景 |
| 对明晰性信息的管理效果好 | 对隐形信息的管理效果好 |

表2 企业组织管理和自组织管理优缺点比较

|  | 组织 | 自组织 |
| --- | --- | --- |
| 决策周期 | 长 | 短 |
| 对微观变动的反应速度 | 慢 | 快 |
| 对"精英"的依赖性 | 强 | 弱 |
| 操作性 | 简单 | 复杂 |
| 主动性和创造性 | 差 | 好 |
| 针对性和计划性 | 强 | 弱 |
| 目标的方向性 | 好 | 差 |
| 系统完整性 | 强 | 弱 |
| 对员工自主性的依赖性 | 弱 | 强 |

## 三、结语

电子商务是制造业的未来，互联网时代为传统企业发展带来全新机遇。B2C 不是制造业的未来，绝对低价代表了低质甚至劣质，不是社会进步与人类文明的需求。C2M 才是制造业的未来，由个性化需求驱动制造企业满足需求，全价值链高效协同，能够推动研发、设计、生产、制造升级改造，以适应个性化时代需求，以充分满足高性价比需求而非绝对低价。组织再造和流程变革对许多企业来说是一个痛苦的过程，甚至于在改造中丢掉了核心的东西，导致企业一蹶不振。对于红领来说每一次组织再造和流程变革意味着找到了新的高点，意味着又一次颠覆。互联网的时代就是要秉承着"自以为非""自我颠覆"的思想，才会在互联网革命浪潮中实现引领。

青岛红领集团有限公司董事长　张代理

2016 年 7 月

# 经典案例

# 以一站式服务模式为基础，打造管理创新新篇章

## ——北京三联虹普新合纤技术服务股份有限公司

我们关注全球顶尖技术的发展趋势，注重专业人才的优化培养，强化多领域团队的协作开发模式，研发纺织行业节能高效的前沿技术，推动纺织行业互联网+的新一次行业革命。

董事长兼总经理 刘 迪

---

我国纺织产业的很多领域受制于国外的技术垄断和市场垄断，导致该领域处于"微笑曲线"的底端，在高端研发和品牌渠道方面丧失先机，相关产业链整合方面更显得"人小力微"。聚酰胺行业就面临着这样的行业背景，技术、产品、市场均被国外占据优势。北京三联虹普新合纤技术服务股份有限公司（以下简称"三联虹普"）是国际一流的聚酰胺新材料工程技术服务提供商。自1999年成立以来，已成功研发出多项具有自主知识产权的国际领先聚酰胺聚合及纺丝成套工艺及装备技术，大大提升了国内聚酰胺行业的整体技术水平和国际竞争力，逐渐成为中国聚酰胺行业科技创新及产业升级的引领者。三联虹普"以一站式服务模式为基础，打造管理创新新篇章"，以70多人的团队规模，实现了1亿以上的净利润，并实现了公司的上市，其优质高效的公司运作模式和管理创新的经验做法值得挖掘。

## 一、三联虹普"一站式服务模式"管理创新的背景

### （一）国内化纤工程技术服务行业的行业背景

20世纪末期，国内的化纤工程技术服务公司，从消化、吸收国外引进的技术及装备中逐步发展，实现了技术装备的国产化。当时的工程服务公司大部分以设计院为主体，虽然有较强的详细设计能力，但在生产工艺、设备制造、技

术优化、工程实施等方面比较薄弱。随着产业的不断壮大与发展，这种运作方式，由于没有完整的软件工艺包，无法形成成套的技术协作联动机制，工程装备水平难以得到有效提升，直接影响了产品质量和生产稳定性，难以满足行业迅猛发展的需求。针对行业的这种模式的种种弊端与不足，通过创新以求存图强已经成为三联虹普的必然选择。

### （二）一站式服务模式的出现和应用

一站式服务的业务模式是 21 世纪随着互联网技术的发展和信息化工作的推进，基于技术服务市场竞争性的需求，而逐步形成和完善的一种技术服务模式，其实质是服务的集成化和整合化。作为一种现代营销的新模式，一站式服务模式以简单、高效的流程处理，提高了服务质量和服务效率，又提高了服务市场的满意率。可以说，一站式服务是 21 世纪技术服务市场的一种营销创新。三联虹普结合行业发展背景，以聚酰胺新材料工程技术服务提供商的身份创造性地设计和完善了基于聚酰胺行业的一站式服务模式，在行业内部属于创新型的业务，并在多项领域进行了创新和完善。

## 二、三联虹普的"一站式"服务模式的内涵解析

### （一）三联虹普"一站式"服务模式的管理创新思路

"一站式服务模式"的实质就是技术与服务的集成、整合。与传统模式相比，一站式工程模式是将精益管理理念与工程项目组织和实施相结合的最有效的体现。三联虹普以"一站式"工程服务模式为基础，进行组织架构的整合与创新，形成规范化的工艺技术标准、专有设备标准、工程安装、单机调试及开车标准、产品质量标准、人员组织架构，达到国际化的服务水平。同时，将服务模式进行推广与外延，开阔合作视野，寻求更高的管理理念。

### （二）三联虹普"一站式"服务项目的内涵特征

三联虹普的化纤行业工程服务内容，不仅提供工程项目的方案规划、工艺设计、基础设计和详细设计等核心工艺技术，还承担项目采购、生产工艺、设备制造、技术优化、工程安装、项目开车、产品保证以及售后服务等在内的系列化成套服务，从而有力保证了工艺技术及其专用装备的不断进步与领先，形成市场需求和技术突破高效互动的氛围，营造出内涵丰富的工程服务模式，促进企业管理经验的不断提升与增值。

### (三) 三联虹普的"一站式"服务的特色优势

三联虹普的"一站式工程服务模式"最突出的优点是,将工艺设计思想贯穿于整个工程中,并通过工程实施,尤其是能够将工艺设计的灵魂理念融入到核心装备制造中,保证生产产品符合设计要求。这种模式保证了三联在十余年的项目执行中达到100%的成功率,获得了良好的社会效益与经济效益。

## 三、三联虹普基于"一站式服务"的管理创新举措
### (一) 技术创新和数据资源支撑"一站式服务"

三联虹普的"一站式工程服务模式",以技术的先进性与前瞻性为标杆,为企业提供了源源不断的创新驱动力,保持在行业领域的持续进步。十几年来,三联虹普与全国40多家企业持续合作,在国内高档民用聚酰胺领域前十家企业中的八家,是三联虹普的长期服务客户,其总产量已占到全国聚酰胺总产量的35%以上。不仅如此,三联虹普与所有用户之间始终保持着良好互动关系。用户认为,三联虹普的"一站式工程服务模式"不仅可以将客户的风险降至最低,同时又对三联虹普的不断创新和技术进步给予充分肯定和支持。

基于"一站式工程服务模式",三联虹普已经获得包括聚酰胺聚合和纤维工艺路线、己内酰胺全回用、聚酰胺聚合和纤维专用装备等在内的13项发明专利、56项实用新型专利、4项计算机软件著作权。同时,在聚酰胺聚合方面,首家形成了7万吨、10万吨、15万吨、30万吨等各种规模聚酰胺聚合工厂的典型化一站式服务模式数据库,涵盖多规格民用与产业用聚酰胺切片产品。在聚酰胺纺丝方面,首家形成了8丝饼、10丝饼、12丝饼、16丝饼、24丝饼等高性能聚酰胺纺丝一站式工程服务数据库,填补高端聚酰胺纤维产品的空白,使我国的聚酰胺纤维产品的差别化率不断提升。目前,三联虹普正在以上市公司和"互联网+"为契机,积极联合行业优势企业,创建智能化工厂模型和范例,引领了国内聚酰胺纤维生产行业不断深入发展与进步。截至目前,三联虹普已为我国聚酰胺聚合产业贡献了约80万吨的新增产能,10000纺位的纺丝生产线,打破了国内民用高速纺切片长期依赖进口的局面,大大提升了我国高性能聚酰胺聚合产业的能力与产品品质。

同时,三联虹普通过2013年开始建立的具有开拓意义的开放式聚酰胺纤维试验线,成功地开发出24饼新一代节能纺丝技术,该技术在2014年已经得到用户的广泛认可和推广使用,它已然成为未来纤维生产的重要发展方向。与此同时,三联虹普还协助众多用户建立起各类型的纤维生产试验装置,加大各种功能性聚酰胺纤维的开发力度和强度,形成百花齐鸣、百花齐放的发展态势。相

比聚酰胺纤维差别化开发的蓬勃局面，聚酰胺聚合的研发力度也在稳步推进，首条日产5吨的聚酰胺试验装置即将进入安装阶段。这些开放式试验装置和生产线的建立，不仅仅可以聚焦服务于当前聚酰胺聚合和纤维生产领域的需求，同时对各类新型技术的跨界应用，开发新的渠道，发挥前瞻性作用，从而构建出"一站式工程服务模式"的光明未来。

### （二）扁平化的公司组织结构改革匹配"一站式工程服务模式"

为适应"一站式工程服务模式"的需要，公司的组织结构实行扁平化的组织结构，公司董事长兼总经理直接下辖各职能部门和业务部门，权利距离短，有利于快速高效地处理和解决公司的各种问题。同时，人员精简，实行一人多职，一专多能。对工程技术人员，不仅需要有专业设计的能力，同时还需具备工作组织、现场协调、安装指导、调试开车等与工程密切相关的专业能力；三联虹普的"一站式工程服务模式"对项目管理、售后、采购等配套人员，不仅需要各自突出的专业知识，并且还要具备一定的工艺、设备，甚至电仪的知识能力，做到一人多岗。这种公司的组织结构和人员要求，对于支持公司高效运转，使得"一站式工程服务模式"在公司的现阶段取得佳绩，具有重要的作用和意义。

图1所示为三联虹普的组织架构简图。

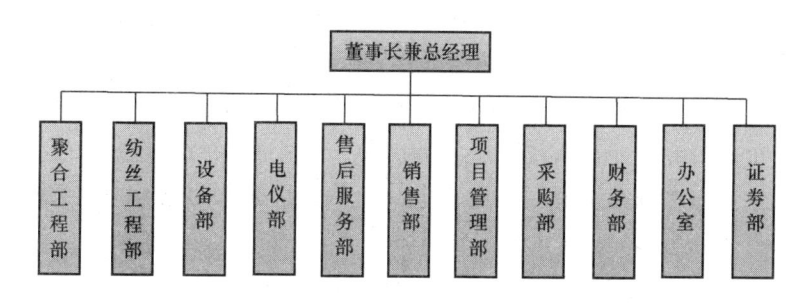

**图1 三联虹普的组织架构简图**

"一站式工程服务模式"在公司组织结构方面最核心的内容是以工程和专业技术为推动力，打破设计院人员配置的传统习惯，培养出全面型的工程技术与服务的复合型人才，从而实现一人多能，一人多职。基于这种模式，三联虹普的"一站式工程服务模式"对工程技术人员，不仅需要有专业设计的能力，同时还需具备工作组织、现场协调、安装指导、调试开车等与工程密切相关的专业能力；三联虹普的"一站式工程服务模式"对项目管理、售后、采购等配套人员，不仅需要各自突出的专业知识，并且还要具备一定的工艺、设备，甚至电仪的知识能力，做到一人多岗。

（1）工程与技术管理部门。三联虹普执着于专业水准的领先与进步，按专业突出、技术为先导的理念，以工艺为龙头，重点发展工艺、设备、电气仪表及控制三大关键专业，而对工程项目其他辅助配套专业如土建、公用工程、高低压配电等则交由地方设计院承担。三联虹普的技术部门设置主要包括聚合工程部、纺丝工程部、设备部和电仪部四大核心工程与技术部门。这四大部门主要承担与工程项目实施相关的设计、工艺技术、工程实施和产品质量保证等有关的所有工作。

四大技术部门总人数为58人，占公司总人数的79%，其中高级工程师12人，专业设计人员46人。

（2）业务和事务管理部门。包括项目管理部、售后服务部、采购部、销售部、财务部、办公室。

这六大业务和事务管理部门是确保公司正常运转的重要业务和事务管理部门。项目管理部按国外先进的工程管理经验，对项目进行动态管理，建立起项目问题反映渠道畅通，项目问题处理及时、重大问题及时上报的常态业务模式。近期为加速提升工程管理能力，正在进行先进项目管理软件Primavera 6（P6）的引进工作，以达到对项目进度实时监控，确保一站式服务模式下，更好地按工程要求的时间节点完成各项分解任务，对工程中极易出现问题的关键节点提前布置，重点关注，形成有序工作流程。

作为"一站式工程服务模式"的延伸，售后服务部，它承担的不仅仅是一般企业的正常售后工作，而且将更多的注意力与工程设计、设备技术的进步紧密联系，对售后出现的重点问题着重关注，从设计源头进行检查、修正，并将改进结果直接应用到下一个工程之中。

采购部是"一站式工程服务模式"中连接供货商与工程实施的纽带。在"一站式工程服务模式"框架下，所有工程设备的技术文件必须经技术主管等多级签署后才具有效力，这样从根本上确保采购的设备条件达到工艺技术指标要求。与此同时建立完整的客户数据库，并与财务部联网，实现采购信息、进度控制、付款与发票各项内容的有效管控。

六大业务和行政管理部门总人数为15人，占公司总人数的21%。

（3）证券及其他部门。包括证券部、内审部。证券部与内审部等是公司上市必须配备的证券管理部门，主要负责公司正常的股市披露、监测、会议及内部审查工作。

## (三) 以信息技术实现智能化的一站式服务模式

在我国的互联网+的推进中，生产服务领域的智能化是一项重点内容，智能化技术服务模式是将技术、信息、建模、系统工程和产品有关的专业技术运用于产品的全系统和全生命周期，实现可持续发展的新模式和新手段。三联虹普在技术服务过程中，以互联网远程化操作为基础，在服务现场派驻专业技术人员，工程师在北京总部与生产现场人员实现同一操作平台共享化，将工业化现场出现的问题传输到自建的云计算系统中，进行问题分析，最终达到解决问题的目的。这种服务模式的优势，在未来将进一步节省人员数量、运营成本，更加迅速地实现快速化、网络化、智能化和绿色化，大大提升了服务效率和品质。

## (四) 产学研一体化体系支撑"一站式工程服务模式"的持续发展

一站式工程服务模式以技术为基础，服务为出口，互联网等技术手段为推手，随着市场需求的变化而不断地完善技术标准和服务水平，是一个持续推进和完善的内容体系。产学研一体化建设为技术创新、落地化、产业化提供了很好的平台。三联虹普采用"纵横向相结合"的立体研发模式：横向积极关注聚酰胺领域内的技术动态，利用各类高校院所合作平台，对聚酰胺行业未来可能出现的新技术、新产品、新工艺及新装备进行前瞻性的理论研发与探讨，同时对在项目实施过程中遇到的具体问题进行专项研究，寻找切实可行的理论解决方案；纵向与聚酰胺生产企业进行紧密合作，结合三联虹普正在实施的项目，针对市场需求及业界技术动态，与高校合作研究相关领域的前瞻性问题，并将研发成果通过工程转化来进行实践验证。与台湾、内地等多家研究机构和高校建立联系，实施产学研一体化体系，取得了积极效果。三联虹普于2015年3月获批国家合成纤维新材料技术服务基地。我国化纤产业发展快，但常规产品多，全国高端聚酰胺产品总量仅占聚酰胺总产量的不到50%，高端产品依然大量依赖进口。因此，三联虹普将利用产业示范基地，引进国内外高校和科研机构的技术力量，建立技术服务平台，进一步提升化纤产业自主创新能力和产品质量，创出更多名牌产品，推动产业升级，提升产业竞争力，为化纤纺织产业调整结构和产业发展做出示范。

同时三联虹普运用"云数据挖掘""云信用计算"和"云结构服务"三大核心技术，整合纺织行业资源，建立纺织行业大数据体系，把一站式服务模式进行平台化运作和拓展，在金融、信息与征信领域进行多维度服务创新，建立征信服务与资本支持的创新服务新模式，助力中国优质纺织企业的可持续发展。

**（五）多业务领域的扩展不断完善"一站式工程服务体系"**

三联虹普不仅注重于石油基聚酰胺行业，同样更注重于环保、低碳、节能、信息技术等方面的发展，发挥三联虹普在技术与服务积累上的工程优势，将一站式工程服务模式进行外延式的辐射和推广。

（1）生物基聚酰胺及绿色纤维领域。《"十二五"国家战略性新兴产业发展规划》将生物产业列为七大战略性新兴产业之一，生物制造产业将是影响未来的战略性领域，生物基材料是新材料未来发展的重要方向。三联虹普与凯赛就生物基聚酰胺56聚合及纺丝技术的产业化签署了合作协议，本次合作将快速推动生物基聚酰胺56（泰纶）的技术成果向产业化转化。

三联虹普将利用自身技术优势及强大的工程转化能力，以聚酰胺工业化聚合及纺丝技术为基础，向生物基聚酰胺56移植，并针对生物基聚酰胺56的工艺性能特点，对工艺路线及关键装备进行研发，快速完成工程化放大，并制定生物基聚酰胺56聚合及纺丝工艺标准、设计标准、设备标准、生产标准和产品标准。目前该项目在正常推进中。

三联虹普的技术创新不仅仅局限于聚酰胺行业，也十分关注纺织行业内的前沿技术及传统技术革新，如绿色浆粕技术等。纤维素纤维行业曾经是我国化纤行业重要的支柱产业，但由于产能低、污染大，逐渐被边缘化，三联虹普抓住了纤维素行业的发展机遇，投入资金和精力，对绿色浆粕以及纤维素纤维清洁生产技术进行深度研发，并取得了阶段性的进展。

（2）金融、信息与征信多维度服务创新。三联虹普的"一站式工程服务模式"将充分发挥上市公司资本市场平台作用，依托三联金电产业链多维度数据采集，运用"云数据挖掘""云信用计算"和"云结构服务"三大核心技术，整合纺织行业资源，建立纺织行业大数据体系，建立征信服务与资本支持的创新服务新模式，助力中国优质纺织企业的可持续发展。

## 四、实施效果

依托这些新型服务管理模式的实施，在聚酰胺行业及其他新兴材料领域，取得了诸多显著成就。

1. **技术层面**

取得73项自主知识产权，其中发明专利13项，实用新型专利56项，软件著作权4项，参与编写国家标准1项。与此同时，获得国家级奖励1项，省部级奖励 7 项，承担国家级科研项目 1 项。

### 2. 人才建设方面

公司目前教授级高工有 4 人、高级工程师有 8 人，工程技术设计团队有 58 人，团队建设充实、人才结构合理，可满足公司未来业务和战略发展的需求。

### 3. 经济效益方面

近三年来，三联虹普公司经济效益快速增长，详见表 1。

表 1 　三联虹普公司近三年来经济效益　　　　　　　　　　单位：万元

| 项目 | 2014 年 | 2013 年 | 2012 年 |
| --- | --- | --- | --- |
| 营业收入 | 41778.22 | 34574.38 | 28370.60 |
| 净利润 | 10881.18 | 8001.69 | 6724.88 |
| 营业收入同比增长 | 20.84% | 21.87% | — |
| 净利润同比增长 | 35.99% | 18.99% | — |

### 4. 社会效益方面

三联虹普与中国聚酰胺产业共同成长，在推动中国聚酰胺产业整体水平的提升、引导行业技术装备进步以及科技成果转化为切实生产力方面，发挥了不可替代的作用。自 2000 年以来，中国聚酰胺产业从量到质都得到快速的提升。产量方面，从 2000 年的 37 万吨增长到 2014 年的 250 万吨，新增民用长丝产能的 80% 是由三联虹普提供的工程技术服务和成套装备；品质方面，目前中国聚酰胺技术及装备已经达到国际领先水平。

三联虹普作为纺织行业唯一一家以技术和服务为核心竞争力的上市公司，肩负着引领产业升级技术进步的责任与使命，公司将在"技术、服务、管理"的核心业务上持续创新，始终以第三方的身份为纺织行业提供金融、技术和信息等全方位的服务。在国家进入新常态的宏观经济背景下，响应"互联网＋"和"中国制造 2025"的号召，积极寻求传统产业与新经济领域的结合点，建设可持续发展的纺织行业新生态。

# 追求品质零缺陷的六西格玛管理

## ——大连瑞光非织造布集团有限公司

管理是企业永恒的主题，它是企业软实力的象征，是企业不可复制的核心竞争能力！六西格玛管理是有效的提升品质、降低品质成市的管理模式，但能否将好的管理理念与企业的管理实践有机结合，确保管理理念、管理措施落地，则需要强有力的企业执行文化来保证。

董事长　谷源明

　　大连瑞光非织造布集团有限公司（简称"瑞光集团"），是一家年轻的民营非织造布纺织企业，现有固定资产9.2亿元，4家分公司，14条具有国际先进水平的非织造布生产线，12项自主知识产权产品，年生产各类非织造布6万余吨。2014年企业实现销售收入10.9亿多元，已连续5年被《工商时报》评为行业排头兵企业，根据美国NONWOVEN INDUSTRY 2013年排名，瑞光位居中国非织造布行业首位，全球第34位。

　　2014年，尽管国内宏观经济形势下行趋势明显，瑞光集团却逆势发展。最引人注意的是，瑞光集团成功实施的六西格玛管理创新体系。六西格玛（简称"$6\sigma$"），于20世纪80年代起源于摩托罗拉，它集成了PDCA、TPM、TQM、LP（精益生产）及戴明质量管理十四法等于一身，是一种追求持续革新的新的经营哲学，以"顾客"与"Process"为关注焦点，追求零缺陷的产品品质。在基于追求品质零缺陷的六西格玛管理中，把$6\sigma$革新方法应用于实践，有效地提高了公司水刺非织造产品一等品率，同时降低了公司水刺非织造产品的能源消耗，并为纺织行业树立了榜样。

## 一、实施背景

### (一) 六西格玛在质量管理中的广泛应用

随着六西格玛方法在美国摩托罗拉公司的诞生和应用,它带来的巨大收益使摩托罗拉成长为全球行业领袖,并获得了美国质量领域的最高奖项——"波多里奇奖",六西格玛逐渐得到了世界管理界的普遍认可。

近20年来,六西格玛模式在企业质量管理中的应用更加广泛。实践研究表明,六西格玛已经广泛应用于医院、纺织服装、汽车、钢铁、酒店、商业银行、物流等各行各业,已帮助众多企业完善了产品质量管理,在保证产品质量、降低产品缺陷率、改进作业流程等方面获得了巨大成效,取得了令人瞩目的成绩。

既然六西格玛作为一种企业可实施的、绝佳的质量管理办法,瑞光集团近年也开始引入六西格玛模式。瑞光为追求产品品质零缺陷,应用六西格玛质量管理办法,认真贯彻实施了公司的两个试点项目——水刺产品一等品率的提高和水刺能源消耗(电、蒸汽)的降低。

### (二) 水刺非织造行业的特殊质量要求

水刺非织造行业在我国的发展时间较短,是一种新兴的、具有发展前景的重要品种。水刺非织造产品具有性能高、种类多、应用领域广、适用原料种类多、在线整理功能强等诸多独特优势。2014年,我国水刺非织造布总产量达44.22万吨,同比增长19.1%;净利润达19.04亿元,同比增长54.29%。但与此同时,由于水刺非织造布的特有属性和功能,对其在品质方面也提出了更严格、更特殊的要求。

水刺非织造布主要应用于与人们身体直接接触的生活用品、医疗卫生用品、部分工业用品。在生活用品中,例如,湿面巾、压缩毛巾、面膜、婴儿擦布、卫生巾及纸尿裤面料;在医疗卫生产品中,例如,手术巾、纱布;在工业用品中,例如,擦布、衣服衬里等。这些产品都与人的皮肤接触,人们在选择购买的过程中,其主要影响因素已经不再是价格,而是产品自身的品质和质量因素。如果质量处理不好,就会造成水刺布克重偏差、均匀度差、水针纹、端面不齐等问题,就会导致消费者用得不舒服,使用性能不佳,比如粗糙、刺痛感、吸水性不佳等,甚至根本无法正常使用。如果一个企业生产的水刺产品品质不佳,人们就不会选择购买这家企业的产品,转而购买其他企业品质一流的产品。

于是,水刺产品的特殊属性决定了其不同于其他纺织品的更加严格的质量要求,严把质量关俨然成为水刺产品发展过程中的关键举措。一旦水刺产品出现品质问题,严重者还可能出现皮肤感染,对人们的身体造成危害,影响人们日常的生活。因此，在水刺非织造布行业，企业为了长远发展，必须结合水刺产品自身的特点，实施严格的质量管理。

### （三）瑞光在质量管理方面精益求精的高要求

瑞光集团作为我国水刺非织造行业中的龙头企业，已通过在资本、人才、技术等方面的持续滚动投入，拥有了核心技术和研发能力，并开发出受到市场欢迎的产品，在企业自身快速发展的同时引领了我国水刺行业的发展趋势。但是，瑞光集团的水刺产品发展仍旧面临一些问题。

首先，瑞光面临水刺产品一等品率低、客诉比重高的问题。瑞光集团的水刺产品的产量虽然在逐年上升，但一等品率连续未能达成企业设定的指标。在2006～2008年的客户投诉中，水刺产品的客诉占企业总产品的客诉的70%以上。客诉比重如此之高，不仅不能给企业带来较好的经济效益，还会影响企业的品牌形象。如果不及时处理，将严重危害企业的长远健康发展。

其次，瑞光还面临水刺产品水、电等能源消耗较高的问题。虽然瑞光集团的水刺非织造布产品产量逐年上升，但是其能源消耗增速却高于销售额增速。销售额中能源费用占比达到3.8%，这意味着能源占销售额的比例逐年增高。近年来，随着能源的价格的不断上涨，水、电等能源消耗的增加不仅给公司带来了很大的成本压力，而且与公司"打造环境友好型企业"的理念不符。所以，水刺产品能源消耗的降低也成为瑞光集团亟待解决的问题。

因此，瑞光集团今后在水刺产品的发展过程中，首当其冲的问题是改善并加强企业质量管理，因而提高水刺产品的一等品率和降低能源消耗已经势在必行。

## 二、六西格玛相关理论概述

六西格玛从根本上来讲，就是一种质量管理体系。早在20世纪，就形成了企业要进行"质量管理"观念。在此基础上，后来出现了一套系统的"六西格玛"方法，六西格玛作为企业质量管理界的经典之作，为现代企业广泛使用，有效地促进了企业的管理创新。

### （一）质量管理风暴的掀起

20世纪80年代，菲利普·克劳斯比（Philip B. Crosby）首次提出了"零缺陷"的概念。他突破了传统上认为高质量是以高成本为代价的观念，他指出，"质量是免费的"，高质量将给企业带来高的经济回报。

随后，如火如荼的质量运动在许多国家展开，比如中国、美国及欧洲许多国家都设立了国家质量管理奖，以激励企业通过质量管理提高生产力和竞争力。

1994年，ISO 9000系列标准改版，为世界绝大多数国家所采用。第三方质量认证普遍开展，有力地促进了质量管理的普及和管理水平的提高。20世纪90年代末，全面质量管理（TQM）被许多世界级企业的成功经验证明是一种使企业获得核心竞争力的管理战略。ISO 9000：2000版标准更加关注顾客的满意度，质量的概念也从狭义的符合规范发展到以"顾客满意"为目标。

质量管理是一个值得长期讨论的话题，即如何用最小的投入获得最大的顾客满意度，来实现最大的市场占有率，保持客户群的稳定，实现利润最大化。通过很多公司的不断实践后，人们逐渐发现一种奇怪的现象：即高质量和低成本之间并不存在矛盾，而是可以统一的。揭示这一理论的就是1987年摩托罗拉公司创立的六西格玛（$6\sigma$）的管理策略。从摩托罗拉、霍尼韦尔到整个欧美，乃至全球500强企业，由制造业到非生产制造业，逐渐掀起了一场质量管理的风暴。

### （二）六西格玛的基本概念

六西格玛是一种能够严格、集中和高效地改善企业流程管理质量的实施原则和技术，它以"零缺陷"的完美商业追求带动企业质量成本的大幅度降低，最终实现财务成效的提升与企业竞争力的突破。具体来说，六西格玛的目标就是产品或顾客服务的缺陷仅仅为0.0034‰。这意味着在生产制造流程或顾客服务流程中，若有100万个出现缺陷的机会，六西格玛的质量水准才使缺陷出现3.4个。

六西格玛的概念于1986年由摩托罗拉公司的比尔·史密斯提出，属于品质管理范畴。西格玛（$\Sigma$, $\sigma$）是希腊字母，这是统计学里的一个单位，表示与平均值的标准偏差。

1987年，时任摩托罗拉通信部门经理的乔治·费希尔（后来成为柯达的CEO）创立了一种质量管理新方法，这种革新性的改进方法就是$6\sigma$方法。$6\sigma$方法是获得和保持企业在经营上的成功并将其经营业绩最大化的综合管理体系和发展战略，是企业获得快速增长的经营方式。$6\sigma$方法是自上而下地由企业最高管理者领导并驱动的过程革新方法。由最高管理层提出改进或革新的目标（这个目标和企业发展战略与愿景密切相关）、资源和时间框架。

六西格玛革新方法的实施步骤为五大步（简称DMAIC），具体如下。

（1）界定（Define）。提出企业所面临的问题，界定此问题需改进的产品或过程，确定项目所需的资源。

（2）测量（Measure）。对产生缺陷产品进行测量，搜集缺陷产品或过程的表现及影响因素，建立改进目标。

（3）分析（Analysis）。分析在测量阶段所收集的数据，以确定一组按重要程度排列的影响质量的变量。

（4）改善（Improve）。优化解决方案，并确认该方案能够满足或超过项目质量改进目标。

（5）控制（Control）。确保过程改进一旦完成能继续保持下去，而不会返回到先前的状态。

DMAIC 在实施上由"冠军 Champion""黑带大师 MBB""黑带 BB""绿带 GB"四级经过培训、职责明确的人员作为组织保障。这种革新方法强调定量方法和统计工具的运用，强调对顾客需求或满意度的详尽定义与量化表述，每一个阶段都有明确的目标并由相应的工具或方法辅助。

### （三）六西格玛对企业管理创新具有促进作用

Rae Jeneanne 认为，六西格玛的重点在于"正确地做事"，而创新的重点在于"做正确的事情"；企业首先要做正确的事情，然后才能够正确地做事，两者是有联系的。因此，在一个企业可以同时推进六西格玛管理与创新管理，而且六西格玛作为一种有效的管理模式，不仅不会阻碍企业创新，反而还会促进企业创新。

首先，六西格玛为企业管理创新奠定了基础。通用电气公司的 Jell Immelt 在 2005 年接受《商业周刊》记者 Brady Diane 的采访中谈到，六西格玛作为一种精确管理工具，奠定了创新的基础。这是因为，继承与发展同样重要，企业只有在系统学习六西格玛的基础上，以新思维、新观念和新方法结合企业实际进一步管理创新，发展出具有企业自身特色的六西格玛管理模式，才能在激烈的竞争中获得持续的竞争优势，并为下一个企业管理创新奠定坚实的基础。同时，企业在推行六西格玛时应努力创建六西格玛企业文化、规范解决问题的流程、促进知识创造与转化、建立有效的跨职能团队，以及做好配套的人力资源计划等，实现突破性改进的同时提高企业的创新能力。

其次，六西格玛本身就是企业管理创新的一部分。通用汽车质量技术公司的 Praveen Gupta 认为，六西格玛管理的基本原则是突破性改进，即创新，否则企业不可能实现六西格玛绩效水平。也就是说，$6\sigma$ 的基本原则就是"创新"。

国内众多企业在成功实施六西格玛管理的实践证明：六西格玛管理已成为

现代企业实现经营管理创新的重要方法。

## 三、瑞光集团的六西格玛管理及创新

大连瑞光非织造布集团有限公司在其水刺产品进一步发展中,依据六西格玛模式在质量管理界中的广泛应用和水刺行业的特殊质量要求,结合企业自身实际,逐步发展形成了全局而又系统的六西格玛管理创新体系。

### (一) 四阶段的管理提升活动的完成

随着企业的不断发展壮大,瑞光集团在注重软性企业文化建设的同时,不断进行企业管理水平的推进,自2000年以来,集团遵循"先易后难,先基础后提升"的原则,先后进行了四个阶段的企业管理提升活动(表1)。

表1 瑞光集团四阶段管理提升模式

| 阶段 | 时间 | 管理方式 | 主要做法 |
| --- | --- | --- | --- |
| 第一阶段 | 2000 | ISO质量管理 | 邀请德国莱茵咨询机构进驻,搭建ISO 9001,ISO 14001文件体系,进行辅导并实施,变"每年内审"为"天天内审",保证体系文件的有效性执行 |
| 第二阶段 | 2001 | 5S现场管理 | 组建5S推进委员会,进行全员培训5S理念,建立5S管理标准,每日、每周按照标准进行检查、推进、完善 |
| 第三阶段 | 2006 | MBO目标管理 | 总结部门、个人KPI,建立申报、数据跟踪系统,每月对KPI指标达成率低于80%的进行原因分析、提供对策,MBO完成情况与个人薪资、绩效、职业发展挂钩 |
| 第四阶段 | 2008 | 六西格玛(6$\sigma$) | 引进六西格玛管理咨询公司,成立六西格玛事务局,培训DMAIC方法论,成立项目小组,由专家引领转化为独立操作,建立项目财务数据的奖惩机制 |

**1. 质量管理阶段**

集团于2000年导入了ISO 9002:1994质量体系认证,保证为客户提供稳定如一产品质量的能力;2004年公司又导入ISO 9001:2000和ISO 14001:1996质量、环境两个认证体系,并于2005年2月通过了德国莱茵公司(TüV)的外审,成为双体系认证公司。

**2. 现场管理阶段**

2001年公司推行了5S现场管理,使公司在管理理念上有了质的飞跃;此时，集团逐步认识到企业的市场竞争就是人员素质与凝聚力的竞争，提出了建立学习型组织，构筑终身教育体系的目标，聘请大连理工大学的教授来公司对管理人员进行 MBA 培训，使干部从思想观念的转变上、业务能力的提高上都有了显著变化。

3. 绩效管理阶段

2006 年，公司导入了 MBO 目标管理，以目标来激励员工的自我管理意识，激发员工行动的自觉性，充分发挥其智慧和创造力。这些体系和管理方法的引入，对公司内部管理的完善和业绩提升，起到了重要的作用，但是瑞光集团管理层也认识到管理无止境。只有不断创新、不断挑战自己、追求卓越，才能实现公司可持续发展的目标。

4. 竞争管理阶段

2008 年是企业发展最艰难的一年，源自美国的经济危机给全球实体经济的发展带来了严峻的挑战，中小企业的发展，特别是出口导向型，更是雪上加霜。经济越发的不景气，客户对品质的诉求更是严格。为了在这种经济形势下增强瑞光集团的核心竞争力，打造技术密集型、资本密集型企业，实现从红海竞争转向蓝海竞争，从价格竞争转向价值竞争，从瑞光制造转到瑞光创造，寻求管理模式的创新和突破是企业发展的必由之路（表1）。瑞光集团管理层分析国内知名企业后认为，要成为世界领先的制造企业，质量和成本是获得竞争优势的重要手段，也是获得客户满意度的关键。于是，瑞光集团决定引进美国和日本等发达国家跨国公司常用的六西格玛管理方法。

### （二）瑞光 6σ 管理创新的构建思路

在基于传统的六西格玛模式的基础之上，瑞光集团结合企业自身能力和发展目标，形成了全面清晰的构建思路：管理目标、管理结构、管理思想、数据集成四个方面的创新。

1. 管理目标的创新

六西格玛管理通过设计、监督每一道生产工序和业务流程，以最少的投入和损耗赢得最大的客户满意度，从而提高企业的利润，达到管理目标——六西格玛，意味着每一百万个机会中只有 3.4 个错误或故障。

瑞光集团经过几年的管理提升，管理的目标也从原来的"夯实管理基础"向"培植企业竞争力"转变。企业引入六西格玛之初就将目标设计为"一降三提升"目标，"一降"是指通过降低资源成本，尤其是不良质量成本损失，从而增加企业的经营收入，"三提升"主要是指通过实施六西格玛管理方法，要给企业带来"企业产品品质的提升""顾客满意度的提升""企业经营业绩的提升"。这体现了瑞光集团在管理目标上的严格要求、极大创新。

瑞光集团的 6σ 质量战略是一种能够严格、集中和高效地改善企业流程管理质量的实施原则和技术,以"零缺陷"的完美商业追求,带动质量成本的大幅度降低,最终实现财务成效的提升与企业竞争力的突破。这种追求"零缺陷"的管理理念,在质量管理中既要保证质量又要降低成本,其结合点是要求每个人"第一次就把事情做好",即在每一时刻、对每一个工序作业都需要满足工作过程的全部要求。只有这样,那些浪费在补救措施上的时间、金钱和精力才可以避免,这也就是"质量是免费的"的真实含义。

2. 组织管理的创新

瑞光集团自 2008 年下半年与韩国知名六西格玛咨询公司进行合作,开始引进六西格玛管理模式,并为此成立了以董事长牵头的六西格玛事务局,专项负责六西格玛导入的全面工作,六西格玛事务局组织架构见表2。

表2 瑞光集团六西格玛事务局组织架构

| 序号 | 事务局职务 | 公司成员 | 职责 |
| --- | --- | --- | --- |
| 1 | 倡导者 | 董事长 | 主导六西格玛整体推进工作,达成六西格玛项目组年度目标指标 |
| 2 | 大黑带 | 副总经理 | 选定项目、组员,确定项目经济指标,定期开展六西格玛小组活动,推进具体项目进展,对倡导者负责 |
| 3 | 黑带 | 各部门经理 | 运用六西格玛技法,确认项目推进要点及分析定位 |
| 4 | 绿带 | 科员、工艺员、技术员等 | 分析数据,整理材料 |
| 5 | FEA | 财务人员 | 计算项目经济效益 |

为了有效地推进六西格玛管理,从 2008 年开始,公司还花费百万余重金聘请韩国咨询公司黑带大师级专家对全集团中层以上管理人员进行为期三个月的六西格玛培训,并辅以计算机模拟演练,熟练掌握六西格玛的基础理论知识及各种应用技法。

3. 管理思想的创新

"思想是行动的指南",为此,在推行六西格玛模式之初,企业提出从上至下都必须改变"我一直都这样做,而且做得很好"的惯性思维,全体员工不仅要专注于不断提高,更注重目标,即企业的底线收益。瑞光集团六西格玛事务局形成后,公司采用头脑风暴的方式,在六西格玛小组团队中分析目前瑞光集团管理出现了哪些问题,并汇总分析各个小组提出的管理问题,按照权重排序,过程中企业的科员及中层以上管理层认识到管理创新的必要性。通过几次头脑风暴后,企业内部管理层达成一致,管理创新必须要做,而六西格玛在通用电气、韩国LG等大型的企业都有成功经验,导入六西格玛管理思想势在必行。

4. *数据集成的创新*

六西格玛是基于数据产生的管理方法,数据的准确性、提取的方便性、数据的全面性都会影响六西格玛实施的成果。因此,整合公司内部信息孤岛,形成统一性的企业信息化系统,成为六西格玛管理模式图形的要素条件。2008年3月,六西格玛培训在企业如火如荼进行的同时,企业携手东软导入了SAP的信息化系统,完成了一期产供销系统,使整个企业内部流程全部囊括至SAP系统中,数据集成,为六西格玛数据提取提供了强有力的保障。2009年4月,SAP二期导入,财务模块正式启动,至此,企业信息化形成了全模块、数据联动、数据共享的局面,为六西格玛项目的成功实施夯实了基础。

## 四、瑞光采用DMAIC模型的具体实施

六西格玛管理方法的实施步骤依次为:界定(Define)、测量(Measure)、分析(Analysis)、改进(Improve)、控制(Control),即六西格玛应用模型——DMAIC模型。

在分析了企业内部的优势/劣势、企业外部的危机/机会后,集团确定了推进六西格玛项目初期的试点项目:一是水刺产品一等品率的提高;二是水刺能源消耗(电、蒸汽)的降低。

### (一)关于水刺产品一等品率的提高项目

1. *第一步:界定*(Define)

首先是界定在企业的诸多产品中,需要进行具体研究的产品。

瑞光集团的水刺产品品种主要分为四大类:A(水刺平纹产品)、B(水刺网孔产品)、W(木浆纸)、ES(ES纤维)。其中,B品种产量占总产量的40%以上,W品种产量占总产量的30%以上。因此,选定B(B30型)及W(W56型)产品作为项目的研究对象。

2. *第二步:影响因素的测量*(Measure)

应用Pareto图分析,对形成不良产品(二等品)的影响因素进行测量。测量结果发现,在形成二等品的原因中,克重偏差、均匀度、水针纹是其主要原因。详见图1和图2。

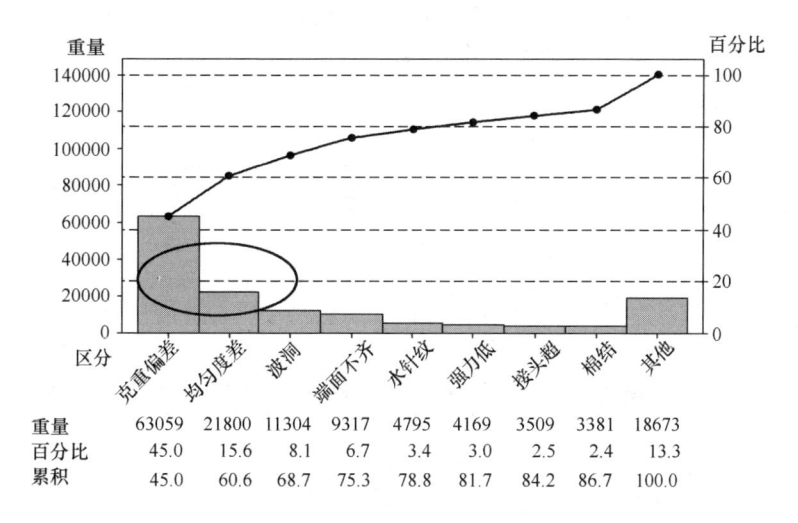

**图1　B 产品不良 Pareto 分析图**

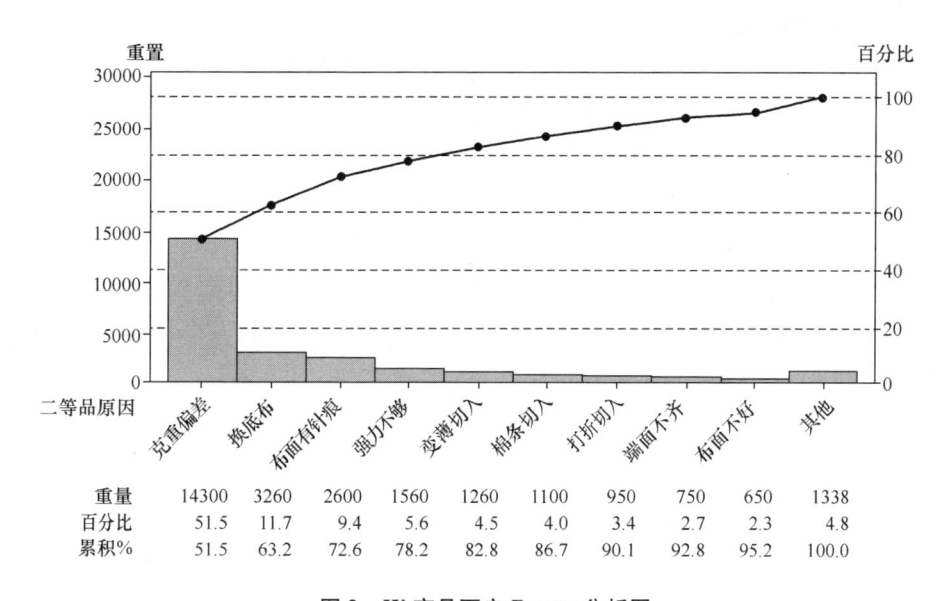

| 区分 | 克重偏差 | 均匀度差 | 波洞 | 端面不齐 | 水针纹 | 强力低 | 接头超 | 棉结 | 其他 |
|---|---|---|---|---|---|---|---|---|---|
| 重量 | 63059 | 21800 | 11304 | 9317 | 4795 | 4169 | 3509 | 3381 | 18673 |
| 百分比 | 45.0 | 15.6 | 8.1 | 6.7 | 3.4 | 3.0 | 2.5 | 2.4 | 13.3 |
| 累积 | 45.0 | 60.6 | 68.7 | 75.3 | 78.8 | 81.7 | 84.2 | 86.7 | 100.0 |

**图2　W 产品不良 Pareto 分析图**

| 二等品原因 | 克重偏差 | 换底布 | 布面有针痕 | 强力不够 | 变薄切入 | 棉条切入 | 打折切入 | 端面不齐 | 布面不好 | 其他 |
|---|---|---|---|---|---|---|---|---|---|---|
| 重量 | 14300 | 3260 | 2600 | 1560 | 1260 | 1100 | 950 | 750 | 650 | 1338 |
| 百分比 | 51.5 | 11.7 | 9.4 | 5.6 | 4.5 | 4.0 | 3.4 | 2.7 | 2.3 | 4.8 |
| 累积% | 51.5 | 63.2 | 72.6 | 78.2 | 82.8 | 86.7 | 90.1 | 92.8 | 95.2 | 100.0 |

3. 第三步：分析阶段（Analyze）

分析阶段主要是应用 C&E 矩阵法，就二等品产生的主要原因，即克重偏差、均匀度、水针纹进行关键的 X 因子分析。

通过 C&E 矩阵分析得到，影响克重偏差、均匀度、水针纹的主要工程为：梳理机的杂乱转速、道夫转速、环境的温湿度、水刺的正反压力。

### 4. 第四步：设立改善方案（Improve）

通过分析阶段得出的结论，进行改善的途径即是调整上述工程管理项目，具体方案见表3。

表3　B产品和W产品改善方案图

| | 改善目标 | 改善方案 |
|---|---|---|
| 水刺工艺加强 | 技术力的提升 | 加强技术交流，现有工艺人员培训 |
| | 工艺的稳定、一致（客户） | 增加工艺巡检记录，对应波动及时调整 |
| | 工艺录入准确性的确保 | 工艺实行工艺员录入，上一级领导审核 |
| 室内温湿度控制 | 保证室内温湿度的恒定 | 室内温湿度监测，异常时，启用保湿及加湿设备 |
| 水刺压力控制 | 水刺压力稳定控制在适度范围内 | 水刺头安装水压力表，进行水刺压力监测；设置水刺压力巡检，并记录，发现异常及时调整；对水刺高压泵的巡检形成制度并记录 |

通过实行上述改善方案，得出如下结论。

（1）B（30）、W（56）产品的工艺稳定性大幅度提高。

（2）水刺压力波动均为规定控制线内。

（3）B（30）、W（56）的一等品率分别提高了4.2%、4%。

### 5. 第五步：管理与控制（Control）

把相关巡检记录形成规范性记录，并纳入ISO相关文件，使其制度化。通过工艺单、水刺压力检查等各项记录，还可以形成领导过程监察及结果检查。稳定工艺并建成工艺数据库，当同一客户再次生产同一品种时，只需调用数据库中的工艺单（包括环境的温湿度）即可。

## （二）水刺产品能源（电、气）消耗的降低

### 1. 第一步：界定（Define）

首先还是需要界定研究对象。由于瑞光集团的水刺产品能源费用构成为：电（65.8%）、蒸汽（27.8%）、水（6.4%），因此仅就电、蒸汽作为研究对象。

### 2. 第二步：测量电、蒸汽的单耗（Measure）

2007年和2008年度电单耗统计图和蒸汽单耗统计图如图3和图4所示。

### 3. 第三步：分析阶段（Analyze）

通过认真分析，找出能源的主要问题点，如图5所示。

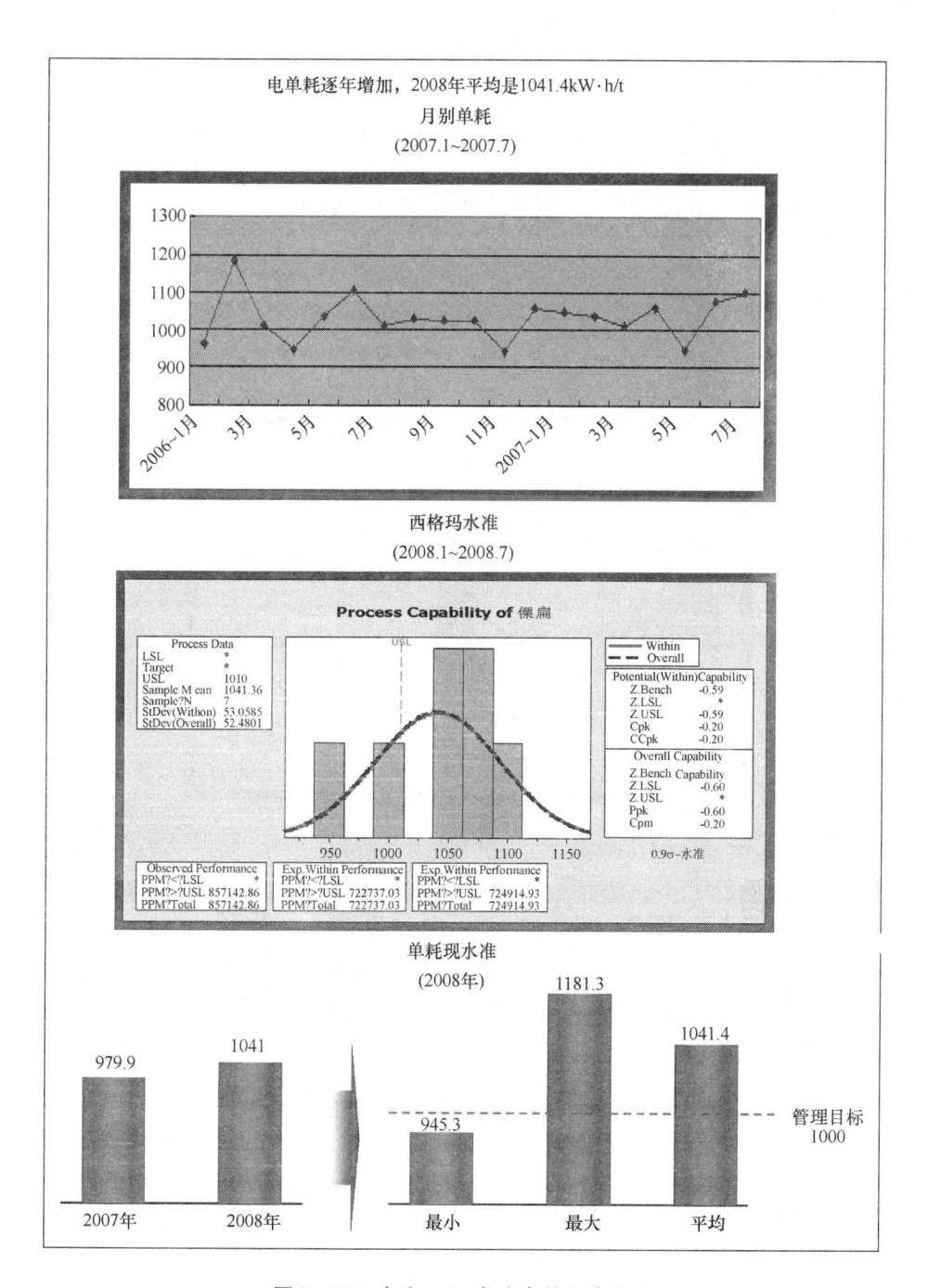

图3 2007年和2008年度电单耗统计图

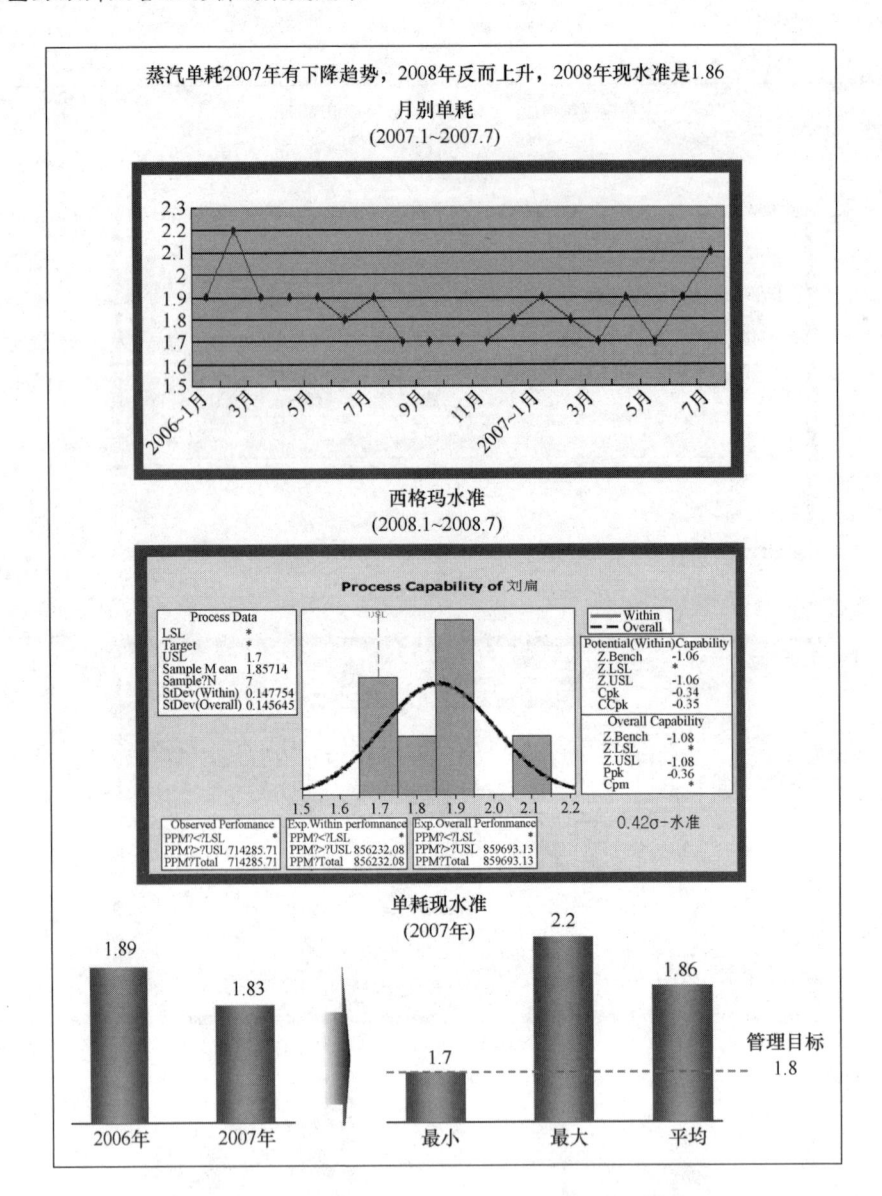

图4 2007年和2008年度蒸汽单耗统计图

并预测成果：当电单耗设定为990kW·h/t，降低51.4个单耗；当蒸汽单耗目标设定为1.7t/t，降低0.16个单耗。

分析电单耗、蒸汽单耗，找到关键的X因子。得出结论，即高压泵使用台数、烘干机的3大风扇，水刺机的3大抽吸是影响电单耗的主要的关键因子；而生产W产品时，烘干机温度、风量过大是蒸汽消耗过大的主要的关键的X因子。

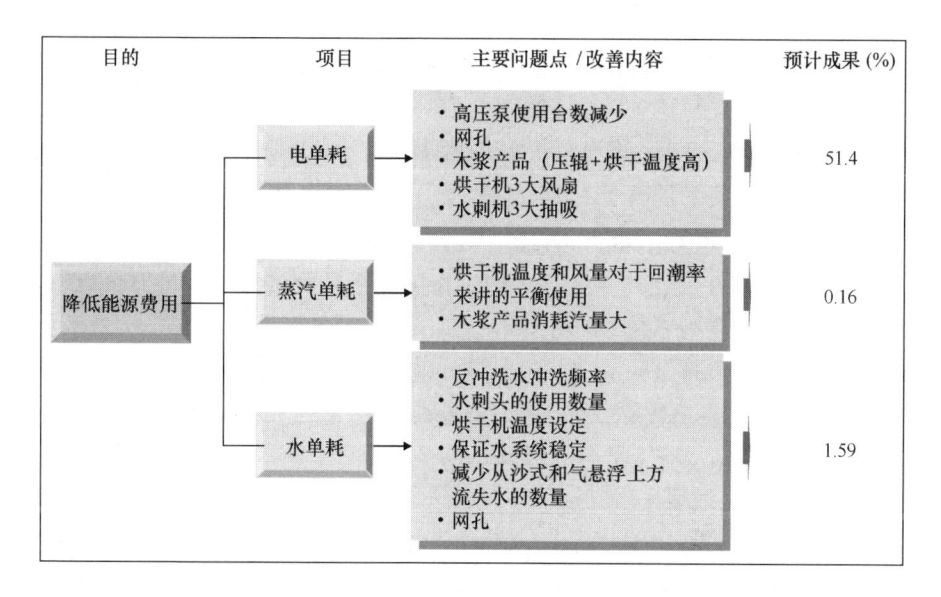

| 目的 | 项目 | 主要问题点/改善内容 | 预计成果(%) |
|---|---|---|---|
| 降低能源费用 | 电单耗 | ·高压泵使用台数减少<br>·网孔<br>·木浆产品（压辊+烘干温度高）<br>·烘干机3大风扇<br>·水刺机3大抽吸 | 51.4 |
| | 蒸汽单耗 | ·烘干机温度和风量对于回潮率来讲的平衡使用<br>·木浆产品消耗汽量大 | 0.16 |
| | 水单耗 | ·反冲洗水冲洗频率<br>·水刺头的使用数量<br>·烘干机温度设定<br>·保证水系统稳定<br>·减少从沙式和气悬浮上方流失水的数量<br>·网孔 | 1.59 |

**图5 能源消耗问题点 Mapping 分析图**

### 4. 第四步：改善方案的树立（Improve）

针对上述原因，对水刺生产工艺进行相应调整，即关闭2#、5#高压泵，调整烘干机的3大风扇（降低10%）和水刺机的3大抽吸（降低15%）。

调整风量适中，W产品生产时，降低烘干温度（降低5%），以降低蒸汽消耗。

改善后电单耗的 Ppk 接近1.33，西格玛水平为5.45；蒸汽的 Ppk 大于1.33，西格玛水平为5.57。电单耗从1041kW·h/t降到980kW·h/t，蒸汽的单耗从1.86t/t降低到1.72t/t。

### 5. 第五步：控制阶段（Control）

总结高压泵压力、烘干机循环风机电机启动比率，水刺抽吸风机开启比率在不同品种的不同参数设定，将参数固化在"工艺指令单"，由技术部下达至制造车间，保证优化后的工艺在制造现场得到充分执行。同时，技术组每天对工艺的执行情况依据工艺参数的偏差要求进行核对、检查，保证管理成果的转化。

## 五、效益评价

### （一）经济效益的提升

瑞光集团经过几年的六西格玛管理实施，基本实现了当初"一降三提升"的目标："企业资源成本的降低""企业产品品质的提升""顾客满意度的提升"

"企业经营业绩的提升"。

水刺产品的电单耗从1041kW·h/t降低到980kW·h/t，单耗平均降低了61kW·h。蒸汽单耗从1.86t/t降低到1.71t/t，单耗降低了0.15t。其中，电的单价0.55元/（kW·h），蒸汽单价170元/吨。

B型产品一等品率提高了4.2%，W型一等品率提高了4%。水刺一线年产5000吨产品，B占40%，即2000吨；W占30%，即1500吨；B售价为18000元，W售价为20000元，非一等品平均价格接近正品价格的80%。

创造及节约经济效益测算如下：

$E（B）=2000×4.2%×（18000-18000×80%）=302400$ 元

$E（W）=1500×4%×（20000-20000×80%）=240000$ 元

$E（电）=5000×61×0.55=167750$ 元

$E（汽）=5000×0.15×170=127500$ 元

$E（总）=E（B）+E（W）+E（电）+E（汽）=837650$ 元

于2009年，将水刺一线的成功经验推广到水刺二线（SPC）生产线和水刺三线（CC），这两条生产线年生产能力共为30000吨，年总经济效益为620万元。自2009年开始至今，集团成立的六西格玛事务局，每年组织开展六西格玛专项项目，截至2014年，累计实现经济效益4500万元，有效地提升了集团盈利能力。

### （二）人才资源的优化

瑞光集团实施六西格玛管理，不仅取得了显著的经济效益，还提高了公司中高层管理人员的执行力。在实施六西格玛过程中，高层管理者对推行六西格玛管理项目的态度始终如一，并以严格合理的管理制度为保证。高层管理者的执行力传递到各分公司、各部门，使各分公司、各部门领导了解到公司最高层的决心，积极学习和推广六西格玛，从而使六西格玛在瑞光集团得到成功实施，并扎根在瑞光企业管理创新中。

通过六西格玛持续培训，使瑞光集团中层以上管理人员掌握了六西格玛管理方法的精髓，选择了最好的人选来担当六西格玛黑带角色，并且将六西格玛黑带作为企业未来的领导人来培养，孕育了一批六西格玛人才。在未来几年内，瑞光集团中层以上管理人员中，具有六西格玛黑带经历的将达到100%。

### （三）企业文化的升华

瑞光集团导入六西格玛管理理念，就意味着导入了六西格玛管理文化。六西格玛卓越的管理哲学可以强化企业文化，改变不利于企业的风气，促进企业文化的升华。这是因为，六西格玛杜绝"拍脑袋"决策，强调用严谨的科学方法和工具，对数据和事实进行分析，为决策提供依据。当六西格玛成为瑞光集团通用的一种语言时，还将从根本上消除了公司会议和决策争论中产生的"对人还是对事"的矛盾。

六西格玛带给员工的是解决问题的方法。员工不仅仅通过培训学到知识，而且要将所学知识应用到实践中。通过实践完全掌握解决问题的科学方法，同时提高员工的个人能力，通过员工个人行为的改变，进而改变瑞光集团整体的文化氛围。

### （四）社会效益的改变

"管理是企业永恒的主题"，瑞光集团将发展非织造布事业作为企业恒久发展的目标。瑞光集团深入研究六西格玛管理，并成功应用于水刺产品的实践中，丰富六西格玛管理理论的内涵。

未来，瑞光将不断通过企业管理创新、体制创新和技术创新，进一步增强企业核心竞争能力，这不仅有利于把瑞光集团打造成亚洲知名的、国内一流的非织造布企业，对国内纺织企业也具有广泛的借鉴意义。

# RFID 物联网技术导向下的生产绩效管理

——青岛即发集团有限公司

科技进步和管理创新是企业发展的永恒主题，是立企之市、兴业之根。即发保持 60 多年的稳健发展，关键在于创新驱动和管理推动的强力支撑。

科技创新永无止境，转型升级任重道远。即发将一如既往地坚持科技引领，强化创新驱动，瞄准国际一流，胸怀全球市场，坚持职工为尊、质量至上，不忘初心，继续前进，在创新引领发展、感恩回报社会、促进永续发展方面做得更加稳妥扎实，在追求民族复兴梦、行业振兴梦和基业常青梦的征途上走得更快更远。

使命在身，责任在肩，即发，在路上。

总经理　杨为东

---

青岛即发集团有限公司（以下简称"即发集团"）始建于 1955 年，员工达两万多名，拥有针织品、机织品和非织造纺织品三大生产线，是山东省重点企业集团和中国针织行业领军企业。2014 年营业收入 102.33 亿元，出口创汇 8.30 亿美元，利税 9.66 亿元。即发集团不仅关注自身盈利能力，同时关注创新能力和可持续发展能力。

2011 年 3 月，即发集团正式导入"RFID 物联网技术导向下的生产绩效管理模式"项目并计划实施。其中，RFID 技术是 21 世纪最具变革力与核心价值的新信息技术之一，是物联网的关键技术支撑。国家纺织行业"十二五"规划中，RFID 被列为重点推广项目，即发集团的创新生产绩效管理通过 RFID 物联网技术与卓越绩效管理的结合，实现了信息化与现代管理的紧密融合。物联网技术能够促进传统纺织制造业的机制体制创新、管理模式创新和服务体系完善，加速我国纺织制造业从"中国制造"向"中国创造"转变。

## 一、实施背景

### （一）信息技术革新和国际竞争压力推动企业转型升级

目前，信息技术的不断成熟和发展，在硬件设备、软件开发、数据运算和链接技术等方面均有体现。同时，经济全球化和新技术革命迅猛发展，发达国家在实现工业化的基础上大力推进信息化，加快从工业社会向信息社会转型。面对国际形势新发展，传统纺织行业的国际竞争日趋加剧。为了增强竞争能力，适应市场形势的复杂变化，即发集团希望能够利用物联网等新兴的信息技术手段，提高生产力和改善组织生产绩效，开始积极探索物联网技术与管理模式结合的转型升级之路。

### （二）国家"两化融合"政策引导物联网技术应用

近几年，我国政府对工业的信息化发展给予了高度重视，在中国共产党第十六次全国代表大会上，首次提出了"以信息化带动工业化，以工业化促进信息化"的新型工业化道路的指导思想，由此形成了"两化融合"的概念。2010年，国务院将物联网等新一代信息技术纳入战略性新兴产业。物联网作为新一代信息技术的重要组成部分，能够通过传感器等方式获取物理世界的各种信息，进而实现智能化的决策和控制。即发集团在政府高度重视"两化融合"的推动下，发现物联网技术与管理模式创新结合的着手点，将 RFID 物联网技术开发并应用到纺织工业制造中，希望通过以物联网为代表的信息领域革命技术来改造传统纺织制造业，能够实现纺织制造业的升级发展。

### （三）买方市场环境倒逼企业生产经营方式转变

随着社会进步和生产技术水平的提高，世界市场发生了很大的变化。由于西方工业国家在经历了两百多年的工业化后，生产能力大幅提高，社会产品数量不断激增。同时，消费能力下降、需求疲软，形成了产品过剩状态，从而呈现出买方市场环境。这种买方市场更加需要具有特色，符合个性需求、样式和功能多样化的产品。即发集团传统的制造系统已不能满足市场对多品种、小批量产品的快速需求。买方市场激烈的竞争迫使传统的大规模生产组织方式，逐渐转变为能够适应动态市场的柔性生产组织方式及其他新的管理模式。

**（四）绩效管理的创新发展寻求信息技术支持**

绩效管理作为管理学的重要组成部分，其理念在企业实际应用的过程中不断实现创新和发展。众多企业的生产绩效管理已经突破了"通过生产绩效考核传递业绩压力，完成奖金分配"的简单考核阶段，跨越了"基于企业战略，层层分解生产绩效目标"的生产绩效管理阶段，逐渐上升到"助力工作改进和业绩提高，激励员工持续改进，并最终实现组织绩效目标"的"全员、全程绩效管理"阶段。理论上绩效管理的效用巨大，实践中，即发集团原始的工作方法对生产绩效信息难以全面、实时地收集、分析和汇总，往往会使生产绩效管理流于形式，无法落地实施，更不能从中谋求效益。而将信息化技术融入生产绩效管理，并把获取的大量信息数据合成生产管理的绩效指标，通过纵向和横向的深度对比分析支持生产管理决策，可以帮助即发集团持续实施改进和完善，及时调整管理策略。

## 二、RFID 物联网技术在生产绩效管理的应用

RFID 作为物联网的最重要的技术之一，在现代的生产企业的管理中得到广泛的应用。纺织服装作为工业门类下一个重要的产业部门，在信息化和智能化方面一直走在其他行业前面。物联网技术作为智能化生产的重要组件，在纺织服装业的生产和供应链管理中得到很好的应用。

**（一）RFID 物联网技术**

早在 20 世纪 90 年代末，美国麻省理工学院属下的自动识别中心最早提出物联网的概念，其英文表达为 Internet of Things，它同时提出网络无线射频识别系统（简称 RFID），将其作为物联网的一种主要的传感设备，以此将所有物体通过互联网联系等各种各样的网络有效地连接起来，对参与其中的物体进行统一的、智能化的识别、管理和控制。

在国内，普遍认同的是温家宝在十一届人大三次会议上所做政府工作报告中为物联网下的定义，"物联网是指通过信息传感设备，按照约定的协议，把任何物品与互联网连接起来，进行信息交换和通讯，以实现智能化识别、定位、跟踪、监控和管理的一种网络，它是在互联网基础上延伸和扩展的网络"。

RFID（Radio Frequency Identification）技术，译为射频识别或无线射频识别，是一种通信技术，可通过无线电讯号识别特定目标并读写相关数据，而无需识别系统与特定目标之间建立机械或光学接触。RFID 作为识别技术的一种，是附着在目标物体上且携带有物体相关信息的电子标签。当读写器要识别物体时，标签便使用无线信号，将自己所携带的信息发送给读写器。标签中记录着所附着物的各类相关信息，例如：该目标物的名称、大小、重量、价格、产地、厂商等；或者运输起始地、中转地、终止地以及经过某一地的具体时间等；也可以实时载入一些变化的信息，例如温度、湿度等指标[1]。

射频识别 RFID 系统的优点有三点：第一，快速扫描，可以同时读取多个 RFID 标签；第二，体积小，标签型、卡片型和纽扣型等形态方便易持；第三，可重复使用，RFID 标签内容可重复新增、修改、删除，数据的记忆容量大且安全性高。这些优点正是智能化管理所需要的传感部件的要求，也是因此才将物联网 RFID 引入到纺织服装行业的生产绩效管理中。

### （二）生产绩效管理

生产管理绩效是指生产部所有人员通过不断丰富自己的知识、提高自己的技能、改善自己的工作态度，努力创造良好的工作环境及工作机会，不断提高生产效率、提高产品质量、提高员工士气、降低成本以及保证交期和安全生产的结果和行为。

影响生产绩效的因素来自于多个方面，主要因素归于三个方面：产品品质、成本和交期。产品品质影响因素包含原材料的质量、员工技能、员工满意度、设备运作等。成本影响因素又包含人员工资、维修费用、闲置成本、库存成本等。交期影响因素有生产进度、人员情况、设备维修时间等，同时对制造业生产绩效管理系统动力学因果关系进行了研究[2]。徐冠寒等（2012）对生产绩效指标体系进行分析，指出指标立方体包含产品、组织、时间三个维度以及计划、质量、物流、成本四个主题域。企业管理者可以按不同的分类维度层次对立方体数据进行切片、切块、旋转等各种分析，以实现剖析生产运营绩效数据，多角度、多侧面地观察[3]。

---

[1] 潘孝楠. 基于云制造的服装生产管理技术研究与应用［D］. 复旦大学, 2012.
[2] 王海燕, 李志刚, 赵金娣. 基于系统动力学的制造业生产绩效管理研究［J］. 现代商贸工业, 2012, 10: 89 - 90.
[3] 徐冠寒, 杨建军, 晏克麟. 数据仓库和 OLAP 技术在生产绩效管理中的应用［J］. 航空制造技术, 2012, 10: 69 - 73.

从多种复杂的因素中可以提炼出,生产绩效管理的主体是生产员工、设备和物料。再结合生产绩效的指标体系,为企业管理者提炼出生产绩效管理模块,为生产计划绩效管理、生产过程绩效管理、质量绩效管理以及员工绩效考核管理。

### (三) 物联网在纺织服装生产管理中的应用

在深入研究纺织产品制造过程的基础上,将物联网技术引入到纺织服装企业的信息化建设中,构建纺织服装产品制造过程物联网系统的体系框架,体系框架从下到上可以分为传感网、车间网和企业网三个层次。其中,传感网采用各种传感器获取纺织设备、生产员工和产品的关键参数,并通过 RFID 无线技术将采集得到的数据上传至车间网。车间网是各车间级传感网的汇聚点,负责将采集得到的数据汇总在一起,形成车间级运行监控系统,以可视化、可查询和可追溯的二维数据表的形式上传至企业网。企业网是将纺织产品制造过程中涉及的不同车间监控系统汇集得到的数据汇总至中心数据库,为集团的精细化生产管理等提供支持,用户可以通过 PC、手机及各种手持终端等设备,也可以将结果呈现在各个车间的 LED 显示屏上进行监测,有效跟踪纺织产品的制造过程(图1)。

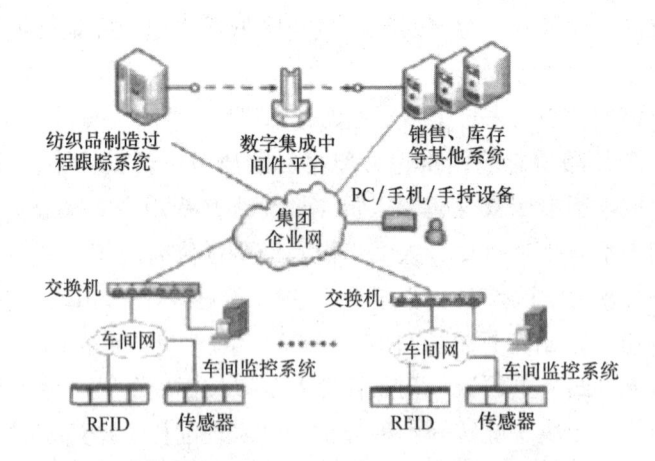

图1 纺织服装产品制造过程中物联网系统的体系框架

### 三、即发集团生产绩效管理创新体系

即发集团"RFID 物联网技术导向下的生产绩效管理"的核心创新点是将信息化与卓越绩效管理融合在一起的管理模式。通过可持续的项目实施过程,科

学的系统原理和流程，全面的生产绩效管理模块，可视化的数据平台系统和实时的联动监控方式表现出来。意在通过对各个下属企业生产流程的自动化监管功能，以及相互联系的自动化绩效评估功能，获得各个流程的服务和管理绩效数据。再汇总到生产绩效管理系统，实现生产绩效管理的动态化和实时化。即发集团运用RFID物联网技术，实现了生产计划绩效管理、生产过程绩效管理、质量绩效管理以及员工绩效考核管理等模块的管理模式创新。

### （一）可持续的项目实施过程

即发集团通过开展领导推进及全面计划、理念导入及技术培训与全面实施和落地三个阶段的工作，运用RFID物联网技术，实现了项目的落成。再通过组织管理评价和建议及实施管理优化和改进两个环节，改进计划和实施过程，实现项目的可持续性实施（图2）。

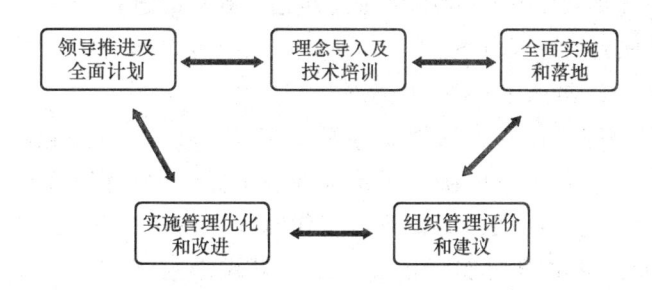

**图2 即发集团RFID导入生产绩效管理项目实施过程**

#### 1. 第一阶段：领导推进及全面计划

首先，成立了由高层领导的实施绩效管理委员会，并辖设领导小组及推进工作小组，明确责任部门及成员，规定主要负责人的权力和职责；然后，制订管理模式实施方案和工作计划，明确目标任务和实施步骤，确定每项具体工作的要点、时间控制点、责任部门及具体责任人。为保证计划实施，实行工作目标考核制（即按照项目规定的各阶段目标实施考核），考核结果与各阶段工作负责人奖金挂钩。

#### 2. 第二阶段：理念导入及技术培训

公司有针对性地制订培训计划，系统全面地开展RFID物联网技术导向下的绩效管理模式培训。意在使员工准确、全面、深刻地理解RFID物联网技术导向下的绩效管理模式，强化理念导入，为推行和应用打好基础。同时，结合公司的实际情况和行业现状，邀请专家开展咨询诊断式的培训。并组织项目实施的相关人员到一些先进单位进行实地考察学习，增强学习交流的直观性，为导入

RFID 物联网技术下的绩效管理模式奠定了良好基础。

3. 第三阶段：全面实施和落地

公司创建全面的生产绩效管理模块，物联网技术覆盖各个生产车间应用于员工、设备和产品全方位的绩效管理。根据计划设置科学的系统及操作流程，将流程中的各个环节配备相应的设备来完成识别、记录、存储、查询和追踪的任务。信息的全面汇总和分析为管理层提供员工绩效、生产问题监测和管理决策的依据。

4. 第四阶段：组织管理评价和建议

公司在实施 RFID 物联网技术导向下的生产绩效管理模式后，定期对管理模式的结构及实施情况进行评审。总结经验、分析问题、完善相关管理机制与考核机制，将考核机制与各负责人的福利待遇相挂钩，同时制订优化及改进方案，实施管理优化和改进。公司定期召开内部讨论会，分析、评价项目实施的过程及结果。根据该项目实施过程中存在的问题，寻求改进机会并讨论改进措施，提出改进工作实施的建议方案。

5. 第五阶段：实施管理优化和改进

公司根据改进工作实施的建议方案，制订优化改进计划表并组织实施，明确改进目标、责任人、时限、评价标准，确保改进工作取得成效。不能立即改进的事项，说明原因并明确改进工作时间，以备后续开展此项改进。同时，项目实施各单位根据实际情况，组织开展多层次管理培训，加强基础管理。

### （二）科学的系统原理及流程

1. 系统网络拓扑图（图3）

该系统由智能卡、读卡器、控制器、交换机和服务器等设备组成一个 RFID 网络。智能卡又分为员工卡、物料卡和离线卡。系统通过读卡器读取物料卡和员工卡里的信息，将关键绩效指标信息通过控制器、交换机传递到服务器。最后由服务器上的生产管理软件完成数据处理工作。

2. 各工序生产绩效管理流程及控制方法

生产过程中的工序主要有裁剪、车缝和质量控制。生产过程中的管理主体有员工、物料和设备。在每一道生产工序中的管理主体都配备 RFID 设备，以便进行管理主体和生产过程的信息采集。裁剪、车缝和质量控制三个具体工序的应用流程图如图4～图6所示。

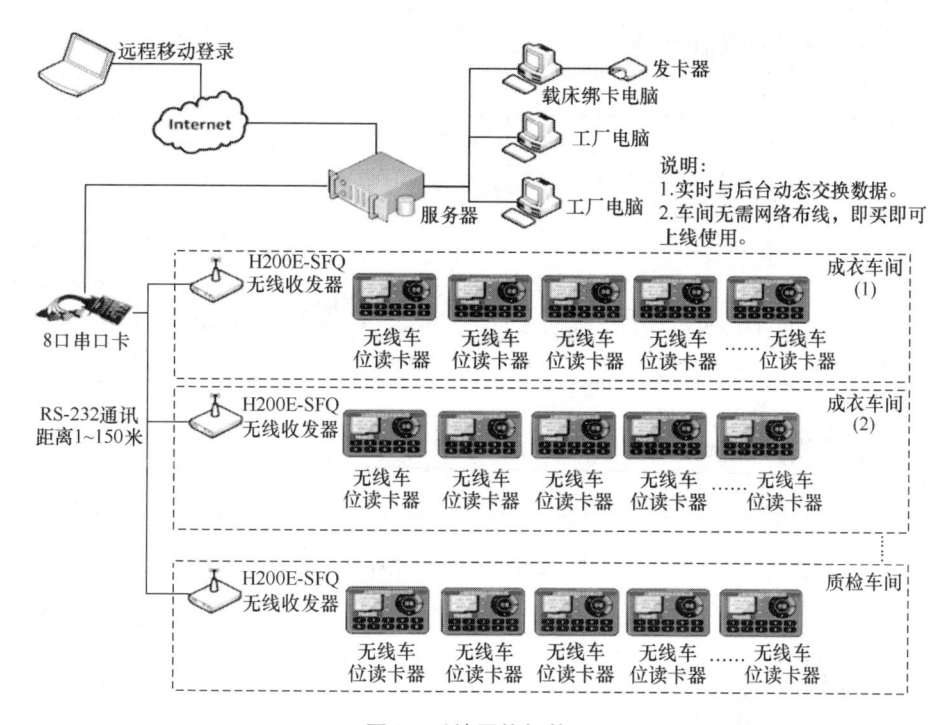

图 3　系统网络拓扑图

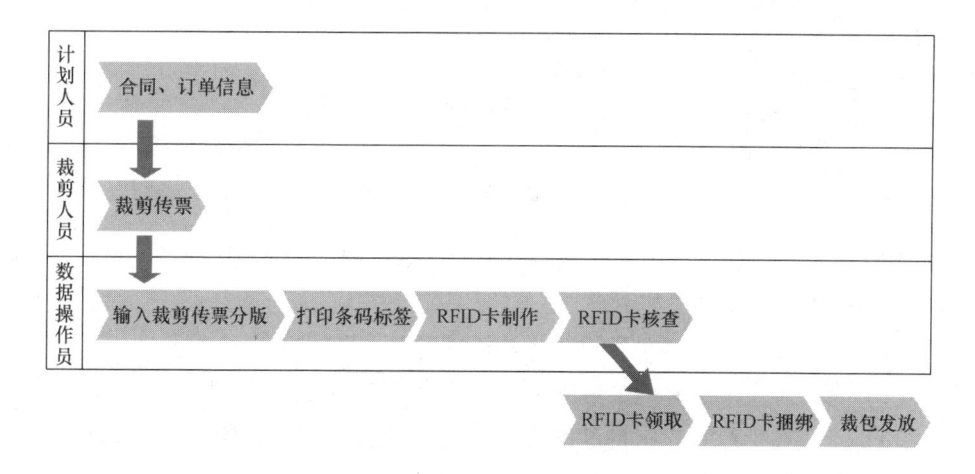

图 4　裁剪车间应用流程图

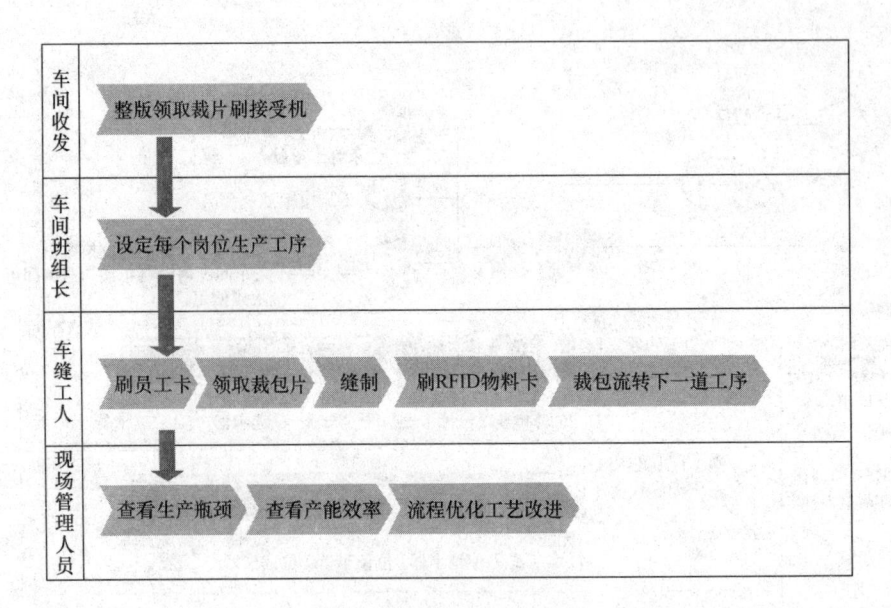

图 5　车缝车间应用流程图

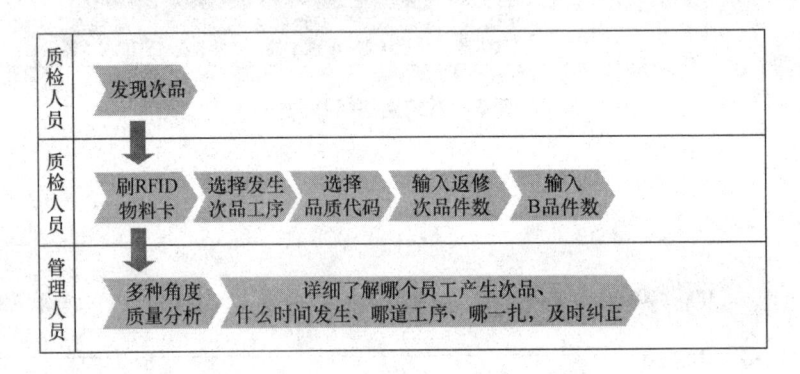

图 6　质量控制应用流程图

基于各个工序的流程图的原理，以及捆绑集成图中的 RFID 设备，可以总结出生产绩效管理控制方法如下。

（1）每种工序的物料在裁切捆扎发料时配上一张射频卡。

（2）每个工人都配有一张员工卡，在每台机车上安装一个无线读卡器。

（3）工人在生产时先刷自己的员工卡即完成员工信息采集，完成每扎裁片后刷一下本扎裁片的物料卡，流转给下道工序。

（4）系统自动记录每个工人在每个工作时段的合同、传票、质量、数量和耗时等信息。

(5) 员工可以通过自助刷卡终端来查询自己全天的生产记录。

(6) 管理人员可以根据系统进行效率分析、质量分析和进度分析。

### (三) 全面的生产绩效管理模块

#### 1. 模块一：生产计划绩效管理

公司车间层的生产计划来源于根据销售订单按照排产规则生成的生产计划。结合公司人员、设备的配备情况来确定车间生产的主计划，进而排出周生产计划，最后确定生产小组、操作人员，从而制订各小组、具体操作员工生产计划绩效考核目标。

在生产计划绩效管理中导入RFID物联网技术，通过数据接口模块，从外部系统导入生产工单，并同步调整更新外部系统的订单信息以及撤单信息，以便及时调整车间实际业务、实时查询和反馈现场信息。同时，根据公司生产计划的特点，系统通过数据库自动定时获取主生产计划，然后在系统中自动生成并排序生产计划。

RFID物联网技术能统筹生产计划，实现生产计划的统一规划，既可控又可追溯，通过与外部系统的集成和信息交互，实现计划调整和车间执行情况的快捷查询（图7）。生产管理者可以通过系统电脑，直观地查询到车间的生产进度。班长可以看到自己班组每道工序实际的生产进度，对于个别工序能力欠缺进行及时调整，保证整个班组的计划完成，并大幅度提升生产计划绩效。

**图7　生产指标进度情况查询**

2. 模块二：生产过程绩效管理

RFID 物联网技术导向下的生产绩效管理在服装生产车间需要经过多道工序完成，采用 RFID 系统实现信息流、物料流、劳动力流、设备流实时捆绑集成。电子识别代替纸质条码工票实时采集生产数据，帮助企业实时获取每道工序时间、生产进度、员工表现以及每包衣服品质信息，在现场即时做出调度，衡现场生产瓶颈，改进生产工艺、平效率和品质。同时，RFID 系统通过实时采集工人生产信息以及工作效能，为公司管理人员和车间一线工人建立了连接渠道。每个工人的生产进度可以直接反馈给管理者，并实时统计工人计件工资、评估工人表现。从不同角度多维的分析数据，为管理提供数据信息并深层挖掘更有意义的数据，以便管理者做出客观决策，从而提高企业的生产绩效管理（图8～图10）。

图 8　裁剪工序刷卡

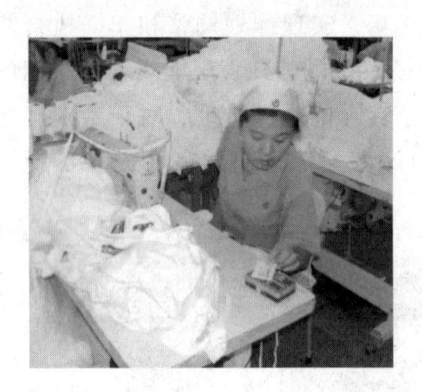

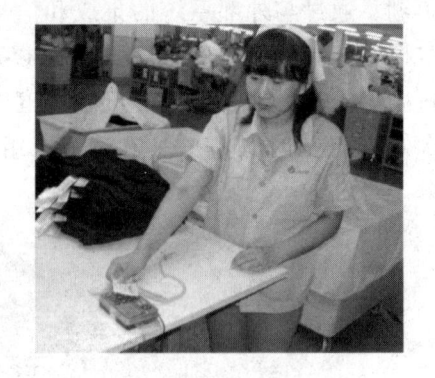

图 9　缝纫工序刷卡　　　　图 10　验收工序刷卡

3. 模块三：生产质量绩效管理

质量绩效管理主要通过跟踪、记录和分析生产过程中的产品质量数据，锁定生产中需要注意的问题，进而控制产品质量，提高质量管理效率。RFID 物联网技术导向下质量绩效管理通过 RFID 物联网技术提供对质量基础数据的更新和维护，使质量数据格式标准化，便于进行质量数据录入和查询，便于管理者对质量问题进行分析与改进。

（1）数据录入。支持各道工序产品检验结果信息的录入，包括工序加工量、合格数量、不合格数量、操作者及检验者等。系统将信息自动计入相关操作者的质量档案中，便于对生产质量进行总结评估。

（2）信息查询。通过用户界面输入姓名、型号、检验项目及处理方式等查询条件或组合查询条件，查询相应的加工量、合格量、不合格量、返修量等数据，方便管理者分析决策。

（3）质量追溯。通过扫描加工后，在现场悬挂的LED看板可显示该产品型号、已加工工序、每道工序的操作者、合格或不合格信息。

（4）决策支持。管理者可实时跟踪生产线主要指标，监控产品生产效率及质量情况，及时发现异常问题，方便生产调度。信息统计分析提供最新的实际制造过程的结果报告，便于对当前生产绩效进行评价与指导。

### 4. 模块四：员工绩效考核管理

传统的绩效考核管理耗时费力，而绩效结果分析往往也是很难深入，企业管理层无法直观、全面地掌握员工绩效考核结果数据，只能依赖人力资源部提供的纸质文档。而这些纸质文档中存在着很多误差甚至错误，并且员工生产绩效考核管理过程中也会受到人为因素的影响。为了避免误差和错误，很多企业采用了强制分布方法，但是在执行中却需要耗费大量的时间，去核查各级管理者是否按照制度要求评判绩效结果等级，还需要对相关人员进行频繁的调整。

利用RFID物联网技术使生产部门能够快速、客观地展示员工的生产绩效结果，企业管理层也可以登录系统获得自己关注的任何信息，这些分析结果能够有力地支持管理层对生产员工进行合理的绩效考核管理。为确保考核工作的日常化、精细化，公司实行考核工作的智能化管理。改变了原来的考核工作主要是集中在月底、月初的现象，使得考核工作成为每日执行的工作。职能部门每天都要填报考核，车间要查看考核，厂部绩效考核管理人员要审核考核。

公司将生产目标融入到绩效考核当中，以信息化绩效考核系统提高全员的工作效率和工作质量（图11），根据绩效考核结果决定奖罚的对象和等级，做到奖惩分明，提高了员工工作积极性，促使员工出色完成组织目标，同时保证公司生产目标得以实现。

### （四）可视的数据平台系统

#### 1. 整体分版可视化管理系统

RFID物联网技术导向下的生产绩效管理中环节、流程和模块需要在软件平台上进行结构化的记录、存储和分析，才能够呈现在生产现场的显示屏上，或是在系统中被管理者查询和调用。数据平台系统中以分版管理的形式来呈现不同生产环节生产绩效管理的记录。在这个数据平台系统中可以完成显示设置、条件查询、详情调用、数据录入、修改、删除和导出，软件系统能够帮助管理者掌握各个环节的生产情况，实施的生产绩效管理。

整体分版可视化管理系统（图12）以订单管理为主线，以订单管理联动产品生产绩效管理和员工绩效管理。能够实现通过订单信息查询订单产品信息、产品生产进度和各生产环节对应的车间和员工代码。

图11　个人完成情况绩效

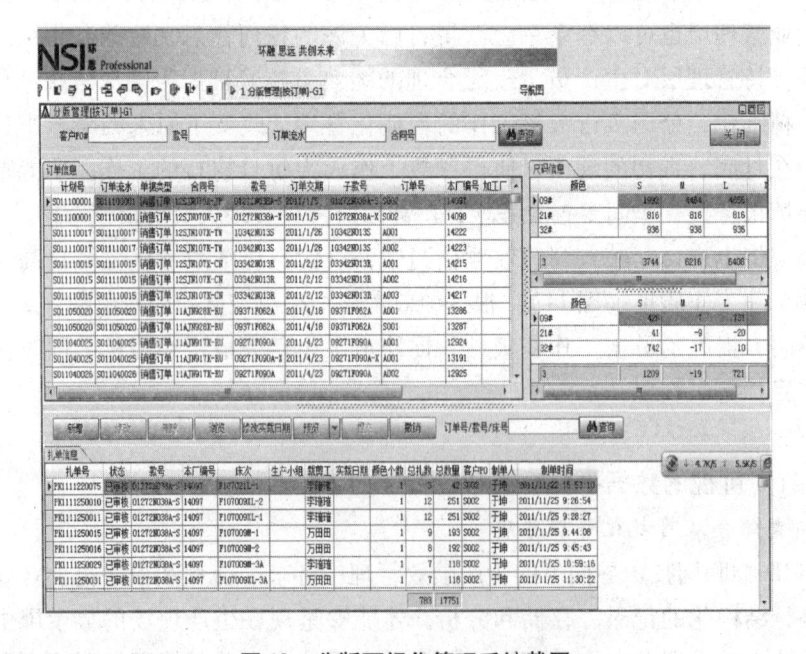

图12　分版可视化管理系统截图

## 2. 分车间独立可视化查询系统

裁剪车间、缝纫生产车间和包装车间的可视化系统维度和功能较为相近，都是将数据上传到数据库后，在可视化数据平台系统中查看裁剪生产（图13）、缝纫进度、包装进度等相关生产数据，也可以通过生产车间名称和生产日期两个维度，查询满足条件的生产信息记录及其对应的生产员工编号、订单号和产品基本信息，进行记录追溯。

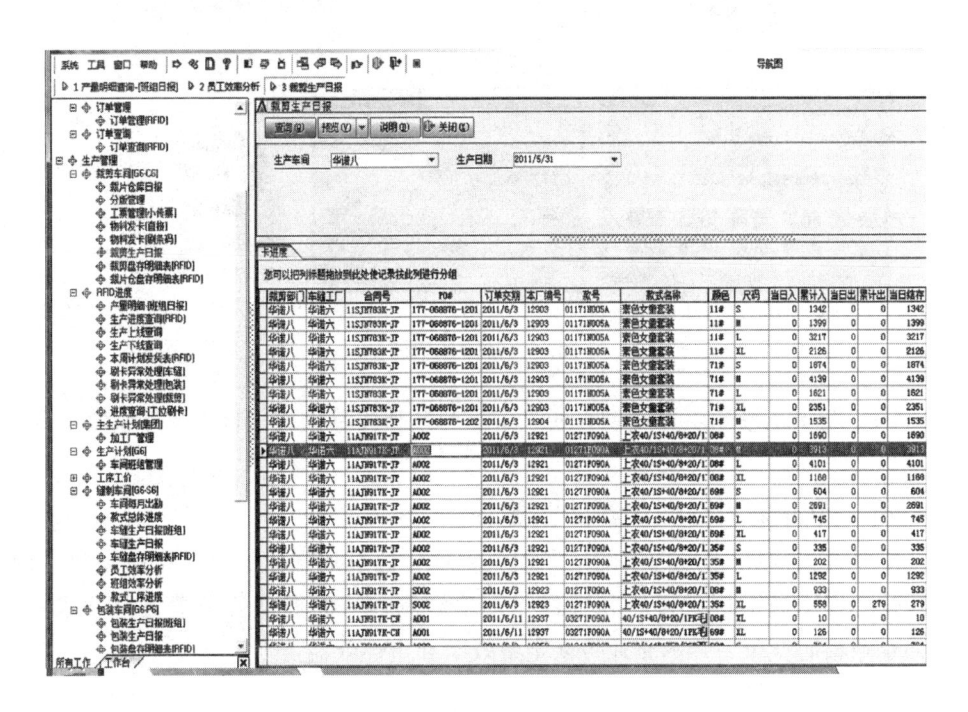

图13 剪裁生产系统截图

## （五）实时的联动监控

员工、设备和物料管理在技术的协助下，实现了信息化、实时化和准确化。同时，实施计划管理、技术管理、订单管理、品质管理与员工绩效管理的实时联动监控。捆绑集成图如图14所示。

（1）对生产即时监控，进行瓶颈工序分析。
（2）与技术管理联动，完善工价体系。
（3）与订单管理联动，分析车间生产状况。
（4）与计划、技术管理系统联动，建立目标分析体系，持续改进与调控。
（5）与品质管理系统联动，建立品质考评体系，提高品质管控能力。

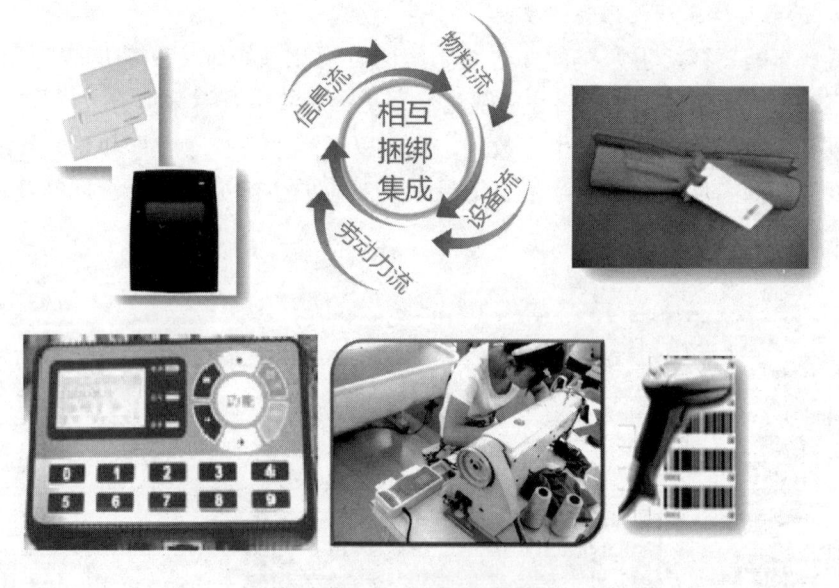

图 14　捆绑集成图

（6）与员工绩效工资联动，通过采集产量和质量数据，自动计算绩效工资。

## 四、即发集团管理创新的实施效果

RFID 物联网技术导向下的生产绩效管理，通过加强信息化与卓越绩效管理的融合，建立激励约束机制和现代化管理体制，从而提高公司绩效管理水平，增强企业核心竞争力，为企业带来定量效益和定性效益。

### （一）生产过程数字化，提升生产效率

RFID 物联网技术导向下的生产绩效管理，通过 RFID 智能卡配合读卡器、计算机软件以及网络，帮助管理者获取实时的生产数据，随时准确掌握生产进度、员工表现、车位状态、在制品数量、质量、效率等各方面的综合信息，实现生产过程的全部数字化、透明化。为全方位的改进提供精确的分析数据，将个别改进转变为全员的改进，达到企业整体的生产效率不断提升。根据即发集团的华诺六车间的数据显示（图15），2014 年同类款式汗布衫生产效率为 1927 件/天，相比项目实施前的 2010 年提高了 22.97%。

### （二）制造过程自动化，降低工时成本

在传统的操作模式下，生产绩效管理需要大量的人工数据收集、测量及分

图15 同类款式汗布衫日平均产量变化趋势图

析,整个过程工作量巨大,诸如人工发放表格、数据收集、统计、测量及分析,在此过程中人为统计错误难以避免。而这些工作由信息系统来完成就可以实现快速、准确和节约人力。公司根据需要设定软件程序,程序分析和评价关键绩效指标后,工作任务会自动推送到对应工序的平台系统。工作人员在系统中对关键绩效指标进行收集,软件对各类数据分析完毕后自动存储到服务器中,并自动完成统计、计算。同时,对于生产管理过程中的关键绩效指标,也完全通过 ERP 系统进行统一管理,大量重复性工作都交由系统自主完成,降低了差错率。因此,极大地降低了生产绩效管理成本,公司一年就大约减少工时费用 560 万元。

以华诺六车间为例,计算减少工时费用:华诺六车间工人每天手工记账及对数时间平均可节省 10 分钟,华诺六车间 500 个车位一共节约工时费用为 500 车位×26 天/月×(10/60)小时×12 元/小时×12 月 = 312000 元/年。那么,一个车位一年可节约 624 元。

集团公司目前实施 RFID 物联网技术导向下的生产绩效管理的车间一共有 8986 个车位,因此,整个集团一年减少工时费用:8986 车位×624 元 = 5607264 元。

### (三) 完善 RFID 质量追溯体系,提升产品品质

RFID 物联网技术导向下的生产绩效管理通过记录、跟踪和分析过程与产品质量数据,有效提升产品质量、完善质量追溯体系、减少人工操作。同时,验收省去专人记录,直接打卡记录漏验,提高记录漏验效率,免去了质量数据的录入工作。管理人员可以随时在系统上查询每个人漏验明细、实时监督,从而提高产品品质,有效降低了产品的不合格率。图 16 为公司近五年不合格品率变化情况。

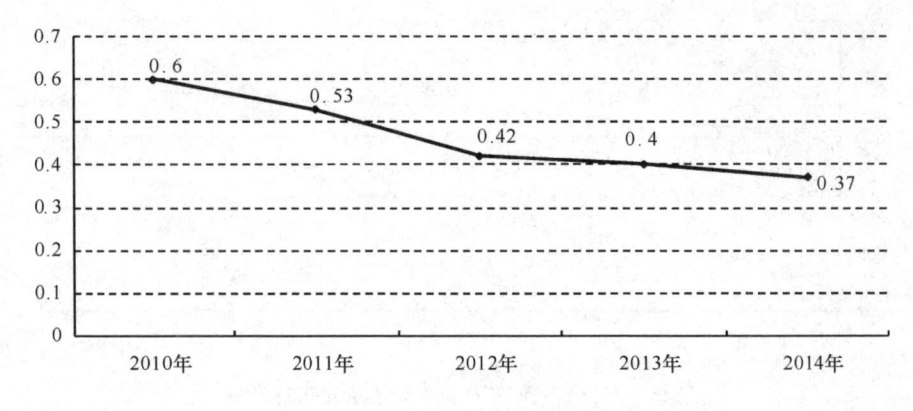

图 16　不合格品率变化情况

**（四）控制在制品流传周期，缩短产品交货期**

通过将 RFID 物联网技术运用到生产绩效管理中，大大地缩短了在制品流通周期和产品返修率，在制品生产过程的速度也相应地提高很多，交货期大幅度得到有效缩短。如图 17 所示，即发集团近五年同类款式汗布衫交货期不断下降，从 2010 年的 31 天下降到 2014 年的 21 天。

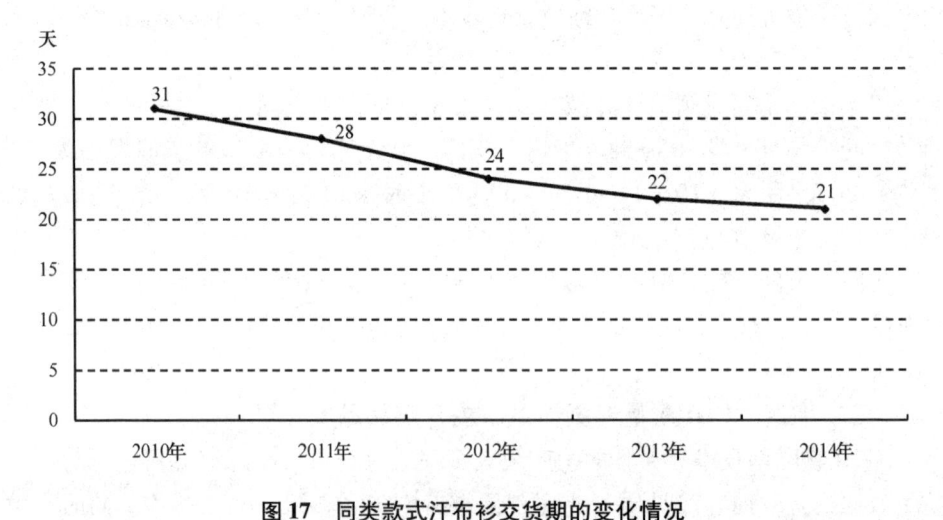

图 17　同类款式汗布衫交货期的变化情况

**（五）绩效考核公平公正，增强企业盈利和竞争能力**

RFID 物联网技术导向下的生产绩效管理，实现了公平公正的绩效考核制度。所有工作的重点管控项，均被列为绩效考核的重点。同时强化激励措施，加大奖励力度，不断提高管理人员的积极性和责任感，增强即发集团各部门竞争意识。对考核项评比中的优胜单位和个人给予高额奖励，进一步激发了团队协作精神和员工参与的积极性。在具体实践中，RFID 物联网技术，既提高了员工操作效率，增加了员工收入，又减少了人员流失率，并在增强企业凝聚力的基础上，进一步提升了企业的盈利水平和综合竞争力。

该生产绩效管理模式基于网络信息技术进行生产管理，通过规范并完善企业生产制度、生产工艺、生产资源、生产过程等基础数据，利用 RFID 技术跟踪产品生产过程中的加工工序、人员信息、产品生产进度以及质量追溯信息，彻底解决了企业运营管理与实际生产执行过程中的协同问题，实现了生产计划和生产制造系统之间的数据一体化集成管理，提高了企业生产经营管理与控制决策能力。这对提升产品质量、提高设备生产效率、降低维护成本、优化产品交货期以及通过质量追溯完善售后服务都提供了有力的保障。

## 五、总结

从生产管理实施上看，全面覆盖了生产计划绩效管理、生产过程绩效管理、质量绩效管理以及员工绩效考核管理等管理模块。将每一个生产管理模块镶嵌进每一个生产工序，并通过信息技术的平台系统记录、存储和分析各种绩效指标，从而为管理者对人员、物料、设备、生产工序和生产进度进行协调控制提供实时的数据支持。

从生产管理效果上看，通过 RFID 技术的应用，生产绩效管理过程减少了人为因素影响、无效工时和中间环节的损失。同时，使得生产流程更加规范顺畅，业务数据及时、准确，增强了流程执行的刚性，又有效地支持了绩效管理的实施。

# 基于全员参与、持续改善、自主管理的印染企业精细化管理

## ——绵阳佳联印染有限责任公司

真正的努力应该是一种明白自己在做什么、为什么而做、又能全身心投入其中的自控力，而非内心焦虑烦躁、表面废寝忘食。

我们会一直专注印染，不受打扰，努力精进……

总经理 胡志强

2003年5月，绵阳佳联印染有限责任公司（以下简称"佳联印染"）创建于四川省绵阳市，其以功能性工装面料的染色和军品户外面料的印花两大类为主要业务。佳联印染现年生产服装面料1.4亿米，销售额8亿元左右，目前已建立起健全的海外销售网络，产品销至全球60多个国家。佳联印染成立十年以来，已荣获国家、省、市、全国总工会、行业协会等多项荣誉。

佳联印染一直致力于精细化管理模式的创新，其结合自身特点创造性地将精益生产理论和TPM管理模式结合起来，打造出独具佳联特色的"精益TPM"精细化管理模式。"精益TPM"是以精益生产为指导思想，以全员参与、持续改善、自主管理为内涵，进行全面的工厂改善活动，建立全面改善机制，彻底变革和改善生产方式，辅以"比学赶帮超"的文化氛围，最终实现人的素质改善，设备的体质改善和企业的体质改善。自"精益TPM"精细化管理模式实施至今，佳联印染管理水平显著提高，生产现场井然有序，员工积极性得到极大提高，设备、工艺取得重大突破，经济效益、社会效益显著提升，成为了印染行业管理创新的成功典范，具有借鉴意义。

## 一、实施背景

### (一) 顺应经济发展新常态的需要

当今,全球经济发展呈现出新常态特点。以智能化、数字化生产为特征的工业 4.0 已向企业管理模式提出挑战。在此背景下,2015 年 5 月 19 日,国务院印发了《中国制造 2025》通知,部署全面推进实施制造强国战略。中国的制造业同样面临新常态,资源和环境的约束日益凸显,以资源投入和规模扩张为主的粗放式发展模式难以为继。反之,人力资源的作用越来越大。随着 85 后、90 后成为制造业的主力军,如何发挥新一代制造人的特点,让他们体会工作的乐趣,能够自主管理,并能在工作中与企业一起成长,是企业能否真正打造竞争优势的关键。因此,摸索出一种能够适应中国特点的全员参与并能自主改善的精细化管理方法是时代发展的必然要求。

### (二) 实现企业可持续发展的需要

在全行业积极"去产能、留行业"的背景下,企业是否能够可持续发展,关键点在于能否把企业做强,而不是一味做大,最终是要以人均产值、人均利润说话。而这离不开管理模式的创新。为此,佳联印染明确了其战略目标:在未来 3~5 年要成为中国印染行业在管理上的标杆企业。佳联印染之所以积极摸索具有佳联特色且印染行业特有的精细化管理模式,是为了改变固有的管理思维,以提升人均产值、人均利润及在国际上的声誉和竞争力,实现企业的可持续发展。

### (三) 弥补企业管理短板的需要

佳联印染自成立至今,年产量由最初的 1000 多万米增长至 2004 年的 1.3 亿米,不可谓发展不迅速。但企业的管理模式却没有相应地完善起来,企业管理短板一直存在。对于海量的一线员工,佳联印染通常以罚代管,管理者和员工总是处于猫和老鼠的地位。员工追求精细化和标准化的意识不够,全年人均提案件数只有 0.1 件,改善参与率很低。同样,班组的基础管理、基层管理者的基本职业化素质也有待提高。而就佳联的中高层管理者而言,自身存在解决问题思维不够系统的问题。随着佳联印染的不断发展壮大,其管理模式越来越制约着佳联印染做强做大,制约着企业内部结构的转型升级。为弥补企业管理上的短板,佳联印染决定在管理模式上大胆创新,结合现代先进的、全新的精益生产理论及设备管理理念 TMP,扬长避短,以"全员参与、持续改善、自主管理"为目标,实施"精益 TPM"精细化管理。

## 二、精益生产理论与 TPM 管理模式内涵解析

精细化管理，是运用程序化、标准化、数字化和信息化等手段，使各级组织和单元精确、高效、协同、持续运行的一种管理方式。作为现代的企业管理方法，它源于西方发达国家的企业管理实践，是以"精确、细致、深入、规范"为特征，以最大限度地减少管理所占用的资源和降低管理成本为主要目标的企业管理方式。精细化管理作为先进的管理理念，并没有一成不变的固定模式。任何打算实行精细化管理的企业，都需要结合自身特点，因地制宜。

佳联印染在实施精细化管理过程中勇于创新，敢于突破，其结合自身特点创造性地将精益生产理论和 TPM 管理模式结合起来，打造出独具佳联特色的"精益 TPM"精细化管理模式。精益生产理论和 TPM 管理模式均是精细化管理理念的体现。在本章，笔者将简要概述精益生产理论和 TPM 管理模式。

### （一）精益生产理论内涵解析

精益生产方式源于日本的丰田生产方式，日本汽车制造业靠这种生产方式打败了美国。1990 年，在《改造世界的机器》一书中，沃麦克等人对日本企业取得成功经验的总结，提出了精益生产（Lean Production）的概念。1996 年，沃麦克与琼斯合著了《精益思想》，精益生产由此上升为理论，成为传统精益生产理论的核心内容。

精益生产方式是相对于美国大量生产方式而言，精益生产方式即消除无效劳动和浪费的思想和技术。其核心思想在于"消除浪费"和"不断改善"。其原理简单来说分为 5 部，即价值—价值流—流动—拉动—完善。具体而言，价值，即从顾客的角度而不是企业、项目或部门的角度来确定什么是创造价值的，什么是不创造价值的。价值流，即指从原材料转变为成品，并给它赋予价值的全部活动。流动，即采取措施使价值流流动起来，排除干扰、绕流、回流、等待和废品等浪费。拉动，即使价值流的流动仅仅由顾客来拉动，而一旦需求发生，能迅速做出反应，及时供货。完善，即持续地进行改进，不断地把发现的浪费消除掉，追求完善。

浪费，是传统精益生产理论的一个重要概念，是指一切不产生附加价值的活动和投资。沃麦克把组织的一切活动分为三类：产生价值的活动；不产生价值，但目前尚不可避免（称一类浪费）；不产生价值，而且可以避免（称二类浪费）。管理活动就是要消除第二类浪费，并且提高第二类活动的效率。

### (二) TPM 管理模式内涵解析

全面生产维护，简称 TPM（Total Productive Maintenance），其是以全员参与为基础，以自主管理为核心，以全系统的预防维修为过程，以追求设备综合效率最大化、实现设备零故障、产品质量零缺陷、营造绿色工作环境为目标的设备保养和维修管理体系。

TPM 管理体系主要特征有：6S 活动；以最高的设备综合效率为目标；确立以设备一生为目标的全系统的预防保全；设备的计划、使用、保全等所有部门都要参加；从企业的最高管理层到第一线员工全体参加；通过开展小组的自主活动来推进生产保全等。推进 TPM 管理体系的关键是转变员工的设备管理理念，改变其心智模式。其一方面要求加强设备基础保养，提出"缺陷为零，故障为零"的更高管理目标——"零缺陷管理"；另一方面，也要更加注重以状态维修为核心的预防维修体制的建立和完善。

TPM 理念在实施过程中强调的全员参与。"全员"成为这一管理模式的理想和精髓，也是最难跨越的阶梯。

## 三、佳联印染"精益 TPM"精细化管理创新体系

佳联印染将精益生产和 TPM 管理创新性地结合在一起，打造出了具有佳联特色的精细化管理之路——"精益 TPM"。"精益 TPM"是以精益生产为指导思想，以全员参与、持续改善、自主管理为内涵，进行全面的工厂改善活动，建立全面改善机制，彻底变革和改善生产方式，辅以"比学赶帮超"的文化氛围，最终实现人的素质改善，设备的体质改善和企业的体质改善。

"精益 TPM"核心内容包含：两大基石，彻底的 6S 和员工提案活动；八大支柱，自主保全、专业保全、初期改善、质量保全、环境改善、事务改善、人才培养；三大思想，预防哲学、零化目标、全员参与；三个满意，员工满意、顾客满意、社会满意。

目前，佳联印染即将开始 TPM4 阶段。具体实施计划见表 1。

表 1　佳联印染"精益 TPM"实施计划

| 阶段 | 时间 | 主要内容 |
| --- | --- | --- |
| 彻底的 6S | 2014 年 1~12 月 | 样板选定、定点摄影、红牌作战、提案机制、评比活动、诊断活动整理、整顿、清扫、清洁、安全、素养 |
| TPM1 阶段 | 2015 年 1~6 月 | 成立样板组、设备清扫、不合理发现、不合理改善、OPL 制作、工具开发、第一轮焦点课题 |

续表

| 阶段 | 时间 | 主要内容 |
|---|---|---|
| TPM2 阶段 | 2015 年 7~12 月 | 两源查找、设备复原、Why-why 分析法、循环改善、第二轮课题 |
| TPM3 阶段 | 2016 年 1~6 月 | 清扫/注油基准书的制定、注油困难地点的改善、学习正确的注油技能、第三轮课题 |
| TPM4 阶段 | 2016 年 7~12 月 | 设备点检 point 及点检技能的学习、技术的统合及点检困难地点的改善、第四轮课题 |
| TPM5 阶段 | 2017 年 1~6 月 | 点检标准化、设备要素点检技能的完全体会、设备影响品质的因子的发掘及复原、第五轮课题 |
| TPM6 阶段 | 2017 年 7~12 月 | 不发生故障和不良的基准、品质保全基准的标准化、系统化，运转员的准专业化、第六轮课题 |
| TPM7 阶段 | 2018 年 1~6 月 | 现工程/设备状态的维持、维持基准的改善及标准化、第七轮课题 |

佳联印染精细化管理内容丰富，针对性强，真正做到了以"全员参与、持续改善、自主管理"为内涵的"精益 TPM"管理。佳联印染针以彻底的 6S 及员工提案制度为基础，对一线员工、基层管理者及中高层管理者分别实施不同的项目活动，同时注重"比学赶帮超"的氛围营造。佳联印染精细化管理具体内容详见图 1。

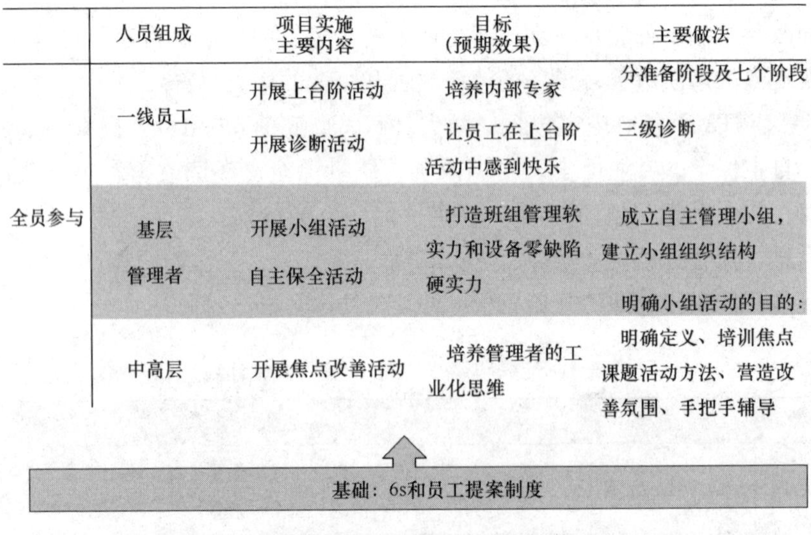

| 全员参与 | 人员组成 | 项目实施主要内容 | 目标（预期效果） | 主要做法 |
|---|---|---|---|---|
| | 一线员工 | 开展上台阶活动<br>开展诊断活动 | 培养内部专家<br>让员工在上台阶活动中感到快乐 | 分准备阶段及七个阶段<br>三级诊断 |
| | 基层管理者 | 开展小组活动<br>自主保全活动 | 打造班组管理软实力和设备零缺陷硬实力 | 成立自主管理小组，建立小组组织结构<br>明确小组活动的目的： |
| | 中高层 | 开展焦点改善活动 | 培养管理者的工业化思维 | 明确定义、培训焦点课题活动方法、营造改善氛围、手把手辅导 |

基础：6S和员工提案制度

**图 1　佳联印染精细化管理具体实施内容**

## （一）彻底贯彻"6S"，夯实"精益 TPM"基础

"6S"分别指的是整理、整顿、清扫、清洁、安全、素养。它是 TPM 主要特征之一。TPM 是一种全新的设备管理理念，它与传统的设备管理方法有着本质的不同。传统的设备管理方法为计划预修制度。企业通常按照设备修理周期的不同进行大修、中修、小修或检查，根据设备的复杂系数计算维修工作量，修理基金按照计划下达。但由于计划的准确性不够，企业往往会维修过剩或不足。维修过剩不但会造成资源、工时的浪费，还可能产生损坏性的维修，影响设备的寿命。维修不足更会缩短设备寿命。

面对传统维修方法的不足，佳联印染意识到设备管理应该从"人"治走向"法"治，并积极建立起一套规范化的设备管理系统，吸取 TPM 管理体系的精髓，以转变员工的设备管理理念，改变其心智模式为目标，从细节抓起，彻底贯彻"6S"。

佳联印染通过"6S"在低成本的基础上创造了一个安全、温馨、以人为本的工作环境，使员工能够找到更加准确、快捷和轻松的工作方法。员工从身边的简单事物开始改善，提高问题意识和改善能力，最终养成有标准即按标准做的习惯。

为此，佳联印染实施五大步骤（图2）：首先，培养员工问题意识。员工在顾问师手把手的指导下确认什么是问题。最终达到员工可以按照同样的方法找问题，对问题点能够进行清晰描述的效果。员工的问题意识得到提高。其次，培养员工改善能力。通过手把手地引导员工找到根本解决方法，使员工可以自己找到解决办法。同时，公司制定"6S"实施标准并印制"6S"小册子，让每一位员工对"6S"都有清晰的认识。再次，确定规定动作。最后建立评价机制。佳联印染建立起每月的检查评价机制，保证"6S"的实施。

培养员工问题意识 → 培养员工改善能力 → 确定6S实施标准 → 确定规范动作 → 建立评价机制 → 设备管理由"人治"变为"法治"

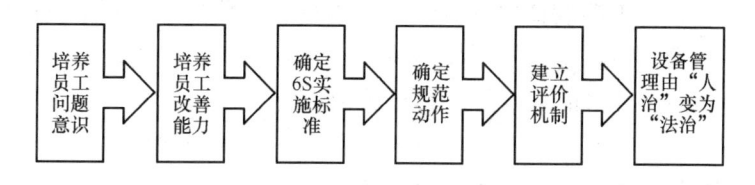

**图2　"6S"五大步骤**

## （二）建立员工提案制度

佳联印染以奖代管，建立员工提案制度，极大地提高了员工的主动性和积极性，为"全员参与、持续改善、自主管理"的目标打下坚实基础。佳联印染

提案制度创新之处就在于,他对员工积极性的定义、衡量标准、提高方法、奖励措施及注意事项都做了翔实清晰的界定,大大提高了员工提案制度的可行性。

佳联印染以员工是否具有主动付出智慧的意愿和行动来定义员工是否具有积极性,以人均提案件数、提案参与率为衡量标准。设法让员工参与到创造性工作中去,鼓励员工积极主动地提出并实施任何有利于公司经营活动的革新建议、发明创造等。建立制度化的奖励措施、奖励提案,即凡是满足"主动+改方法+善结果"的行动都是提案,都会得到公司奖励,并且每月评价奖励,重视热情度和参与度。

### (三) 上台阶活动与诊断活动双管齐下

佳联印染针对广大一线员工设计了"上台阶"活动,以培养内部专家为目的。弥补了基础管理方面的短板。上台阶活动的关键点包括从易到难,建立全员参与和改善的信心;每半年一个台阶按步骤推进。使整个项目的推进与人的成长节奏相适应,保证项目改变企业体质的目标的实现;每上一个台阶都要隆重的颁发毕业证书,营造氛围;采用样板区先行、分阶层建立教育体系、开展活性化活动、建立持续评价体系等各种创新方法。

佳联印染在开展上台阶活动的同时,辅助以诊断活动,多方位做到了"全员参与、持续改善、自主管理"。佳联印染通过诊断活动,让员工在快乐中成长,在成长中快乐。诊断分为三级,首先是自主诊断,员工自主比照标准巩固知识,查漏补缺。其次是专家诊断,顾问师和公司内部专家严格地按照标准进行检查,达到本阶段的标准后方能申请总经理诊断。最终,是总经理诊断。总经理诊断的目的在于搭建一个公司高层领导到一线去欣赏员工工作成就,与员工亲密互动的平台,届时总经理亲自带领公司领导层,欣赏员工的改善,感谢员工的付出,给员工颁发证书和奖金,鼓励员工再接再厉。每个台阶时间为6个月,员工在顾问和公司内部专家的辅导下学习知识并实践改善,每一阶段完毕需要通过诊断,获得证书后再能进入新一阶段的学习。

### (四) 开展小组活动,打造班组实力

佳联印染在重视一线员工的同时,同样注重班组的基础管理,其创造性地通过精益TPM的八大支柱之一"自主保全活动",开展小组活动,以实现提升班组管理软实力和设备零缺陷硬实力两大目的。首先,佳联印染组织成立了自主管理小组,建立小组组织结构。其次,明确小组活动的目的,即小组软实力与硬实力并重。其明确小组软实力分别包括小组长的组织能力、员工对微缺陷

的认识能力、自己动手解决设备问题的能力、改善的能力、讲解的能力、总结和书写的能力、操作者和设备保全人员的配合能力。而打造硬实力则是消除设备缺陷、降低设备故障。

小组活动的主要内容有：按活动程序组织开展初期清扫和点检；设备微小缺陷认识和自主解决；OPL 编写；工具开发；活动的投入产出的总结；活动的诊断验收。

### （五）开展焦点改善活动，培养管理者工业化思维

相对于海量的一线员工在现场改善，中高层管理者的改善也绝不容忽视。中高层管理人员应该就企业中长期存在的影响因素众多的顽固性问题、公司战略要求突破的问题、行业其他企业已经突破的水准进行改善。佳联印染针对中高层管理者长期以来存在的解决问题思维不够系统的问题，采取焦点改善方法，以培养管理者的工业化思维。

焦点改善的主要做法有：首先明确定义，焦点课题要解决的是企业中系统的管理问题，包括长期影响目标实现的问题、同行业已达到的水准对标、理想的水准对标等派生的问题。其次明确培训焦点课题活动方法，焦点课题活动的两个要点，一是小组活动，二是遵循课题十步法的 PDCA 工业化思维程序。同时注重营造改善氛围。最后辅以手把手辅导，佳联印染根据课题小组开展活动的熟练程度、课题的复杂程度、课题小组成员的理解能力等有针对性地进行辅导，以尽快促进课题组成员的成长，尽快实现熟练运用工业化思维的目的。

### （六）注重"比学赶帮超"的氛围营造

在实施项目之前，佳联印染本身就注重营造好的氛围，企业领导班子有强烈的变革愿望，中层管理人员有很多学习的机会，员工流失率相对较低，整个管理团队有积极向上的精神面貌。项目实施之后，佳联印染对氛围营造提出了更高的要求，即以"全员参与、持续改善、自主管理"为目标，营造"比学赶帮超"的氛围，全员比成绩、学知识、赶先进、帮落后、超自我，以提高员工追求精细化和标准化的意识，提高改善参与率。

## 四、实施效果

通过企业全员上下的共同努力，佳联印染"精益 TPM"精细化管理获得了巨大成功，小到现场、员工的改变，大到经济效益、社会效益的提高。佳联印染"精益 TPM"精细化管理，再一次强有力地印证了管理创新的力量。

### (一) 生产现场井然有序

"精益 TPM"的成功首先体现在现场的改变和员工管理意识的提高。项目实施后,整个生产现场井然有序,对错一目了然。员工全程参与、自主改变现场,反过来,现场的变化给员工带来了信心和力量,为后续的上台阶活动打下良好的基础。项目实施前后对比如图 3 和图 4 所示。

**图 3　项目实施前**

### (二) 员工积极性提高

佳联印染实施"精益 TPM"精细化管理旨在打造"全员参与、持续改善、自主管理"的管理新模式。在项目实施后,员工的积极性极大提高,人均提案件数和改善参与率大幅度提升。佳联印染在项目实施近一年半来,员工提

**图 4　项目实施后**

案 3640 条，人均提案 5.6 件，员工参与率 80% 以上。企业员工成立 TPM 小组共 30 个，累计开展 TPM 小组活动 355 次，累计投入 1724 人次，2348 个工时。员工累计制作 OPL457 份，其中合格 235 份，优秀 70 份。员工累计开发清扫工具 209 件，累计发现设备不合理微缺陷 4477 条，累计改善不合理微缺陷 4335 条，改善率高达 96.83%。"全员参与、持续改善、自主管理"的管理模式基本形成。

### （三）经济效益提高

佳联印染"精益 TPM"项目开展以来，经济效益持续提高，在未增加任何硬件设施的情况下，2014年比2012年产量增加2589万米，销售收入增加2.52亿，纳税增加1998万，出口增长1001万美元。员工改善提案创造有形价值265万。"精益TPM"推行以来，佳联印染经济效益增长如图5所示。

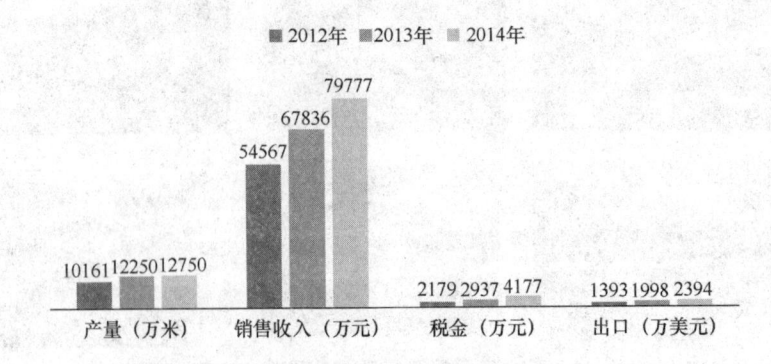

图5 精益TPM推行以来经济效益表

除此之外，佳联印染还取得了设备、工艺上的重大突破。

（1）前处理工序退、煮、漂联合机由传统的两段改为一段，硬件投入即减少了600万元。

（2）前处理工序设备排列为退、煮、漂联合机→定型机→烧毛机→丝光机。设备与设备之间实现了连续生产不停留、不落布，缩短物流时间，车速同步每分钟为70~90米。佳联印染定型机排列位置属印染行业世界首创。

（3）丝光机用碱全部回收，使用扩容蒸发器对淡碱进行浓缩后再次泵入丝光机使用，部分淡碱用冷轧堆及与退煮漂联合机使用，丝光机达到零排放。

（4）所有生产机台由设备就地配液改为集中配液，助剂和染料由管道输送至机台。

（5）采用一个流（OPF）生产方式，减少半成品在生产线的积压，实现产品物流的快速流转，4条生产线产量达到每天32万米。

（6）染色蒸箱由原汽封口改为液封口，节约蒸汽和染料，提高产品着色率。

（四）节能减排成绩突出，社会效益明显提高

佳联印染"精益TPM"精细化管理推行以来，节能减排成绩突出（表2）。其取水量、耗电量、耗标煤、废水产生量等公司指标均低于清洁生产一级标准。同时，其取得的巨大现场、员工及经济效益的改变吸引同行业争相学习，这种学习也必然会促进中国印染行业管理水平的升级，为整体提升我国印染行业的管理水平做出一定的贡献。

表 2　精益 TPM 推行以来的节能减排成绩

| 项目 | 清洁生产一级标准（国际先进水平） | 本公司指标 |
| --- | --- | --- |
| 取水量（吨/万米） | 200 | 100 |
| 耗电量（千瓦时/万米） | 2500 | 1790 |
| 耗标煤（吨/万米） | 3.5 | 2.5 |
| 废水产生量（吨/万米） | 160 | 60 |
| 三年连续合格率（%） | 99.5 | 99.1 |
| COD 排放浓度（mg/L） | 80（国际） | ≤70 |
| 节约能源（标煤）（吨/年） |  | 2120 |
| 减排 $COD_{cr}$（吨/年） |  | 50 |
| 减排 $SO_2$（吨/年） |  | 180 |

## 五、佳联印染"精益 TPM"精细化管理模式创新点及启示

### （一）多管齐下，全方位多层次有针对的全员管理

佳联印染"精益 TPM"精细化管理创新之处首先体现在多项措施多管齐下，全方位多层次有针对地进行全员管理。佳联印染创造性地将精益生产理论与 TPM 结合，有选择地吸取理论精华，扬长避短。其将全体员工科学地分为一线员工、基层管理者及中高层管理者，针对不同人群采取不同项目活动，针对性强，员工的积极性得到极大提高，取得的效果显著。

这给企业带来的启示有，对于管理模式改革，单一措施往往取得的成效不大。而多项措施组合出拳，效果将大大提高。其原因在于，多项措施通常相互影响、相互催化作用明显。

### （二）管理规则精细化，可行性高

佳联印染"精益 TPM"精细化管理最大特色体现在于精细。对于每项具体措施，佳联印染做到了定义清楚、规则清晰、目标明确。每项措施具体针对谁，针对什么方面，怎样采取措施，奖惩什么，怎么奖惩，要达到什么目的效果等，事无巨细，并保证每一个当事人都清楚明白，了然于胸。管理规则的精确、细化、清晰，大大提高了措施活动的可行性，保证了项目实施的效果。

这给企业带来的启示有，创新管理模式，要高度关注措施活动的可行性。可行性高，不仅能保证效果，而且能让员工看到企业改革的决心和力度，产生心理暗示，自然而然自觉遵守，最终措施得到持续性加大。有些企业，虽然明

白管理创新的重要性，也积极采取行动创新管理模式，但很多收效甚微，最终甚至不了了之。究其原因，往往在于其新的管理模式规则不清晰，过于空泛，华而不实，可行性低，致使员工不清楚该怎么样执行，推行难度加大。佳联印染的精细化管理为印染企业做了成功示范，值得同行学习借鉴。

### （三）注重氛围营造

企业氛围对于企业管理及管理创新的影响不容忽视。同样的管理模式，在好的氛围里可以取得好的效果，事半功倍，达到企业预期目的。但在不良的氛围里，就可能导致管理模式的失败，事倍功半。佳联印染一向注重企业氛围的营造，在这次的"精益TPM"精细化管理中，佳联印染更是对企业氛围提出了更高要求。"比学赶帮超"的企业氛围，最大限度地挖掘每一位员工的潜力。在这样的企业氛围中，员工体现出自己的价值，同为"佳联人"的使命感、责任感油然而生。管理者与员工团结一心，为"精益TPM"精细化管理的顺利进行保驾护航。

这给企业带来的启示有，创新管理要与企业氛围的营造相结合。在好的企业氛围下，员工的归属感增强，甘愿为企业奉献智慧，人力资源得到充分发掘，逐渐化为企业的核心竞争力。

# 创新驱动战略引领下的华兴模式探索

## ——山东华兴纺织集团有限公司

> 思维创造价值，创新成就未来。创新是华兴企业管理的灵魂、是华兴永葆青春的核心动力，华兴的持续发展就是企业价值观念、产品经营、资本运营的持续创新，未来依然靠创新来成就。
>
> 董事长　胡广敏

创新是一个民族进步的灵魂，是一个国家兴旺发达的不竭动力。一个国家和一个民族的进步离不开创新，一个企业要想持续地生存和发展下去，也必须勇于创新。美国著名经济学家管理大师熊彼特说：创新是企业家对生产要素的重新组合，创新可促进企业组织形式的改善和管理效率的提高，从而使企业不断提高效率，不断适应经济发展的要求。

1987年，山东华兴纺织集团有限公司（前宁阳县纺织厂）建成，这家看似普通的小厂经过近30年的发展，由1万纱锭的纯棉纺厂快速成长为拥有20万纱锭生产规模的纺织基础性产业，并发展成为全球唯一实现壳聚糖纤维及其应用产业化的战略性新兴产业，二者合为一体的国家级高新技术企业集团。

山东华兴集团自建立以来十分重视企业的创新，坚持实施创新驱动战略，主动应对纺织行业发展面临的挑战，通过持续实施企业创新推动了自身成功的转型升级，成功跻身于全国纺织服装500强企业。

## 一、创新驱动战略提出与发展的背景

### （一）"创新驱动"的由来

迈克尔·波特是最早提出创新驱动的管理学家之一，他以钻石理论为研究工具，以竞争优势来考察经济表现，从竞争现象中分析经济的发展过程，从而提出国家经济发展的四个阶段：第一阶段是生产要素驱动（factor-driven）阶段，第二阶段是投资驱动（investment-driven）阶段，第三阶段是创新驱动（innovation-driven）阶段，第四阶段是财富驱动（wealth-driven）阶段。第三阶段之所以被称为创新驱动阶段，主要原因是：企业一方面借助国外先进理论和技术来优化生产方式，另一方面本身也存在一定的创新表现。当本国企业在发展到一定程度时，如果获得相关产业的技术支持，且有本国有利的市场需求，那么就可以使企业不断创新，这种创新的驱动力就成为了其他新产业的原动力。

### （二）我国"创新驱动战略"的提出

2006年1月9日全国科学技术大会提出，只有把科学技术真正置于优先发展的战略地位，我国才能把握先机，赢得发展主动权；科学技术是第一生产力，是推动人类文明进步的革命力量。2006年的全国科学技术大会，是对科技创新认识与推进的第一个重大战略部署。

2010年10月18日十七届五中全会颁布的"十二五"规划明确提出，增强科技创新驱动，实施科教兴国战略和人才强国战略，提升自主创新能力，加快建设创新型国家。会议将科技创新驱动与科教兴国战略、人才强国战略、自主创新战略和加快建设创新型国家联系起来，开始努力寻求驱动力的来源，是对创新驱动力重要性的新认识。

2012年年底召开党的十八大会议明确提出："实施创新驱动发展战略。以全球视野谋划和推动创新，提高原始创新、集成创新和引进消化吸收再创新能力，更加注重协同创新"。可见，在新的时代背景下，实施创新驱动战略也是企业未来的发展趋势。

### （三）当前我国实施创新驱动战略的意义

实施创新驱动发展战略，不仅能提高我国经济增长的质量和效益，而且对加快转变我国经济发展方式具有现实意义。科技创新不是单一的创新，不仅可以直接转化为生产力，转化成科技产品，它还具有乘数效应，可以通过科技创新进行集成创新以及协同创新，从而推动整体生产力的进一步发展。将创新驱动战略真正落到实处，对建设绿色中国、改善居住环境、提高人民生活水平、增强人民幸福指数具有长远意义。实施创新驱动战略，既可以减少资源浪费、降低污染，改变以过度消耗资源、破坏自然环境为代价的低成本优势的发展模式，又可以提升企业竞争力。

### (四) 创新驱动战略是纺织行业发展趋势的最新要求

目前，纺织行业面临着基础研究相对薄弱、产业创新缺少基础支撑、行业缺少具有引领作用的创新主体等尖锐的矛盾。要解决上述矛盾，整个行业应坚持实施创新驱动发展战略，不断开发高新技术和高质量的产品。

近年来，纺织行业全面落实《纺织工业"十二五"科技进步纲要》，全行业加大科技投入强度和创新队伍成长，行业关键共性技术取得一系列突破，大批科技成果进行产业化，产品差异化、产业信息化、企业管理现代化等取得显著成效，行业自主创新能力明显提高，整体工艺技术和装备水平快速提升。可见，坚持实施创新驱动发展战略，我国纺织行业未来一定能取得好的创新发展成绩。

### (五) 创新驱动战略是保持企业低成本竞争力的需要

改革开放以来，中国纺织工业依靠的最大竞争优势是廉价的劳动力资源与相对便宜的原材料价格优势，然而随着劳动力成本的提高和原材料价格的上升，纺织工业正在慢慢失去原先的优势，面临着前所未有的压力。与此同时，纺织工业还面临资源、环境约束、贸易环境不确定性等新的挑战。只有少数超大规模的行业巨头才具备应对这些挑战的能力，对华兴集团这样无论企业规模、技术实力还是产品形象都不是十分突出的中游企业，如果没有大的变革，很难实现新的更大发展。因此，华兴集团只有坚持实施创新驱动战略，提高劳动效率和原材料的使用率，把资源环境约束、宏观调控的压力和国内外市场形势的影响转化为促进升级的内在动力，增强企业自主创新能力，企业才能保持低成本，才能在竞争中长久地生存下去。

## 二、华兴创新驱动战略的内涵解析

### (一) 华兴创新驱动战略的内涵

山东华兴实施的创新驱动战略构建起以海斯摩尔新兴产业为主导，以海慈密语品牌运营体系为引领，以先进纺织制造业为支撑的格局。华兴创新驱动战略改变了传统的单一创新模式，更加注重科技创新、原始创新、集成创新，为纺织行业的创新模式注入了一股新流。

山东华兴纺织集团实施的创新驱动战略，主要含义包括四个方面：一是企业的持续健康发展要靠科技创新驱动，而不是传统的劳动力以及资源能源驱动；二是着重从提高原始创新、集成创新和引进消化吸收再创新能力，推动协同创新；三是构建以企业为主体、市场为导向、产学研相结合的科技创新体系；四是加快提升自主创新能力，积极转变经济发展方式，扎实推动各项工作全面可持续发展。

山东华兴纺织集团还确定了"跳出纺织做纺织，依靠科技求转型"的思路，选定了海洋生物高分子新纤维——纯壳聚糖纤维（商业命名：海斯摩尔）作为华兴转型发展的突破口，努力做到"以小纤维做出大市场，以功能化塑造大品牌；以市场化带动产业化，以规模化实现社会化"。公司紧紧围绕"打造百年企业，发展百亿产业"的愿景，以海斯摩尔科技园建设为载体，按照"一二三"的发展战略尽快做强企业、做大产业："一"是指一条主线，即以生物新材料全产业链的产业化为主线，以纯壳聚糖纤维核心技术、核心材料为引领，往上游延伸到原料的收集加工，往下游打通到产品终端；"二"是指两大链条，即民用纺织品链条和产业用纺织品链条，民用纺织品链条是从纤维到纱线—面料—功能性的服饰内衣，倡导"穿出健康"的理念；产业用纺织品链条是从纤维—非织造布—医疗卫生产品，倡导"用出健康"的理念；"三"是指三大平台，即充分利用好"国家壳聚糖生物质新材料研发生产基地""壳聚糖纤维及针织品研发创新基地""中国生物质医疗卫生材料及应用研发基地"的作用，高层次、高水平地整合资源，推进产业快速发展。

### （二）华兴创新驱动战略的设计理念

山东华兴集团注重工作理念的更新，不断与时俱进，转变经济的发展方式。集团所实施的创新驱动战略在设计理念上主要体现为以下五个方面。

#### 1. 与时俱进，"锐"于创新

企业不是一成不变的，随着时代变迁，企业需要不断进行变革和创新。华兴集团从企业的长远发展出发，重构企业技术创新平台，整合并优化科技资源配置，加强技术中心的建设，制订技术创新科技规划，建立科技创新基金，发挥"院士工作站""省级企业技术中心"等科研平台的作用，开创自主创新的新局面，进一步提升华兴集团的核心竞争力。

#### 2. 敢为人先，"勇"于创新

华兴集团注重增强企业的自主创新意识。管理层针对日常制约生产经营的突出问题，敢于打破常规，加大使用国际先进的纺织设备技术，华兴集团首次引入韩国三星集团等国际软件企业开发智能化系统，建设智能纺生产线，同时加大纯壳聚糖纤维等新材料技术研究的攻关、创新力度，加快对纺织高新技术、清洁技术、循环利用技术的应用，不断推进企业的技术创新和可持续发展。

### 3. 借鉴吸收，"巧"于创新

在自主创新过程中，华兴集团善于扬长避短，它充分发挥自己的优势，避开自身不足，通过引进、消化吸收国内外先进技术，不断提高自身的实力。华兴立足企业需求和企业优势，实现原始创新、集成创新和引进、消化、吸收再创新的"三重合奏"。现与香港理工大学等纺织院校及中科院等科研院所保持紧密的联系，不断提高企业的产学研水平，保证企业在创新等方面一直处于领先地位。

### 4. 锻造人才，"能"于创新

科技要发展，人才是关键。华兴集团深知自主创新的活力在人才，自建厂以来，华兴集团努力加强人才队伍的建设，不断完善人才引进、培养和使用的激励机制，营造适合人才培养和高效使用的良好氛围，为创新发展奠定基础。华兴集团还十分重视提高员工的整体素质水平，在日常工作中，华兴集团管理层采取多种形式和方法，提高员工的文化水平和科技水平，不断加强对自有人才的培养。同时，华兴集团采取"产、学、研"相结合，通过对技术含量较高、完成难度较大的创新项目的合作攻关，培养一批专业技术人才，在降低生产成本、高产高效、增产提效等多方面解决各种关键性问题和难题，使企业具备较强自主创新人才优势。

### 5. 营造环境，"利"于创新

增强自主创新能力，良好的环境是保障。华兴通过加强舆论引导，营造兼容并蓄、团结协作、合力攻关的良好氛围。这种良好的氛围使华兴集团的员工安心于科研、潜心于创新，并且增强了员工的责任感、光荣感和事业心；在分配制度上，加大向技术和管理岗位人员倾斜力度，努力从机制上调动员工自主创新的积极性和主动性，使企业始终充满生机和活力，更好地适应激烈多变的市场竞争，逐步建立机制先进、管理科学、竞争力强的现代企业集团。

## 三、华兴创新驱动战略的实施

### （一）创新调整集团内部结构

华兴集团是全国纺织服装500强企业，国家高新技术企业，中国航天事业合作伙伴。在发展过程中，华兴一直大力实施创新驱动战略，大力引进、消化、吸收和创造纺织高科技技术，走出一条基于创新驱动战略的华兴之路。

#### 1. 拓展新的产品线，提高华兴自主创新能力

华兴集团跳出单一棉纺产业，加大科技创新力度，拓展新的高技术产品线，通过自身不断的努力，华兴集团研发生产了纯壳聚糖纤维，这是唯一申报国家

发明专利的医用壳聚糖纤维。壳聚糖纤维产业化项目为华兴集团应对严峻的市场形势提供了强大动力，使华兴找到了转型升级的方向。

目前，华兴集团已形成新材料、纱线、面料和终端产品配套完整、优势互补的高科技产业链条。通过生物新材料战略性新兴产业的引领作用，企业得以稳定持续发展，华兴集团新产品创造的利税占比已经达到40%以上。

**2. 加快产品结构调整，走华兴自主创新道路**

华兴集团致力于企业内部产品结构调整，不断走向高附加值、高端化应用领域，由生产传统纺织品向研发功能性纺织品转变。在调增过程中，华兴集团摸索总结了一套属于自己的差异化增值模式：回收废弃的虾蟹壳每吨市场价值近万元，将它们加工制作成壳聚糖，无论是片状、颗粒状或粉状，可以使产品价值增加十倍，再制作成海斯摩尔的纯壳聚糖纤维，这个过程又可实现产品价值的十倍增长，达到百万级的水平；依此类推，通过面料、非织造布或纱线等制品加工成面膜、卫生巾、纸尿裤、内衣等成品，加工应用于医疗领域的生物医疗产品，如医用的外科植入膜类产品、手术缝合线等高附加值产品，海斯摩尔会在原有基础上再实现十万倍的增值。

**3. 加快原料结构调整，保持华兴核心竞争优势**

近年来，我国棉纺行业受到了棉花资源较大的影响，棉纺织品竞争力下降，所以纺织纤维的原料必须走多元化道路，棉纺行业应充分利用再生、可降解、可循环、对环境友好的生物质资源。华兴集团在创新驱动战略的引导下，正由以前的单纯依靠棉花向使用天丝、莫代尔等混纺原料转变。华兴集团试图调整装备，改进技术，促进原料的升级换代。华兴集团生产的紧密赛络纺混纺纱线已经成为企业的"拳头产品"，自推出以来一直受到消费者的喜爱。随着生物新材料智能纺项目的投产，华兴集团的紧密赛络纺规模达到11万纱锭，华兴集团成为国内为数不多的紧密纺混纺纱规模化生产企业。

**4. 加快装备结构调整，奠定华兴发展基础**

在集团的装备问题上，华兴也一直不敢松懈，华兴重视集团装备的更新，已经引进了世界一流的意大利自动络筒机等先进设备，逐步实施高档自动化设备改造升级，采用高效工艺大幅度减少前纺配置。通过以上创新举措，在大幅提升生产效率的同时，华兴集团使企业在市场竞争中始终占据优势地位。华兴集团通过设备升级、技术改造、优化工艺，降低了企业用工，员工总数由原来3000多人降至目前的1700人，万锭用工由原来的130人降到了目前万锭用工平均60人的水平，生物新材料智能纺项目万锭用工达到15人以内。

### (二) 创新转变企业发展方式

#### 1. 坚持走"专、精、特"华兴之路

华兴集团着眼于企业的现在和未来,将粗放型增长的发展模式转变为集约型增长的模式,将低级经济结构优化为高级的经济结构,由单纯追求产能规模的扩张转向追求质量和效益的提升。华兴集团坚持走"专、精、特"的发展道路:"专",即做专业、差异化发展,专注健康产业、专做差异化产品,普通棉纺 32 英支以下品种全部停掉,开发出了壳聚糖纤维、黏胶与棉混纺、紧密赛络纺等产品;"精",就是生产精品,打造品牌,华兴集团的纱线质量均达到乌丝特 2013 公报 5% 水平,全力打响了华兴纱线"无三丝"闪亮品牌,产品出现了供不应求的可喜局面;"特",就是打造海斯摩尔特色,依托国际领先的技术和海斯摩尔材料独特功能,广泛应用于医疗卫生、服饰面料、航天军工、过滤防护等领域,逐步实现从百亿到千亿的产业带动。

#### 2. 不断研发华兴自主知识产权

2014 年,华兴集团生物新材料智能纺项目奠基仪式举行,这是山东华兴纺织集团和中国船舶(香港)航运(租赁)有限公司联合兴建的高科技新材料项目。生物新材料智能纺项目具有两大突出特点:一是所用原料为具有自主知识产权的海斯摩尔生物新材料。采用紧密赛络纺工艺对各类新型纤维混纺,功能独特的差异化产品,市场竞争优势明显,符合人类追究健康、舒适、时尚的潮流,在医疗卫生、航天军工、服饰面料、过滤防护等领域具有广阔的市场前景和较高的效益回报。二是拟首次开发和采用智能纺控制系统。国内首次使用细纱超长车,粗细络联组成一体纺纱系统,首次开发特色智能纺控制系统利用传感技术进行大数据采集分析、智能调控,互联网和物联网有机结合,全盘自动化、连续化、网络化、智能化生产,实现机器替代人,推动企业由"制造"向"智造"的转型升级。生物新材料智能纺项目代表了当今纺机设备自动化、智能化的最高点,它将引领中国纺织工业进一步实现产业升级。

### (三) 创新发展华兴模式

华兴集团把模式创新作为企业打通产业链、树立品牌的有效手段。它改变了过去建厂—生产—销售的传统路子,按照现代工业产业化的特点,跳出纺织做纺织,向产业链两端发展。从纤维原料、纱线到终端消费者整个产业链,最核心的环节在两头,一个是纤维原料源头,一个是消费者龙头。以技术推动、市场拉动相结合,通过整合上下游、产学研,抓产业链核心两头,带动产业中间协同发展。华兴发展模式如图 1 所示。

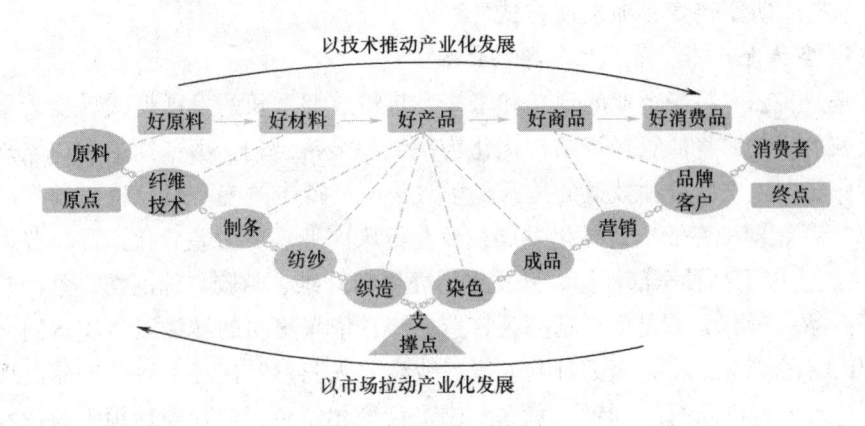

**图 1　华兴发展模式**

按照"借脑"研发、"借壳"生产、"借船"销售的思路，高效整合资源，实现合作共赢。华兴集团已经在技术开发、生产加工、市场应用等方面建立联盟合作：一是技术联盟，与中科院、中检院、东华大学、香港理工大学等30多家科研院所建立产学研结合；二是生产联盟，华兴集团与嘉铭、康平纳、北京铜牛、恒天重工、德国特吕茨勒、瑞士立达等70余家企业建立了生产加工合作；三是市场联盟，与英国Medtrade、台湾明基、雅戈尔、新时代等120余家企业建立了产品开发合作，投向市场。华兴坚持科技、健康的特色理念，正逐步向全国最大的健康纺织材料研发和生产基地迈进。

### （四）完善公司体制，巩固华兴基础

华兴集团不断夯实集团基础，提升企业基本技能，做实基础工作，加强基层建设，促进集团管理的提升。

#### 1. 企业研发体系创新

华兴集团积极吸收外部先进科技力量，先后与香港理工大学、东华大学以及中国化纤协会、中国产业用纺织品协会等相关院校建立了长期的产学研合作机制。比如，华兴集团的壳聚糖纤维医用非织造关键制备技术及产业化由东华大学提供技术咨询服务。华兴在供市场开发、技术引进、人才培养等方面都注重创新，有力地促进了企业的技术进步，积极推进了校企之间的"产学研"结合，联合攻克大量科技难题，开发了一批新技术、新产品，提高了企业的技术创新能力。公司还选派技术研发人员到国内各大高校进修、学习；为国内外同行业提供试验条件，每年开放实验室、设备、生产线等20多次，举办培训班、报告会、专题讲座达20余场次。

### 2. 企业文化建设创新

华兴集团高度重视企业文化建设，力图用文化来引领企业发展，用文化塑造企业形象。多年来，华兴集团紧紧围绕员工最直接的利益，最大限度上满足员工的合理要求。华兴还建立了公司 ERP 系统及公司 OA 系统，成立公司知识银行、职工图书室、阅览室，使员工的文化学习、体育娱乐有了充足的物质保障，并充分利用这些设施开展丰富多彩的文化活动，充分发挥文体活动的文化整合优势，营造积极向上、团结奋进的大氛围。丰富多彩的员工文化活动，不仅陶冶了员工的情操，振奋了员工的精神，而且，使企业精神、企业作风、团队精神不断得以锤炼和升华。

### 3. 企业人才管理创新

人才是企业可持续发展的根本。华兴集团始终坚持以人为本的理念，着力抓好管理队伍、技能队伍、技术队伍建设，通过深入开展"提合理化建议"活动，增强集团员工的参与意识；华兴还搭建了"人人能成才，处处有舞台"的发展平台，新建设的生物新材料智能纺项目将操作工变为技师或工程师，并且把创新性工作作为绩效考核的重点内容，激发了全员参与创新的热情，成为企业发展和人才成长的助推器。

## 四、基于创新驱动战略的华兴模式实施效果

多年来，华兴集团一直在努力实施创新驱动发展战略，并将之作为企业突破发展瓶颈、增强发展后劲的重要抓手。华兴集团实施的创新驱动发展战略涵盖了华兴集团的各个方面，支撑了集团公司的快速发展，获得了经济效益和社会效益的双丰收。

### （一）企业自主创新成果不断突破

华兴集团通过近几年的持续创新，已经成为当地依靠科技创新实现企业转型升级的一个典范。在大项目引进、技术改造和新产品开发上力度大，效果显著，经济质量、经济结构以及发展方式的转变都走在了前列。尤其是拥有自主知识产权的纯壳聚糖纤维产业化项目，技术水平达到国际领先，并拓展了高端领域的多种应用，获得"中国化纤'十一五'技术突破奖"，该产业化项目被列入山东省首批战略性新兴产业重点项目，是中国化纤"十二五"重点扶持项目。华兴牌纱线、海斯摩尔纤维、海慈密语内衣三大类产品成为"中国航天专用产品"，华兴集团成为纺织服装领域唯一的"中国航天事业合作伙伴"。

### （二）企业经济效益和社会效益双丰收

2014年，华兴集团继续保持了持续稳定发展，全年实现销售收入18亿元，利税1.96亿元，同比分别增长12.5%和13.4%。2015年1~7月，公司实现销售收入9.41亿元，利税1.16亿元，同比分别增长12.1%和13.4%。2012~2014年经营情况如图2所示。

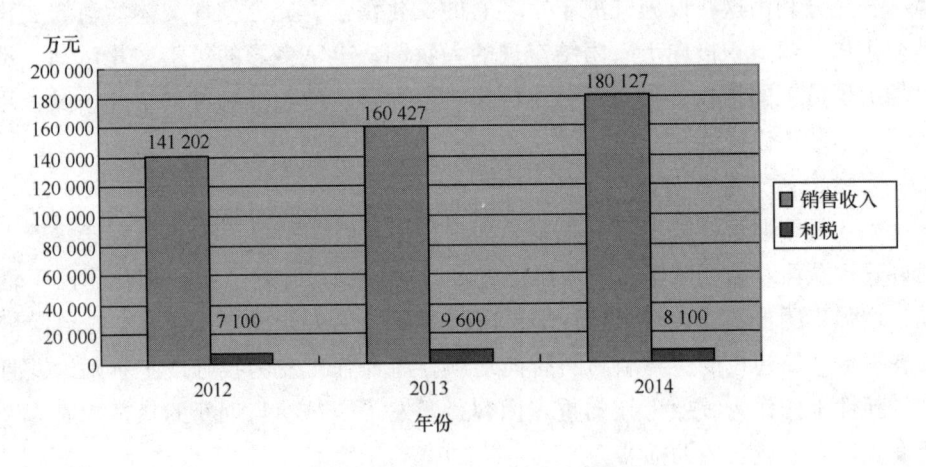

**图2 华兴集团2012~2014年经营状况**

华兴集团被命名为"国家壳聚糖生物质新材料研发生产基地""壳聚糖纤维及针织品研发创新基地""中国生物质医疗卫生材料及应用研发基地"，先后荣获"全国纺织工业劳动模范先进集体""国家级守合同重信用企业""中国化纤'十一五'首批AAA诚信示范企业""全国青年文明号""两化融合示范企业""专利明星企业"等诸多荣誉称号。

综上所述，华兴集团坚持实施创新驱动发展战略，并将之作为企业突破发展瓶颈、增强发展后劲的重要抓手。华兴的创新模式对中国的棉纺企业甚至纺织行业其他部门都有普适借鉴意义，对同类企业进行创新具有很大的参考价值。未来，华兴的创新模式拥有无限的可能，将对中国纺织业的提成产生巨大的促进作用，也将提供一个前所未有的创新性范例。

当前，我国经济发展已进入新常态。新常态其表象在于经济发展速度逐步放缓，其本质则在于经济结构优化升级。经济的新常态也提出了发展的新要求：要从"要素驱动、投资拉动"向"创新驱动、内生增长"转变。面对经济发展新常态，握紧创新驱动发展"舵"，我们相信，华兴的创新模式拥有无限的未来。

# 苎麻产业终端品牌战略的实践

## ——湖南华升集团公司

我们以"开放的心态、合作的思想、创新的精神、共赢的理念"做精做强麻纺织产业，做好"华升·自然家族"系列产品品牌运作，为客户创造价值，为合作伙伴创造价值，实现员工和集团的价值。我们坚信，有广大客户朋友及合作伙伴的关心和厚爱，有华升集团全体员工的努力，我们一定能够实现跨越式发展的宏伟目标！

董事长 刘 政

湖南华升集团公司是一家以苎麻纺织生产为特色的国有独资企业，其苎麻加工生产能力和年出口量占我国苎麻行业的 50% 以上，排名第一。公司产品 85% 以上外销，主要出口市场为欧盟、美国、韩国、日本及南美等国家和地区，近几年新推出服装自主品牌"华升·自然家族"，实现向终端品牌的转变。

在基于苎麻产业的终端品牌战略实践中，华升有效进行了创建服装自主品牌、组织结构调整、关键技术研发、品牌创意文化设计、商业模式等多项创新。

## 一、实施背景

2016 年是"十二五"规划的收官之年，也是"十三五"规划的布局之年。畅想下一个五年，我国纺织服装业的发展必须与 2025 年建设纺织强国的目标相一致，与实现制造强国的部署相衔接，与经济社会转型升级的要求相适应。作为麻纺行业的领军企业，湖南华升决定实施苎麻产业的终端品牌战略，努力打造"华升·自然家族"自主品牌，研发核心关键技术，这是符合国家向纺织强国转变的目标的。此外，这既是提升产业价值链的需要，是应对国际国内经济形势的需要，也是实现企业长期的品牌发展战略的需要。

## (一) 提升产业价值链的需要

长期以来，我国纺织产品出口长期以纱线、面料等初级产品为主，产品附加值极低，我国纺织行业始终处于全球价值链的中低端，这不利于我国纺织企业的长期发展。

湖南华升也没有幸免于难。自从 1988 年，由株洲苎麻纺织印染厂、益阳苎麻纺织印染厂和洞庭苎麻纺织印染厂组成的华升苎麻纺织企业集团公司诞生，集团公司的苎麻产业链还是将主要精力放在苎麻脱胶、纺纱、织布、染整等上游环节，却很少直接出口服装、家纺等高附加值的终端产品。因此，华升集团应重视产业链的延伸，把面料制成成衣，并努力完善服装的设计、营销等下游环节，完善产业价值链。这将有利于提升产业附加值，增加高附加值的终端产品出口，减少初级加工产品出口，并提升企业在全球价值链中的地位。

## (二) 应对国际国内经济形势的需要

近几年，中国纺织处在重要转折期，国际国内经济形势错综复杂。国际市场需求不足，中国纺织出口贸易爆发性的增长期已过去。纺织外贸企业面临诸多严峻的挑战：第一，国际贸易摩擦、贸易壁垒和竞争愈演愈烈；第二，金融危机后，欧美市场颓势依旧；第三，人民币升值导致中国出口产品价格竞争力下降；第四，中国纺织工业的劳动力成本大幅增长和原料价格波动，恶化了产业运营环境；第五，纺织企业还要完成低碳、降耗、节能、减排的各项严格指标，履行企业的社会责任。

除面对世界经济不稳定、不确定因素依然较多之外，当下的中国纺织行业还面临着中国经济增速换档、结构调整、政策转型的重大宏观形势变化。中国纺织行业的发展已进入生产增速回落、结构调整加剧、转型升级明显和社会责任倒逼的新常态。面临严峻的国际国内经济形势，迫切要求纺织企业转型升级，增强自身实力，以利于在激烈的国际国内竞争中获胜。

## (三) 实现品牌发展战略的需要

也许，在 2008 年金融危机前后，人们的消费水平和生活习惯还没有普遍提高，很多高端服装品牌还像一个个贵妇身处偏乡陋巷，曲高和寡，在郁郁不得志中告别了服装舞台。但目前，随着人们消费水平的提高，对服装的品位和品质都有了更高的要求，品牌在人们心目中更加重要，一个企业要想做大做强，就必须能够把品牌做大做强，把品牌打得响亮。

如今，我国服装产业已进入了品牌经营阶段，服装市场的品牌消费已日益向高档化、高价值化消费时代发展。品牌的竞争除了成本、价格、原材料的竞争之外，最根本的发展趋势就是新产品的研发、产品附加值的提高。公司加大研发投入，提升品牌的附加值，是公司占领高端市场的重要途径。

因此，进行产业终端品牌建设，是公司进一步提升品牌文化与内涵，提高公司产品市场占有率的关键举措。

## 二、品牌战略的内涵解析

### （一）品牌战略及其管理的含义

所谓品牌战略，就是指企业为了提高企业产品的竞争力而进行的，围绕着企业及其产品的品牌而展开的形象塑造活动。它是企业为了生存和发展而围绕品牌进行的全局性的谋划方略，是企业整体发展战略的重要内容。在当代，企业的经济发展越来越多地影响到地区经济的发展和国家经济的发展，在各级政府的参与下，又出现了地方品牌战略、国家品牌战略。

品牌战略的直接目标是创立和发展名牌。名牌往往是经济实力和竞争力的象征。一个企业、一个地区、一个国家名牌的多少、大小、强弱，往往反映该企业、该地区、该国家经济实力和竞争力的强弱和大小。尤其是在名牌发展的基础上是否形成了经济实力和竞争力的重要标志。因此，品牌战略就实质来讲，就是名牌战略。比如美国、日本和欧洲一些发达市场经济国家，其经济实力强，很重要的一个方面就是通过它们的名牌产品、名牌企业、名牌经济而体现出来的。

品牌战略的终极目的是发展经济，提高经济运行质量和效益。中国作为一个发展中大国，实施品牌战略是振兴中国经济、走向富强的必由之路。湖南华升集团公司始终坚持要走品牌战略，品牌定位于中高端市场，这是符合时代潮流的。近几年新推出的终端品牌"华升·自然家族"，也是振兴企业转型升级的必由之路。

凯文·凯勒教授认为"品牌战略管理是对建立、维护和巩固品牌这一全过程的管理，其核心思想就是有效监控品牌与消费者的关系的发展，只有通过品牌管理才能实现品牌的愿景。"

品牌战略管理的内容究竟是什么？品牌战略管理的内容就是制定以品牌核心价值为中心的品牌管理系统，来统帅和整合企业的一切价值活动展现在消费者面前，即整合推广的活动，同时优选高效的品牌架构，不断地推进品牌资产的增值并且最大限度地合理利用品牌资产，促进品牌增值和业务的健康成长。

## （二）实施品牌战略的一般路径

一般来说，公司的发展有两种途径：一是自我成长，通过公司自己的努力，缓慢发展起来；二是收购，通过"以大吞小"，迅速扩大企业生产经营规模。同样的，对于纺织服装企业来说，宏观上也一般分为两种路径：一是发展服装自主品牌；二是收购其他服装品牌。

### 1. 发展服装自主品牌

发展服装自主品牌，几乎是在国内得到长足发展的中国服装品牌的原梦。

在中国服装品牌发展的道路上，中国最初的大手笔来自杉杉集团。于1996年在北京耗巨资创立高级女装成衣品牌法涵诗，聘请当时国内最有影响力的设计师张肇达、王新元担纲，设计风格、面料、做工、价格以及价值直指国际一线女装品牌。法涵诗更是于1998年斥巨资数千万元举办"不是我，是风"大型服装秀巡演，在北京、南京、成都、上海和香港等多个大中城市巡演二十多场。但喧嚣过后才发现，那时国内的高端女装消费需求还未成气候，法涵诗女装最终像一个曲高和寡的贵妇，告别了服装舞台。但杉杉的例子告诫我们：发展服装自主品牌，不仅是在一地生产和打响一个品牌那么简单，它还包含品牌文化、品牌设计、产品、市场渠道、品牌传播等诸多内容和实践。

值得注意的是，近两年也有一些中小企业另辟蹊径，避开欧美西方国家对中国服饰文化的排斥，将一些与中国有着相似经济发展、文化传统、服饰习俗和消费习惯，并且对中国文化持接受观念的亚洲国家作为中国服装自主品牌直接输出的第一个台阶，对这些国家以对待"偏远省份"的心态尝试着开发品牌专卖店，取得了意想不到的收获，也引起了中国纺织工业联合会和中国服装协会的关注。

### 2. 收购其他服装品牌

服装企业的品牌战略实施，还可以是收购其他服装品牌，这种路径的关键是以并购方或合资方的身份而非独立企业的身份进入某个市场。其优点是能够利用被收购或合作品牌在当地已有的影响力，缩短目标市场对品牌的认知时间，减少品牌推广成本；缺点是需要一大笔资金费用，而且还需要融合与被并购方或合作方之间的关系。

为实现资源整合，中国服装品牌并购海外知名品牌的案例也比比皆是：思捷环球收购美国品牌，奥康并购万利威德，雅戈尔收购美国新马公司，歌力思收购欧洲高端女装品牌Laurel。通过资金、市场、品牌和技术等方面利益置换，或通过投资营销批发公司或服装零售商，中国企业有望以强势资本跨国运作的方式，迈出中国服装的全面国际化之路。

### 三、华升的品牌战略路径选择

不同背景的服装企业在实施品牌战略时，往往会选择不同的途径。华升集团则坚定地选择一条发展服装自主品牌的战略路径，大力投入自主服装品牌"华升·自然家族"，促成终端产品的集成创新。

华升发展自主服装品牌是结合企业自身实际的结果。作为一家拥有苎麻原料、纱线、面料的纺织企业，华升集团若能注重产业链的延伸，将终端品牌战略稳扎稳打地实践好，就能在严峻的国际经济形势下，提升产业的附加值。但若是采取高强度的品牌宣传手段，或斥资收购其他品牌的方式，对于一个国有企业来说，则管理成本太高，在目前的情况下是行不通的。

"华升·自然家族"品牌的目标客户群为30~55岁，具有一定经济收入，心灵层面向往宁静、自然的都市人群。品牌面向中高档市场，以麻类纤维为特色并结合其他天然纤维，走差异化产品路线，针对向往宁静和品质生活的都市新贵族，开发出衬衣、裤装、休闲服、T恤、袜子、家居服、毛巾、围巾、靠垫、凉席及床上用品等服饰家纺家居产品，并倡导"自然生态、低碳环保"的服饰文化和生活方式。

集团依托现有资源，通过服装自主品牌"华升·自然家族"，面向终端消费市场，传承和弘扬传统的麻文化，以科技创新演绎经典风尚，阐述了自然之美。

总的来说，湖南华升集团的终端品牌战略，主要是注重产业链的延伸，做好制造业微笑曲线价值链的两端——设计和营销。通过夯实技术创新体系，一是做好苎麻的脱胶、纺纱、织布、染整等环节的高附加值技术含量设计；二是做好终端产品的创意设计，并利用国有企业体制的优势做好大规模定制营销服务。让终端品牌战略在实践中不断总结经验，不断创新，追求今天比昨天好，明天比今天更好。而这正是湖南华升集团公司实施"苎麻产业终端品牌战略的实践"项目的初衷。

### 四、品牌战略管理创新体系

#### （一）创建国内服装自主品牌

华升集团公司的产品85%以上都是外销，但是面临一个问题是总销量始终不大。于是，面临国际市场环境的倒逼机制，在国内市场需求旺盛环境看好的情况下，华升集团决定将矛头转向内需，创建了本土服装自主品牌"华升·自然家族"。"华升·自然家族"品牌以麻类纤维为特色，结合其他天然纤维，开发适合内销的含麻类衬衣、休闲服、T恤、袜子、家居服、毛巾、床上用品等服饰家纺产品。

2012年，公司主打自主品牌"华升·自然家族"品牌成功入围工信部首批141家工业企业品牌培育试点企业。通过开展工业企业品牌培育试点工作，公司建立了完善的品牌培育管理体系，提高了企业品牌培育的能力和绩效，为下一步自主品牌建设夯实了基础。

目前，自主品牌建设还处于检查评价、持续改进环节。终端品牌领导小组办公室组织对品牌发展活动进行检查评价，提出改进意见，建立工业企业品牌培育管理能力评价与改进机制，提高企业品牌培育管理有效性。

未来，"华升·自然家族"品牌将通过与国内某"金顶奖"时装设计师及其团队进行合作，在上海建立品牌研发创意中心作为基地，形成苎麻创意设计园地，继续推动品牌设计的发展。此外，还将利用"互联网+"，将互联网思维运用到品牌推广及市场营销当中，推动传统苎麻纺织产业向前沿的多元化品牌发展模式发展。

### （二）建立以品牌战略为导向的组织结构

#### 1. 成立终端品牌领导小组

为了明确责任分工，华升集团成立了以总经理李郁为组长、其他主要领导任副组长、各单位各部室主要领导任成员的终端品牌领导小组。领导小组的主要职责是决策品牌战略发展重大事项，负责全公司开展品牌战略发展活动的指导、部署、检查和评价。

在领导小组的领导下，成立品牌发展办公室，负责品牌战略方针的制定工作，制订各阶段、环节的工作计划，负责品牌发展活动的具体组织实施、协调及检查工作等。这有利于集团公司各部门根据职责分工，按照活动的主要内容，承担相应工作，并做好协调配合工作。

#### 2. 优化公司内部组织结构

为提高品牌战略的可行性，提高组织效率和活力，华升集团利用先进的组织管理理念重新诊断组织流程，结合公司法人治理结构、集团管控体系，完善以品牌战略为导向的组织结构。

（1）建立以行政为主、群体为辅的技术创新平台体系（图1）。在公司的国家级企业技术中心组织体系的布局中，公司集中集团优势进行技术创新、产品研发，进行产品结构调整，优化资源配置，对下属各企业技术中心进行系统的规划和管理。

（2）采用职能式—扁平化组织结构。集团公司分权湖南华升服饰股份有限公司，具体负责"华升·自然家族"的品牌运作。公司组织结构根据管理

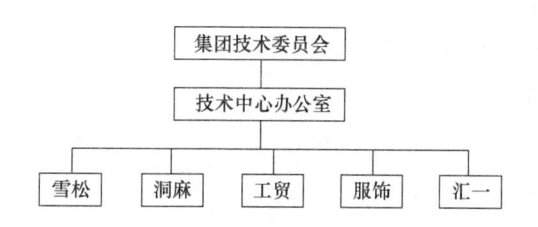

```
           ┌──────────────┐
           │ 集团技术委员会 │
           └──────┬───────┘
           ┌──────┴───────┐
           │ 技术中心办公室 │
           └──────┬───────┘
    ┌──────┬─────┼─────┬──────┐
  ┌─┴─┐ ┌─┴─┐ ┌─┴─┐ ┌─┴─┐ ┌─┴─┐
  │雪松│ │洞麻│ │工贸│ │服饰│ │汇一│
  └───┘ └───┘ └───┘ └───┘ └───┘
```

**图 1　公司的技术创新体系组织结构**

专业化程度划分为多个职能部门：品牌生产部、品牌采购部、品牌研发设计部、品牌企划部、品牌营销部、品牌人事部、品牌财务部。在品牌的成长发展阶段，采用职能型组织结构，可实现专业化管理，将资源最大化，易于管理。

3. 建立品牌工作的组织机构保障

根据品牌战略目标选择考核方法，建立绩效考核体系，通过签订经营责任书，量化品牌发展目标责任制，把工作目标分解落实到每个岗位、每一位员工身上，以提高组织管理的执行力。

## （三）夯实技术创新体系

技术创新是一个企业发展的核心竞争力，品牌的发展离不开科技进步。要提升品牌附加值，就必须提高产品的科技含量。华升集团作为苎麻行业唯一一家拥有国家级企业技术中心的公司，紧紧围绕品牌战略的发展目标，通过技术创新提高科技贡献率和品牌贡献率，引领苎麻产业转型升级，进一步提高终端品牌产品附加值，以推进服装自主品牌核心竞争力建设。

1. 充分发挥"院士工作站"作用

为了提高公司的创新能力，2014年湖南华升以技术中心为主体，成立了苎麻行业唯一一家院士工作站，使华升集团技术中心与高校的产学研长效合作翻开了新篇章。院士工作站是由国内著名纺织专家、东华大学教授、博士生导师、中国工程院院士俞建勇为首的专家团队所组成的科研团队。进站院士团队主要成员还有程隆棣、王学利、李毓陵、刘丽芳、蔡再生等国内纺织工程、染整工程学术界的知名专家。

院士工作站的成立是华升集团技术中心推进产学研合作、引进高层次人才的最新成果；也是政府推动、院士实质性参与、以项目合作为基础、市场化运作的高端企业科技创新平台。院士工作站成立后，公司的现状、发展方向以及在行业中拥有人才、人脉、设备、技术、资金、管理、销售、文化的八大优势有明显提升，提升了华升集团的自主创新能力。

### 2. 重点突破关键核心技术

为夯实公司的技术创新体系，华升集团不断开发科技含量高、附加值高的新型产品，引导苎麻行业的消费潮流。2014年公司开发了苎麻及其他纤维细特系列产品、苎麻针织产品、休闲面料、家纺产品、气流纺纱布及亚麻混纺等200多个纺织新产品，有20多个新产品已实现批量生产，并推向市场。公司承担的多项国家科研项目及省部级科研项目，在麻纺织工艺技术设备方面也取得了重大突破。

公司开展的国家科技支撑计划"苎麻纺织印染深加工工艺技术研究"项目，完成了项目设定的科技指标，于2014年12月5日通过了专家组的项目验收。不久后，华升集团"新型高档苎麻纺织加工关键技术及其产业化"项目，荣获2015年度中国纺织工业联合会科学技术一等奖。专家团队高度一致评价该课题开发的高档苎麻新产品系列，提高了苎麻产品的技术含量和附加值，具有显著的经济和社会效益。

### 3. 研发功能性服装面料

研发功能性服装面料也是当前企业求创新谋发展的一种新趋势。这是因为，新一代的具有独特功能的麻质面料，不仅能引起消费者的好奇心，增强购买欲望；而且能满足一些有特殊需求的顾客群体的特殊需要，比如消防员、要做化学实验的科学家等，而且这些具有特殊功能的服装一般价格也比较昂贵。

基于此现状，华升集团也致力于新型多功能面料的研发。华升集团充分利用其下属企业株洲雪松有限公司、洞庭麻业有限公司两个工厂的加工优势，引进先进面料和设计系统，把苎麻与其他天然纤维棉、丝、毛进行集成创新，使各种纤维优势互补，开发优质多功能的麻类纺织面料。

以科技创新、特效防护为研发宗旨，湖南华升集团公司采用纳米银纤维电磁屏蔽技术和特种助剂进行面料整理，研发生产了多种功能性阻燃防火、防酸碱、防静电、抗油拒水、防紫外、防水透湿、高强效复合功能性面料，可广泛满足机械加工、矿山、冶炼、化工生产、电力等特种行业的服用功能。

## （四）加强品牌创意文化设计

"华升·自然家族"的品牌愿景是以文化创意驱动品牌建设，把创意、时尚、文化作为生产要素，融入到产品研发和生产过程中，提高产品的文化内涵和附加值，树立品牌的文化精神和价值，引导市场的潮流趋势，把握市场的主动权。

华升集团的领导层也强调，在进行结构调整、产业升级时，强调从要素成本优势逐渐转向创意时尚、文化驱导以及品牌优势。

1. 350平方米生活馆主推苎麻文化

2014年5月20日,"华升·自然家族"品牌350平方米的生活馆开幕,通过家居家纺、休闲服饰、职业服装、高级定制四个板块,突出"自然风、健康潮、华升情"的品牌宗旨,传递一站式体验式的购物理念,传达时尚流行趋势与传统麻文化的完美融合理念,以及自然健康的品质生活方式。"华升·自然家族"品牌生活馆形成了多系列麻纺产品供消费者一站式选择,并紧紧围绕顾客的文化体验为诉求,针对服务对象的消费心理,利用传统麻文化,形成一种文化氛围,有效影响顾客消费观念,促进消费行为的发生。

"华升·自然家族"生活馆(图2)以品质乐活氛围的陈列方式为主,将服饰、家纺与家居家饰生活用品集合在生活馆内,赋予统一的服饰文化和生活环境主题及其生活方式,让消费者在同一个店铺里,享受到服饰穿着及与生活环境整体相协调的搭配方案。

未来,华升集团还将与醴陵陶瓷文化、益阳茶文化等湖湘特色产业进行完美嫁接融合,体现传统文化的无穷魅力。

图2 "华升·自然家族"品牌生活馆

2. 校企合作,为创意设计添彩

为充分发挥苎麻的创意设计,湖南华升把眼光投向了国内一些知名服装院校和一些新一代的学生设计师。近几年,湖南华升冠名湖南女子学院艺术设计系的应届毕业生服装设计作品,隆重邀请武汉纺织大学的学生参与"华升·自然家族"品牌产品设计,并将公司的苎麻面料进驻到北京服装学院的面料库。

通过加强多家院校的校企合作，开展"产学研实习基地"建设，让更多的在校大学生接触到、深刻认识到苎麻面料，一方面学生的创意设计对构思服装品牌运作有一定的帮助作用，另一方面也为在校学生提供一个实地学习的课堂，还为即将走入社会的未来服装设计师们提供了一个选择优质面料的桥梁，让苎麻面料的影响力将随每一届学生的毕业而日渐扩大。这些都无形当中宣传了公司的苎麻面料及"华升·自然家族"品牌。

**3. 精心打造五大产品系列的设计风格**

产品的系列规划是品牌战略的主体，没有产品就没有品牌。"华升·自然家族"品牌通过自然与工艺实践相结合，在品牌传承和文化弘扬中寻求创新，提供既有高科技含量又充满人性关怀的新产品、新服务。"华升·自然家族"品牌产品分为以下五大系列。

（1）自然之美。华升集团集原材料、生产、加工、制造、销售于一体，充分重视原材料的选用，以珍贵的苎麻纤维为主要原料，突出天然纤维的特色，给人自然、安全的感觉。

（2）贴心定制。"华升·自然家族"高档西服定制：用高档的面料、贴心的量身、严谨的设计、一流的做工、周到的服务，为广大企业家、高级白领量身定制西服。"华升·自然家族"高级制服定制：从面料选定到制版、裁剪、成品，再到包装都有严格的质量保证。用精湛的工艺、合理的价位和周到的服务感动顾客。

（3）特种功能工装系列产品。虽然是具有特殊功能性的服装，但力求服装设计简单大方，穿着舒适、挺拔，做工精细，外观俊美，安全性能高，既可广泛应用于机械加工、矿山、冶炼、化工生产、电力等特种行业的服用功能，又可充分展现一个服务人员的方便与干练。

（4）休闲系列产品。湖南华升集团公司以高档商务休闲为设计定位，为高档商务休闲群体生产衬衫、T恤、裤子、夹克、西服等多种麻类、含麻类服装，色彩款式紧跟时代潮流，产品加工精细，制作精良。内穿感觉贴身舒适，外穿凸显高档时尚。

（5）"品质生活"家纺家居产品。"华升·自然家族"品牌的家纺家居系列产品，如亚麻、苎麻、大麻、麻棉等多种系列的靠垫、床上用品、窗帘等共同演绎了家纺产品的经典、时尚和永恒。

**（五）商业模式的创新**

华升集团现与湖南机场、湖南移动、湖南日报报业集团、湘投控股、兴湘集团、华菱集团、兵器集团等近20家大型国有企业达成战略联盟。这无疑是华升集团的又一个新起点，同时也是品牌战略中商业模式的创新。

华升集团不仅通过承接这些大型国有企业全体员工的职业服定制业务，完成了制服、工装、西装、毛衣、冲锋衣等的自主设计和生产；还通过产业联动与合作，形成资源共享、优势互补等战略目标；通过由质量、创新、快速反应、社会责任等基本要素构成的"四位一体"的价值体系。这些都促进了战略联盟的形成，和各企业之间的合作共赢。

## 五、实施效果

### （一）经济效益的改变

华升集团大力投入服装自主品牌"华升·自然家族"，取得了不错的经济效益（表1）。2014年，"华升·自然家族"品牌已与多行业企业签订了购销合作协议，提供品质优良、高技术含量的职业服装。其中，负责"华升·自然家族"品牌的湖南华升服饰股份有限公司在2014年全年完成销售收入3357万元，比上年633万元增长了432%，超额完成了集团和上市公司下达的2014年的销售收入目标，实现利润151万元，较上年143万元增长5.3%。

表1　2014年华升集团推出"华升·自然家族"的营业情况

| 指标名称 | 2014年实际完成 | 2013年实际完成 | 增减数额 | 增减比例 |
| --- | --- | --- | --- | --- |
| 销售（营业收入） | 3357万元 | 633万元 | 2724万元 | 432% |
| 利润总额 | 151万元 | 143万元 | 8万元 | 5.3% |
| 净资产收益率 | 3.85% | 4.31% | -0.46% | -10.67% |
| 总资产报酬率 | 5.06% | 5.93% | -0.87% | -14.67% |
| 销售（营业）利润率 | 1.58% | 22.59% | -21.01% | -93% |
| 资本保值增值率 | 105.20% | 104.93% | 0.27% | 0.25% |
| 全员劳动生产率 | 0.33万元/（人·年） | 0.3万元/（人·年） | 0.03万元/（人·年） | 10% |
| 流动资产周转率 | 125.44% | 30.06% | 95.38% | 317.29% |
| 资产负债率 | 31.18% | 16.08% | 15.10% | 93.91% |

资料来源：企业内部资料《苎麻产业终端品牌战略实践》。

2014年年末，华升集团总资产187951万元，固定资产净值184550万元，资产负债率40.65%。2014年营业收入90003万元，实现利润11847万元，纺织品出口总额8117万美元。

### (二) 品牌美誉度的改变

品牌美誉度是品牌实力的组成部分之一，它是市场中人们对某一品牌的好感和信任程度，它是现代企业形象塑造的重要组成部分。华升集团在致力于终端品牌战略的实践中，塑造了"自然华升·品质生活"的美好形象，提高了公司品牌知名度和美誉度。

湖南华升还得到了兄弟企业的认同，特别是品牌文化作为品牌的核心要素，促进了品牌价值的提升。其中，华升集团公司被列为"中国工业企业品牌竞争力 2013 年度评价表彰企业"。湖南华升服饰股份有限公司被评为"中国麻纺行业十大影响力品牌"，并获得"中国麻纺行业市场开发贡献奖"。"华升·自然家族"品牌的作品《和》也获得了"金麻奖"2014 中国麻纺产品设计大赛二等奖。2015 年度，华升集团"新型高档苎麻纺织加工关键技术及其产业化"项目，荣获中国纺织工业联合会科学技术一等奖。这些都极大地提升了企业的品牌美誉度，对企业来说更是一种珍贵的无形资产。

### (三) 社会效益的改变

湖南华升的终端品牌战略实践取得圆满成功，不仅有利于企业自身的发展，而且能激发产业联动效应，促进当地地区经济发展，缓解未来的就业压力。

同时，作为我国苎麻行业的领军企业，湖南华升的品牌战略实践得好，在业内还会存在广泛的借鉴意义。引来了同行业争相学习，为提升麻纺行业的整体发展水平做了一定的贡献，给中国企业走出去树立了榜样。

最后，世界苎麻在中国，中国苎麻在华升，湖南华升努力弘扬中国"麻文化"，也让更多的人认识中国文化和中国服饰。

# 以价值传递为核心，打造共赢发展的管理模式

——德州恒丰集团

纺织企业正经历着产业升级大洗牌，无数企业在这次大洗牌中遭淘汰，那么，什么样的企业能够生存下来？一定是经营管理科学规范、资源整合有效共赢、注重品牌品质提升、满足客户价值感受、勇于创新创造又善于协同作战的企业。

理事长　苏建军

随着全球经济环境的变化，外需拉动经济增长的因素正逐渐降低，中国经济增长的脚步也逐步放慢。2008年，金融风暴袭击全球，在这种经济环境中，再好的企业，也难以独善其身，无论拥有高质量的产品还是一流的服务，也难以适应当下的市场。纺织企业如今也正处在"内外交困的艰难时期"，利润率也在不断降低，纺织企业为数众多，要想从中脱颖而出，未来必须在塑造自己品牌的同时走共赢发展的道路，转变传统的单一经营模式，走出一条真正的自主创新之路。

德州恒丰集团成立于2011年9月，目前规模为120万纱锭，拥有员工10000人，总部位于山东德州陵城区恒丰工业园，园区占地面积107万平方米，毗邻高铁新区，交通便利，环境优美。集团现辖德州恒丰纺织有限公司、陵县恒丰纺织品有限公司、平原恒丰纺织科技有限公司、临邑恒丰纺织科技有限公司和实业等25家理事单位（共有29家企业）。德州恒丰集团是一家集特种纤维纱线研发生产、羊绒精纺纱线、羊绒衫、高档服装生产为主，集纺织原料贸易、仓储、物流、房地产开发为一体的现代化大型企业集团。

## 一、以价值传递为核心，打造共赢发展管理模式的背景

### （一）外部环境的挑战

中国经济已进入新常态，结构调整在加快，潜在增长率趋于下降。除此之

外，全球贸易低速增长，外部需求疲弱态势仍将持续；国内投资基数已经十分巨大，投资增速将回归常态；消费总体仍将保持平稳。当下，纺织服装行业正面临着诸多挑战，中国纺织服装业在国际市场占有率超过30%，国际时尚消费与贸易仍持续增长，国内服装零售一直以两位数增长，国内运动装、休闲装相继遭遇库存积压困境，大品牌纷纷收缩门店，传统"追底杀低"的竞争模式面临严峻挑战。21世纪是一个大合作的时代，在新世纪的市场条件下，独自纺纱织布的企业将会面临前所未有的困难，单打独斗远远赶不上大家相互融合中的联合发展，服装企业要想生存下去，必须走共赢发展的新路。

### （二）德州恒丰集团生存和发展的需要

30年前，德州恒丰集团初期属于国有企业，到1996年，企业生产规模达到7万纱锭，但是在1996年后，企业开始进入停滞期，恒丰集团的生产已经开始非常艰难，7万纱锭和300多台有梭织机，当时职工有2800人，产能很低。2008年，德州市政府果断决定，把有希望自救的企业从集团中分离出来，自此恒丰由国企改制为民营企业。改制之初企业负债1.6亿，资产负债率高达150%，再加上国际金融风暴对纺织业的洗劫，恒丰直逼到生死抉择的关口。以苏建军为首的领导班子多少个不眠之夜研究讨论，最终决定以发展的思路解决企业存在的问题。利用老国有企业的管理优势、研发优势和市场优势，继续为客户创造价值，实现企业自救。建设新公司的规划出来后，班子成员带头并发动管理人员、骨干员工参与入股。德州恒丰集团改制之所以取得很好的成效，就在于抓住了"股权多元化"这个关键点。

### （三）德州恒丰集团科学抉择的需要

德州恒丰集团是协会性质的组织，各成员企业为集团理事单位，独立法人治理，相互之间资产独立、核算独立、自负盈亏。集团的管控模式，是各公司董事会申请加入恒丰集团，并委托集团对企业的运营进行统一管控、服务。这种独特的协会性质集团的管控模式，实现了各公司以价值创新为核心的优势互补、大宗物资采购、市场统一管理等集团化运作的规模优势，使新建理事单位都在高标准基础上投入生产，起步就跻身高端市场行列，而且通过大宗物资采购可以轻装上阵，共赢发展，现在集团的成员企业已经扩大到25家理事单位、29家企业。

## 二、以价值传递为核心,打造共赢发展管理模式的内涵解析

### (一) 德州恒丰集团管理模式的内涵解析

德州恒丰集团营造出一条独特的创新思路:在统一的"仁和与恒丰"文化价值观指导下创造价值,并通过统一规范的管理方式、强大的团队文化、标准化的管理流程、科学的管理工具,使价值流动、传递,形成了互动互生、共赢发展的企业生态圈,保持了集团各公司的快速发展,增强了集团的核心竞争力。

### (二) 德州恒丰集团管理模式的目标

企业唯一能够与市场交换的就是价值,当前纺织市场形势不甚乐观,单打独斗的企业很难能够走长远,抱团发展是大势所趋,德州恒丰集团的价值传递、协调管理、共赢发展正是很好地适应了当前纺织形势、企业发展规律,所有理事单位协同发展、独树一帜,共创纺织美好未来。在集团的统一管理下,所有理事单位尤其是新建设的企业,能够快速复制成功的企业建设经验和优秀的管理经验,规避不成功的做法,堵塞漏洞,减少浪费。成熟的企业,同时也可以把优秀的管理人才,向新建设的企业进行输送,实现资源共享,快速扶持。这种优势互补,即是价值传递的结果,促进了各公司的互动迁善、优化升级。

## 三、以价值传递为核心,打造共赢发展的管理模式的实施

德州恒丰集团以价值传递为核心,打造共赢发展的管理模式,主要是由六大体系来支撑,分别是团队建设优势、专项管理优势、自主创新优势、执行力建设、信息化建设、企业文化建设。

### (一) 注重以人为本,加强德州恒丰集团团队建设

员工,是任何一家企业运转的最基本要素,企业要想持续地发展下去,人才是关键性因素,德州恒丰集团深知团队建设的重要性,始终把培育创新型人才,加强企业团队建设作为企业发展的基石。集团在统一管理模式的前提下,通过不断的努力,打造出了一支"团结拼搏,永不言败"的坚强团队。集团目前有25个理事单位,中高层管理人员共330人,如此庞大的管理团队,集团一直保持高效协同和优势互补,并实现管理人员的绝对成长。

#### 1. 重视管理人员保障功能

德州恒丰集团首先统一集团的发展目标和发展方向。通过多种方式与各级管理人员进行宣讲沟通关于集团的战略规划、长期目标,在达成共识一致后,列入个人战略目标,充分实现企业目标与个人目标的高度统一;其次,恒丰集

团坚定员工的信念,规范每一位员工的行为。集团定期开展管理人员理想信念教育,强化纪律意识,集团企业文化部建立了管理人员民主测评制度,每个季度都对中高层管理人员和各公司领导班子进行民主测评,由员工对管理人员和领导班子进行评分,对民主测评中成绩落后或某一方面工作得分低的,总经理进行谈心或诫勉谈话,并帮助其改进;对综合成绩特别差的,警告或降职、免职处理;对班子民主测评最差的企业,集团理事长和分管总裁将与其总经理进行深度沟通谈话,寻找管理漏洞和不足,限期改进。通过管理人员的提升,保障了集团所有工作都能够在"人"这个高素质基础上创造价值,并实现价值的传递,图1所示是恒丰集团2015年第一季度各公司领导班子民主评议结果。

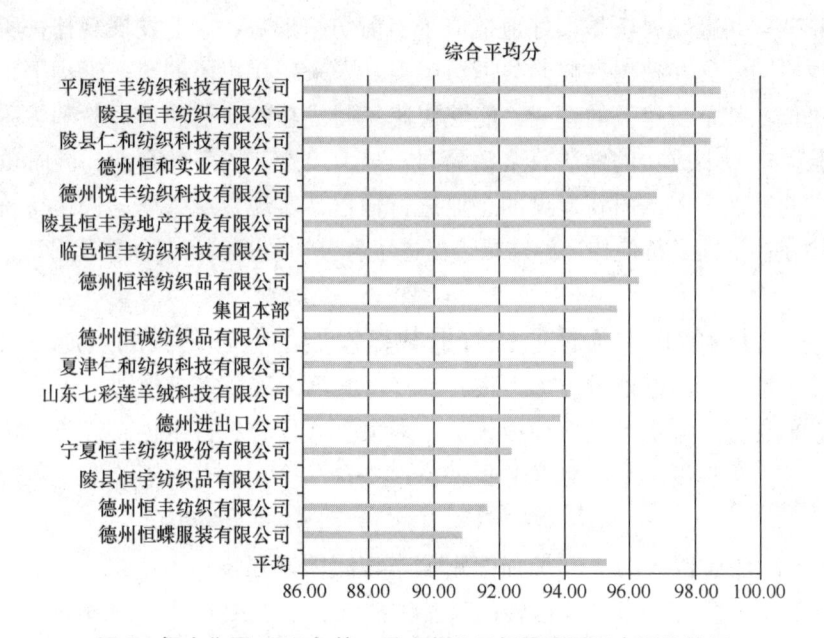

**图1　恒丰集团2015年第一季度各公司领导班子民主评议结果**

### 2. 推行员工人性化管理模式

德州恒丰集团的万名员工中,90%都是当地的员工,为了打造职业化的员工团队,集团依照尊重员工、关爱员工、培育员工的原则,建立了"快乐工作、幸福生活"的工作氛围。以奖代罚、贴身辅导等管理法,成为了员工认同的管理模式。为了培育员工从农民转化为产业工人,集团分期分批对员工进行心理疏导和体验式训练,让员工变得爱岗敬业、利己利人、幸福快乐,员工视厂为家,员工之间建立了兄弟姐妹般的情谊。为了培育员工成长,集团提出了"企业是一座好学校，领导是一位好老师"的培训理念，并为员工成长建立了五大成长通道（管理人才通道、技术人才通道、先进模范通道、内训师通道、学历教育通道），培育了大批人才，满足了集团快速发展的需求。员工的不断提升，为集团各公司给客户创造价值奠定了基础，这也是整个集团价值创造最中坚的群体。

### （二）专项管理

专项管理充分发挥集中力量办大事的优势，力争在重大专项领域取得突破是未来的一种趋势。企业实行专项管理是我国新时期管理体系改革的重大创举。任何企业的战略规划的实施，都是以项目为载体进行的，保证每个项目的成功，就保证了总体战略的成功。因此，选择恰当的专项管理模式，保障企业重大专项的成功实施就显得尤为重要。

#### 1. 战略管理

2011年9月28日，德州恒丰集团成立并举办工业园奠基仪式，硕大的广告牌上写着"德州恒丰集团工业园差别化纤维百万纱锭项目开工奠基仪式""加快转型升级，创新商业模式，打造百亿元新型纤维纺织产业园"，这就是德州恒丰集团的"双百"战略。如今，德州恒丰集团已经提前实现了百万纱锭的目标，第二个百万纱锭的规划已经列入新三年战略之中。

德州恒丰集团的战略管理，还体现在东移西进的产业转移上。自从国家推行"一带一路"发展战略以来，德州恒丰集团抢抓机遇，积极行动，分别在宁夏、四川、新疆、云南成立了纺织项目，目前这四个项目均已开工建设。未来三到五年，这些项目将成为德州恒丰集团第二个百万纱锭的重要组成部分，德州恒丰集团已经成为纺织行业产业转移的标杆企业。

#### 2. 质量管理

"产品的质量，就是企业的品格和尊严。"这是德州恒丰集团的企业格言，是恒丰对市场的承诺。100万纱锭的规模，分布在大小不等的9个生产型企业，保证产品质量始终如一，是一项常抓不懈、异常严苛的工作。为此，德州恒丰集团成立了质量内控小组，负责产品质量的管理。质量内控小组对集团生产型公司的常规品种进行管控，管控主要分为管理标准和质量标准两大部分。管理标准分成五大系列的管理标准，质量标准分为从分级室到络筒的14个项目的3个级别的监测，并实行集团内部质量认证。产品会根据质量等级被认证为AA级、A级、B级。从2013年正式推行此项管理以来，已经有70个常规品种纳入到系统中，内部质量控制系统把集团所有公司的产品纳入到同一个系统下进行管理，提高了产品质量水平，保证了集团里不同公司的产品质量同步。

3. 成本管理

采购成本是每个企业都很关注的一项成本，如果能减少这部分支出，企业就能够扩大利润空间。德州恒丰集团发挥整体规模的优势，建立了一个大宗物资采购的平台，在大宗原料、配件采购方面集中采购，一方面降低采购成本，另一方面减少各公司库存，降低了资金占用。同时，集团还与多家供应商建立了战略合作关系。例如，细纱车间网格圈是易损易耗配件，2015年，集团与无锡一家网格圈供应商建立了战略合作项目，对集团所用网格圈实行专供，预计每年可以节约网格圈采购费用约120万元。

4. 客户管理

100万锭新型纤维纱线生产规模不仅仅是量的积累，更是服务水平的提升。2015年6月，集团下属公司德州恒丰纺织有限公司接到一个客户的订单，该订单为1100吨30支环锭纺产品，交期紧，订单量大，而当时公司机台都安排有生产计划，很难全部安排下这批紧急的大订单。为了按照客户的交期要求提供产品，集团决定接下订单，同时在三个公司生产，日下机量12吨，经过三个月的生产，按照客户的要求如期分批交货，赢得了客户的赞许。

5. 品牌管理

德州恒丰集团目前纱线注册品牌有"恒宇""奥丰""得洲""仁杰"四个品牌，而且"恒宇""奥丰"是注册多年的商标，产品质量上乘，分别是山东省著名商标和客户信得过商标。拥有三十多年的经验，成熟的基础管理工作是德州恒丰集团创造价值的管理基础，在各项规范的基础管理工作进程中，各公司源源不断地创造价值，输出价值。

（三）注重技术，构建德州恒丰集团自主创新高地

21世纪，市场的竞争就是科学技术的竞争，服装市场也不例外。随着社会的进步，人们的物质生活水平不断提高，人们对实用纺织品的功能性要求越来越高，科技创新的重要性在服装业界显得越来越明显。因此，德州恒丰集团注重自主创新，争创世界一流产品。

1. 加大研发投入，不断进行技术原始创新

德州恒丰集团"双百"战略的实施，强大了自身的研发创新能力，并且将创新管理工作企业化运作。目前，集团投资5000万元建立了省级技术研发中心——德州悦丰科技公司；投资5000万元成立了完整产业链创新的孵化器项目——德州仁和恒丰技术研发公司；夏津仁和恒丰纺织投资2000万元建立了市

级研发中心，三大中心成为了恒丰产品创新的孵化园。三大创新园地把集团技术研发顶尖人物聚集到一起，对新功能性材料、新特性工艺进行研发、推广，为客户提供样品，第一时间让客户看到从原料到布样的效果，提供定制服务。2015年上海的春季展会上，德州恒丰集团专门开设了新材料、新工艺、新技术纺纱的咨询服务，受到了与会人员的赞赏。德州恒丰集团先后有90余项新产品通过省级新产品鉴定，2项新产品填补国际空白，3项获得国际领先水平，59项新产品填补国内空白，5项新产品申请国家专利，5项新产品被列入国家级重点新产品试产计划，7项新产品获山东省科学技术奖二等奖，5项新产品获山东省科学技术奖三等奖，是我国新型纤维研发、创新、生产的领军企业。

2. **不断加强合作技术创新**

同时，德州恒丰集团在自主研发的基础上，也与上下游企业、组织建立了战略合作关系。下游企业提出新要求，恒丰可以联合上游原料供应商联合开发，使新产品的市场化价值和速度得到了急速提升。德州市仁和恒丰纺织技术研发公司聘请行业高端人士，开展从原料到面料的新产品快速孵化工作，与纤维厂家开展高端合作，孵化市场前沿新纤维产品，快速对接下游客户，进行推介，完成纤维市场化过程。下游客户可以在恒丰快速找到最前沿的新产品纱线，同时也可以提出面料新要求，提升整个产业链的新产品研发力度。目前，恒丰集团的战略合作伙伴，有奥地利兰精公司、天竹联盟、德福伦、丝丽雅等。集团积极开展产学研协同创新工作，与中国纺织科学研究院、东华大学、天津工业大学、青岛大学、德州学院积极开展合作项目，形成德州恒丰集团创新系统，为客户提供更加专业化、系统化的服务。

### （四）执行力模型建设

企业的成功要靠出色的执行力作保障，管理创新的成功同样离不开执行力的保障。2010年，德州恒丰集团投资200万元引进了西点执行力模型，开展了执行力专业培训学习，提高中高层管理人员和骨干团队的执行力。目前，集团成功建立了独具恒丰特色的实效管理模式，其中的核心是恒丰价值质询体系。

1. **建立完善的质询体系**

德州恒丰集团质询体系包括第三方监督制度、月度质询会、《周计划周结果》制度、YCYA制度、改善点制度等，凡是工作结果都用价值说话，凡是执行都以流程规范为本，从而形成了整个团队的高效运营。集团各级管理人员都要根据公司年度目标分解、岗位职责要求、当月重点工作、个人战略、亟须改善工作等方面的内容制订当月重点工作项目和目标。目标分为奋斗目标和底线目标，并制订关键措施和时间要求等，作为月度质询会的主要内容。周计划是在此基础上进行分解落实，并按照计划开展工作，同时每周对结果进行总结，对未达成项进行乐捐。

2. 提高团队执行力

为了规范和推进实效管理模式的深化发展，集团还定期组织团队执行力训练，并编辑了集团《执行文化手册》，强化理念的疏导，转变观念，创造性执行。一系列活动的开展大大提高了工作效能，密切了各岗位之间的协同、补位，一举改掉了老企业中推诿、扯皮的不良工作风气，形成了恒丰集团"靠原则做事，用结果说话"的团队执行文化。

### （五）信息化建设

信息化建设是企业通过专设信息机构、信息主管，配备适应现代企业管理运营要求的自动化、智能化、高技术硬件、软件、设备、设施，建立包括网络、数据库和各种信息管理系统在内的工作平台，提高企业管理效率的发展模式。

德州恒丰集团的企业信息化建设开始于 2000 年，当时德州恒丰纺织建立了一套完整的信息管理系统，实现了财务管理、供应链管理、OA 办公自动化等系统的全方面应用（图2）。2013 年年初，德州恒丰集团启动信息化发展新规划，在良好的信息化基础上，展开了信息化的全面建设，完成了环境在线监控、质量在线监控、智能化数字平台等项目（图3）。2015 年 1 月，中国纺织工业联合会、工业和信息化部信息化推进司，联合授予德州恒丰集团"纺织行业信息化改造提升试点企业"称号。信息化建设成为德州恒丰集团进行有效管控的有力手段。

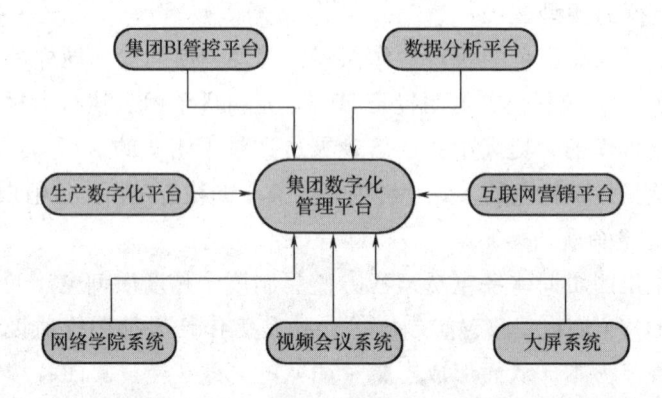

图2 德州恒丰集团数字化管理平台的"四大平台三大系统"

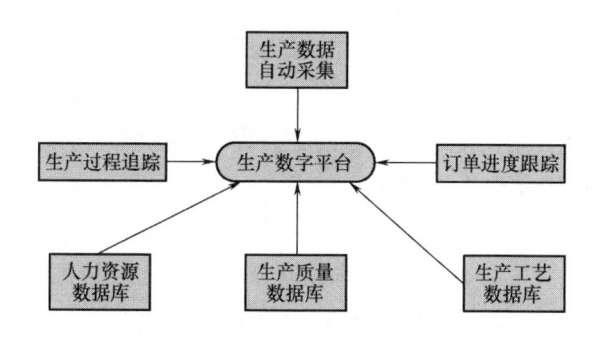

**图3　德州恒丰集团生产数字平台建设架构**

1. **建立环境监控系统**

自2013年开始，德州恒丰集团所有生产型公司陆续安装了空调自动监控系统，目前已安装136套。自动化系统覆盖前纺、细纱、后纺所有生产车间，通过环境监控系统，能够更好地发挥空调系统的空气调节作用，适应现代纺织厂产品对温、湿度的特殊敏感性。在节能减排方面，通过给电脑控制中心输入所要求的温、湿度范围后，可根据车间的温、湿度情况对外风、回风、风量的大小以及水的利用率进行控制，已达到所要求的温、湿度范围。避免因人工调节造成的调节滞后，风量、水量利用不当的问题，减少不必要的能源浪费。

2. **建立在线监控系统**

德州恒丰集团于2013年12月开始提出质量在线监控系统需求，通过多方调研和考察，于2014年2月开始启动实施，目前质量在线监控系统已安装150台套，是一种新型的络筒质量控制系统。通过网络连接，将公司的最后一道工序设备——自动络筒机，建成局域网，时时采集生产质量在线数据，自动生成质量切割纱疵的清纱曲线图。结合各种报表形式对设备运行中存在的问题进行剖析，并可利用远程控制系统发布指令，对设备的生产工艺进行集中调整和管理，对纱线的质量进行远程控制，并能够时时跟踪设备效能、生产产量和产品质量。

质量在线监控系统在德州恒丰集团的广泛应用，实现了生产过程的工艺全部自动化控制，全过程的质量跟踪，初步形成纺织产品质量大数据，具备纺织质量云模型。通过对大数据的分析，对设备生产工艺的集中调整和管理，对纱线的质量进行远程控制，有效提高产品质量，降低能耗，提高生产管理水平，降低纱线的疵点率和条干不匀率等多项质量技术指标，确保产品质量的稳定和产品价格的提高。

3. **建立成品条码管理系统**

在产品生产最后一道工序，利用条码进行管理，用于筒纱传输、包装过程控制、产品运输、产品入库等环节。通过条码系统,进行逐级扫码、盘点、对账等工作,严把产品最终工序质量关,减少产品差错率,提高工作效率,减少用工成本。目前,已有7个生产型公司,成功实行条码管理系统,每天有220吨成品经过系统管理,集团能够进行监测,提高了过程控制力度。

#### 4. 建立公司 BI 智能管控平台

集团把正在使用的财务、进销存、生产 ERP、生产在线监控等系统进行整合,将现有各系统打通,建设统一的数据分析平台,对相关数据进行加工和分析,实现供应链系统、生产系统、生产在线监控系统的无缝对接,同时借助于互联网技术,实现内外网互联,使领导能够随时随地在一个大平台上查看财务、生产、经营等相关信息。该管控平台的推出,为集团实现横向到边、纵向到底的管控模式提供大数据支持,为领导决策提供综合分析信息,提高决策准确率。

#### 5. 生产过程大数据分析

借助于集团企业优势,将恒丰集团旗下 10 个纺织企业的内部管理系统全部打通,建立内外互联的生产过程大数据分析平台。各公司所有品种的生产质量指标、耗能指标、产能指标进行纵向分析,横向对比,建立产品生产最佳工艺模型,制订质量控制最理想指标,形成行业领先的管理体系标准。德州恒丰集团信息化建设,通过四大平台三大系统的实施,一方面提升了即时发现问题的时效性;另一个方面提升了分析判断问题的准确性;同时,还提升了解决问题的联动性,真正做到了企业管理的精细化、价值化。

### (六)企业文化建设

企业文化是企业的无形资产,是企业用之不竭的财富。树立具有自身特色的价值观体系是企业在激烈竞争中获胜的必备因素。企业文化建设研究是企业培养核心竞争力的需要,是人才竞争和市场竞争的需要。

#### 1. 树立"文化强企"理念

"文化强企"是德州恒丰集团管理上的一大亮点,也是集团实现有效管控的重要支撑。德州恒丰集团建立了企业文化体系,其核心理念是"恒丰仁和仁和恒丰";企业哲学是"和谐之中一切皆有可能";企业精神是"团结拼搏,永不言败"。

#### 2. 明确企业文化目标

德州恒丰集团的企业文化建设工作,通过理念导入落地,制度流程建设,行为规范督导等方式,使恒丰文化理念深入员工的思维,促进了员工行为的规范,打造了多方关系和谐、价值观统一、凝聚力强、战斗力强的员工队伍。集团的企业文化得到了行业及政府部门的高度认可。强有力的企业文化建设，把德州恒丰集团的所有分公司紧密团结在一起，为共同的目标团结拼搏，永不言败，促进了集团的快速稳定发展。

## 四、以价值传递为核心，打造共赢发展的管理模式的实施效果

### （一）德州恒丰集团经济效益不断提升

德州恒丰集团主营业务收入连续三年突飞猛进，2012年主营业务收入同比增长19%；2013年主营业务收入同比增长40%；2014年主营业务收入同比增长35%。在2014年棉纺织行业协会评比活动中，入围"2014年度化纤短纤混纺纱行业主营业务收入二十强"，排名第1位；入围"2014年度棉纺织行业主营业务收入百强"，排名第15位，连续三年实现跨越式发展。德州恒丰集团规划再用三到五年的时间建设成为总规模为200万纱锭，年产值达到100亿元的大型企业集团，通过产品结构调整成为国内特种纤维纱线的领航者。

### （二）德州恒丰集团积极承担社会责任

德州恒丰集团大力实施共赢发展的最终目的是实现企业与社会的和谐发展，它是协会性质的集团，拥有公司董事会授予的管理权，所有的理事单位在德州恒丰集团的管理下，统一目标，统一战略，统一为客户创造价值，这种步调一致的管理，更有利于价值链的传递、放大。它先后荣获了"全国纺织劳动关系和谐企业""山东省企业文化建设创新成果奖""山东省企业文化建设先进单位""企业文化创新十佳单位"等荣誉称号，恒丰集团《团结拼搏干事业走出恒丰一片天》论文，在山东省纺织行业2014年度思想政治、企业文化建设优秀成果评比中荣获优秀成果二等奖。

# 盛装装扮文明生态虹桥拓展追梦之路
## ——盛虹"绿色印染"创新管理成果

——盛虹集团有限公司

盛虹集团注重应用自动化设备、数字化信息技术，提高企业的精益化制造和运营水平；发挥节能减排"创新"技术，实现资源循环再生和生态文明；开发绿色产品，提高企业经济、社会效益，增强企业市场竞争力，全面推动印染清洁生产发展。

副董事长　唐金奎

盛虹集团有限公司坐落在素有中国绸都之称的江苏盛泽，是中国规模最大的纺织印染企业之一。公司专业从事化纤长丝类、超细高密类、弹力类等中高档面料、里料的印染加工，面料主要用于服装、家纺、鞋帽、户外运动等。生产能力超过15亿米，产能居亚洲第一。2013年公司全年产值229788万元，实现利税32853万元。

盛虹集团一直积极在传统印染行业向现代化方向转型发展等方面探究。经过22年的立足发展，在推广清洁生产中，盛虹集团注重自主创新，通过技术、管理创新使企业成为国内"绿色印染"的先驱者。企业近年来先后被中国印染行业协会、纺织工业协会、国家发展和改革委员会等授予全国印染行业"十佳企业""节能减排优秀企业""全国循环经济工作先进单位"，不仅取得了一定的社会效益，同时在节能减排综合效益、经济效益上也得到了显著的提升。

## 一、实施背景
### （一）国内外节能减排形势需求

近几年来，环境形势越发严峻，温室效应、能源危机等环境问题日益突出地影响并威胁着我们的生存条件和社会经济。在当前环境形势越发严峻的背景下，节能减排已经成为诸多企业持续发展的主要趋势。党的十八大三中全会提出建设生态文明，建立生态环境保护的市场保障体系。中共十八届五中全会前所未有地将"绿色"与"创新、协调、开放、共享"一起定位为发展理念，绿色发展有望成为发展新动力，推动经济持续增长、提质升级。面对国际环境和国内形势的双重压力，实施绿色化发展增强企业实力，使企业在激烈的市场竞争中取得主动地位。

盛虹集团在国内外节能减排形势下，结合我国印染行业的特点进行创新管理，对生产流程进行规划和管理，实现废物减量化、资源化、无害化，满足了当前的环境要求。将工业污染控制方式从"末端处理"转变为"以污染防范为主"的污染控制战略，实现"绿色印染"。

### （二）印染行业转型需求

国务院编制的《工业转型升级规划（2011~2015）》认为：我国工业传统发展模式将面临诸多挑战，工业转型升级势在必行，同时，国内城镇化进程和居民消费结构升级将为工业转型升级提供广阔的空间。

印染行业始终在我国经济发展中保持一定的增长速度，但我国纺织印染行业在设计理念、质量控制、后整理技术观念、生产管理、技术力量等与欧洲等发达国家仍存在多方面差距，产业结构调整，工业转型升级已经迫在眉睫。印染行业要继续保持平稳增长，必须依靠创新管理，在产业经济增长、规模不断扩大的同时，应更加注重科技进步、科技创新和管理水平的提高，积极应对生产要素成本持续上升的压力，提升赢利能力和水平，提高经济增长质量和效益。

### （三）企业自身发展的需求

作为实现绿色经济的重要手段，清洁生产是指既可满足人们的需要，又可合理使用自然资源、保护环境的实用生产方法和措施。其实质是一种物耗和能耗最少的人类生产活动的规划和管理。因此，发展清洁生产不仅可以有效控制环境污染，减少能源消耗，而且可以增强市场竞争力。

盛虹印染作为中国印染行业的主力军和排头兵企业，积极推行清洁生产。为了实现企业清洁生产的发展需求，盛虹印染一直致力于创建现代印染企业管理模式。经过22年的立足发展，已经积累了丰富的实践技术经验，无论是在设备改造，工艺改进、污水处理等方面都形成了自有的一套方案，各部门各司其职，紧密配合，形成了别具特色的"绿色印染"模式。

## 二、绿色经济背景下的清洁生产理论概述

### (一) 什么是绿色经济

"绿色经济"一词源自于英国环境经济学家皮尔出版的《绿色经济蓝图》一书。绿色经济相对于传统经济而言是一种新的经济发展模式，意在通过有益于环境或与环境无对抗的经济行为，达到共同提升经济效益与环境效益的目的，从而实现可持续发展。

印染作为纺织产业链中附加值增加较高的环节，同时又是能耗、水耗、废物排放量较大的行业。如果在印染行业的发展转型中能以生态、知识、智力为基本要素，以人与自然和谐发展为价值取向，从传统的过度浪费资源、污染环境的发展模式向资源节约循环利用、生态环境友好的科学发展模式转变，则可以推动印染行业实现绿色经济。

### (二) 清洁生产的内涵解析

#### 1. 清洁生产的含义

清洁生产是实现绿色经济的重要手段，是指在生产全过程中持续实施污染预防战略，减少污染物排放以降低对环境和人类的危害。企业实施清洁生产不仅可以有效控制环境污染，减少能源消耗，而且还可以增强市场竞争力。清洁生产内涵广义，适用于工业、农业、服务业等多个领域。

1996年，联合国环境规划署将清洁生产定义为：对生产过程、产品和服务持续运用整体预防的环境战略，以期待增加生态效率并减轻环境的风险。《中国清洁生产促进法》中关于清洁生产的定义为：清洁生产是指不断采取改进设计、使用清洁的能源和原料、采用先进的工艺技术与设备、改善管理、综合利用等措施，从源头削减污染，提高资源利用效率，减少或者避免生产、服务和产品使用过程中污染物的产生和排放，以减轻或者消除对人类健康和环境的危害。

#### 2. 清洁生产的主要内容

清洁生产的主要内容包括三大部分。

一是清洁和高效的能源与原材料利用。清洁利用矿物燃料，加速以节能为重点的技术进步和技术改造，提高能源和原材料的利用效率。

二是清洁的生产过程。采用少废、无废的生产技术和高效生产设备，尽量少用、不用有毒有害的原料，减少生产过程中的各种危险因素和有毒有害的中间产品，组织物料的再循环优化生产，组织和实施科学的生产管理，进行必要的污染治理，实现清洁、高效的利用和生产。

三是清洁的产品。产品应具有合理的使用功能和使用寿命，产品本身及在

使用过程中,对人体健康和生态环境不产生或少产生不良影响,并且危害产品在失去使用功能后应易于回收、再生和复用等。

3. 清洁生产的目标

清洁生产的基本目标就是提高资源利用效率,减少和避免污染物的产生,保护和改善环境,保障人体健康,促进经济与社会的可持续发展。

首先合理利用自然资源,减缓资源的耗竭。即通过资源的综合利用、短缺资源的代用、二次能源的利用,以及各种节能、降耗、节水措施,合理利用自然资源,减缓资源的耗竭。同时,清洁生产也使经济效益、社会效益和环境效益统一,保证国民经济的持续发展。减少废料与污染物的生成和排放,促进工业产品的生成、消费过程与环境相容,降低整个工业活动对人类和环境的危害。清洁生产目标的实现将体现工业生产的经济效益、社会效益和环境效益的统一,保证国民经济的持续发展。

### (三)我国清洁生产的发展

我国与清洁生产相关的活动具有较长的历史,早在20世纪70年代就曾明确提出"预防为主,防治结合"的方针,强调要通过调整产业布局、产品结构,通过技术改造和"三废"的综合利用等手段防止污染。随着环境问题的日益严重,我国明确了"预防为主,防治结合"的环境政策,指出要通过技术改造把"三废"排放减少到最小限度。

1989年,联合国环境规划署提出推行清洁生产的行动计划后,清洁生产的理念和方法开始引入我国,我国政府做出了积极回应。这段时期,我国已认识到清洁生产在环境保护中的重要性,在提出新建、改建、扩建项目时,技术起点要高,尽量采用能耗物耗小、污染物排放量少的清洁生产工艺。

自1993年以来,在国际组织的帮助下,在环保部门、经济综合部门以及工业行业管理部门的推进下,全国共有24个省、自治区、直辖市已经开展或正在启动清洁生产示范项目,涉及行业包括化学、轻工、建材、冶金、石化、电力、电子、烟草、机械、纺织印染及交通等行业。

近年来,我国清洁生产的重点是建立企业清洁生产审核评估验收制度,以及对清洁生产审核制度的创新与完善。这一做法保障了工业企业清洁生产审核质量,并且提高了清洁生产中高费方案的实施率,解决了我国清洁生产实践长期以来一直存在的政府监管缺失、清洁生产审核质量缺少保障性措施的问题。

## 三、盛虹的"绿色印染"管理创新模式

盛虹印染一直致力于创建现代印染企业管理模式，在推广清洁生产过程中，通过点面结合的方式由一厂试点成功后推广至多厂。同时，注重应用新原料、新技术、新工艺和新设备，发挥"创新"的作用来为企业服务，提高企业的经济效益，增强企业的市场竞争力，推动印染清洁生产的全面发展。

盛虹"绿色印染"创新管理（图1）从最基础的管理体系着手，专门建立"绿色印染"相关制度及人员组织结构，明确各项工作流程、内容；之后从技术和管理创新入手，为公司"绿色印染"提供动力和支撑；同时引进先进设备弥补技术不足，并公开产品数据，获得碳足迹认证，鉴定"绿色印染"创新管理实施效果。

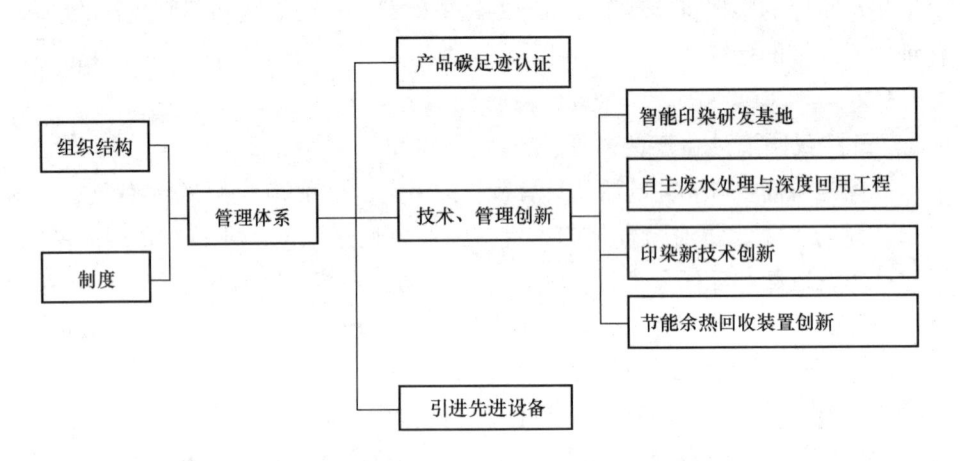

图1 盛虹"绿色印染"创新管理模式

### （一）建设绿色印染管理体系

企业系统的正常运行，既要求具有符合企业及其环境特点的运行制度，又要求具有与之相适应的运行载体，即合理的组织形式。因此，企业制度创新必然要求组织形式的变革和发展。

#### 1. 组织结构

盛虹集团注重生态环境，遵循循环经济法则，采取有机式结构，健全清洁生产、节能减排机制，建立绿色印染管理体系，成立节能减排领导小组，设立节能降耗自主创新办公室，设立能源管理岗位，明确节能减排工作岗位的任务和责任，为绿色印染工作提供组织保障（图2）。

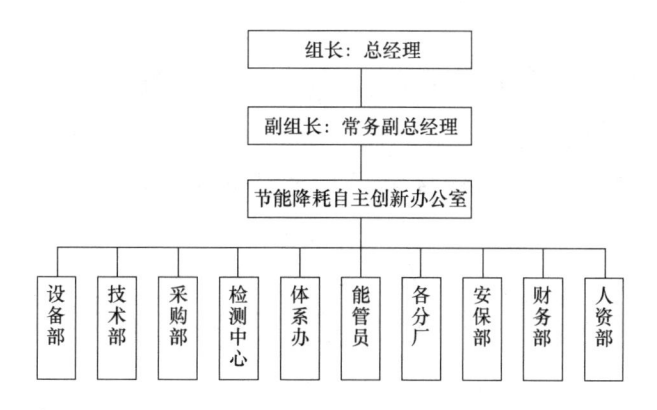

图2 "节能减排领导小组"组织结构图

### 2. 制度创新

盛虹集团立足绿色生产,加强制度保障,组织人员制定了完善的用能管理制度,包括能源采购、仓储管理、用能管理、计量统计管理、消耗定额管理等奖惩考核制度。将节能指标层层分解,落实到分厂、车间、班组,一级抓一级,落实责任,逐级考核,加强监督,强化节能减排目标管理。公司先后获得ISO 9001：2000质量管理体系和ISO 14001：2004环境管理体系认证证书,并获得瑞士纺织检定有限公司颁发的Oeko – Tex standard 100生态纺织品证书和Oeko – Tex standard 1000生态工厂证书。

## (二) 技术、管理两方面着手进行创新管理

盛虹"绿色印染"创新管理模式从技术和管理两方面入手(表1),在节约能源消耗、减少污染排放、智能化提高生产效率及生产技术创新几个方面实现节能减排,发挥"创新"的作用来为企业服务,提高企业的经济效益,增强企业的市场竞争力,推动印染清洁生产的全面发展。

表1 盛虹技术、管理创新

| 创新项目 | 创新重点 | 技术、管理创新措施 |
| --- | --- | --- |
| 智能化提高生产效率 | 全工序 | ERP系统的导入,将印染大生产与信息化管理进行有机结合 |
|  | 仓储运输 | WMS仓库管理系统,智能立体仓储式货架,利用信息技术实时采集数据,自动分配任务 |
|  | 生产流程 | FRID智能条形码技术,匹配生产工艺跟踪 |
|  | 备料活动 | 全自动搅拌输送系统,全自动电脑控制 |

续表

| 创新项目 | 创新重点 | 技术、管理创新措施 |
| --- | --- | --- |
| 减少污染物排放 | 废物处理工序 | 印染废水膜处理中水回用工程，污泥焚烧发电 |
| 产品品种结构创新 | 印染加工 | 将数码喷墨印花与平网印花相结合开发数码机印技术 |
| 余热回收 | 印染加工 | 加装烟气余热回收装置，将回收的蒸汽接入蒸汽供应系统，供印染生产加工使用 |
| 自动化节能印染 | 印染加工 | 染色设备全部安装变频器 |

1. 现代化智能管理基地

2010年起，受盛虹镇城镇规划及周边环境和条件限制，盛虹印染老厂区迁至紧邻热电厂的盛泽纺织科技示范园。新厂区自主设计、雨污分流、生产管道介质及流向标注清晰，工艺流程合理，设备定置管理。并创新的提出"智能化印染"的概念，建立了一个智能化、自动化、高效率、节能减排技术先进的现代化印染生产基地。

智能印染基地车间内规划合理，染色机、定型机等设备排放整齐，各种生产介质管道颜色分明，多方位、多角度采用自动化设备使整个生产流程智能、高效运作。盛虹智能印染基地通过ERP系统的导入，将印染大生产与信息化管理进行有机结合，让纷繁复杂的印染企业管理工作变得高效简洁，做到了精细化管理，标准化生产，信息化服务。

白坯、成品仓库均使用WMS仓库管理系统。该系统采用智能立体仓储式货架，利用信息技术实时采集数据，自动分配任务，达到资源利用最优化，从而提高了空间利用率和工作效率；染料、助剂的处理则采用半自动称量系统，它拥有立体仓储架，占用空间小，改善配料间环境；电脑自动控制机械臂取料，快速准确；依照顺序称料取料同时进行，最大限度提高效率。全自动搅拌输送系统从提取到混合到传输全自动电脑控制，定时定量输送，避免人工作业的疏忽和错漏。物料全程通过管路，不接触开放式环境，避免交叉反应和泄漏浪费。在生产车间，所有生产流程均使用FRID智能条形码技术，对现场生产数据直接导入ERP系统，实现了对每一批次布的生产工艺跟踪。

盛虹印染智能印染基地将"两化融合"与管理创新进行有机的结合，信息化管理创新提高企业的管理水平、生产效率，使企业拥有更好的经济利益和社会效益，对企业的可持续发展有很大的推动作用。

2. 废水处理、数码印花等技术创新

（1）废水处理回用工程。目前我国印染废水治理主要以末端治理为主，废水处理后的回用率很低，而某些治理方法只是把污染物，从液体转移到了固体并未真正消除污染。

盛虹印染经自主设计建造印染废水膜处理中水回用工程。该工程主要分为两步：首先应用印染废水生化预处理系统，系统采用水解酸化、好氧生物处理加混凝沉降工艺；污水经预处理处理后进入第二步中水回用系统，该系统线采用浸没式超滤加反渗透的深度膜处理技术。经验证，盛虹废水回用设施处理的污水量达到设计能力的100%负荷，回用水水质pH为6.5～8.5，COD为11mg/L，氨氮和总磷含量均为0.084mg/L。项目完成后每年可节约新鲜用水量264万吨，消减COD排放158.4吨/年，消减氨氮15.84吨/年，消减总磷1.584吨/年。回用水水质分析见表2。2010年，该项目被中国环境保护产业协会列入"2010年国家重点环境保护实用技术示范工程名录"，并在全国推广应用。

（2）数码机印新技术。企业要在激烈的市场竞争中处于主动地位，就必须不断进行技术创新，对产品品种和结构进行创新。随着我国社会进步、经济发展、生活水平的提高，纺织品消费理念已经发生重大变革，消费者越来越追求多元化、个性化的服装穿着。

表2 回用水水质分析

| 项目 | 回用水质 | 染色工序要求 | 行业推荐 |
| --- | --- | --- | --- |
| pH | 6.5～8 | 6.5～8.5 | 6～9 |
| 铁（mg/L） | ≤0.1 | ≤0.1 | ≤0.1 |
| 锰（mg/L） | ≤0.1 | ≤0.1 | ≤0.1 |
| 硬度（mg/L） | 9～18 | <60 | ≤50 |
| COD（mg/L） | ≤10 | <30 | ≤20 |

传统的印花技术能耗较大，虽然仍在盈利，但是逐渐衰败已成必然。喷墨数码印花虽然发展较快，但是除了设备方面依赖进口，对印染企业需要的技术含量并不高，反而是数码机印这种结合了传统平网印花和喷墨印花各自的优点，通过电脑分色和软件数据库的记忆支持，以及制版的高细网目，弥补了国内印花在多套色复杂花型印花布规模化生产上的空白，同时又大幅降低了传统印花污染大、能耗高的缺点，因此更适合企业的发展。

基于目前市场对于复杂图案和丰富花型的需求趋势，盛虹将世界先进印花技术与传统印花生产技术相结合推出数码机印产品，其花型复杂且精准，产业规模化生产，价格又贴近普通百姓的纺织印花技术，随着数码机印产品的研发与推广，可产生约3500万元/年的市场规模，毛利率高达25%。与普通的喷墨印花相比，直接提高生产速度 50~100m²/min，具有明显的生产效率优势，该项技术产品获得"2012 年江苏省重点推广新产品"，并列入"2013 年国家重点新产品计划"。

（3）其他节能减排技术创新。企业管理创新不是简单的引进，更是针对企业自身实际进行独一无二的创造。盛虹印染通过二十余年的印染生产经验积累，摸索出了一整套印染设备节能减排改造技术，培养了一支技术过硬的节能减排技术队伍。

2008 年盛虹节能技术改造，将分布在各印染分厂内的 17 台导热油锅炉加装烟气余热回收装置，回收的蒸汽接入蒸汽供应系统，供印染生产加工使用，有效地提高了能源综合利用效率。每台回收装置每天可以回收 20 多吨蒸汽，仅此一项每年可以节约标煤 1.15 万吨。

近年来，通过自主改造，盛虹集团所有染色设备全部安装变频器，降低了单机耗能，可节电 20%~25%。在生产过程盛虹将所有冷却水进行回收利用，减少了水资源耗用；并将高温高压染色设备包覆新型隔热材料，防止热量损失，可节约蒸汽 10%。

盛虹印染节能减排技术队伍，在清洁生产节能改造中结合企业生产实践，充分挖掘企业潜力，发挥对原设备性能熟悉的长处，克服现有生产状态，节能减排，推动企业向"绿色印染"产业积极转移。

### （三）引进先进设备，淘汰落后产能

"十二五"期间，纺织印染行业仍处于较快的发展时期，对能源、资源的刚性需求仍会增长，同时，我国环境的承载能力将进一步下降，印染行业清洁生产、节能减排任务仍然十分艰巨，任重而道远。

盛虹集团主动淘汰落后设备，引进先进设备，为先进产能腾出市场空间。其不仅主动将一批尚不属于国家落后产能界定标准的产能列入淘汰计划，还主动提高淘汰标准。例如，国家规定印染设备淘汰标准是使用年限超过 15 年、浴比大于 1:10；而盛虹提高了标准：使用 10 年以上，浴比 1:8，如此一来不仅产量有所增加，生产排污量也得到了明显的减少。

与此同时，盛虹集团持续引进低能耗、低排放、高效益印染设备，通过设备更新和技术改造，实现提档升级。据统计，至今已淘汰国产定型机、松式减量机、O 型缸、溢流染色机（J 型缸）等低效率、大能耗的落后设备共计 300 余台套；引进 200 余台套世界顶级的印染后整理关键设备：整纬机、定型机、节能型经轴染色机；国内领先设备如连续平幅退浆机、气流染色机、树脂机等。

淘汰落后印染产能有利于纺织工业减轻环境压力，在提高整体工业水平同时，完成节能减排任务、实现可持续发展。盛虹集团通过不断引进先进设备，淘汰落后产能，不仅使得企业生产效率与产品质量大幅提升，在激烈的市场竞争中抢得先机，同时也使得企业在印染绿色转型的道路上迈出了坚实的步伐。

### （四）开展"公司/产品碳足迹"认证

盛虹的"绿色印染"创新管理模式在建立了完善的管理体系后，率先开展公司/产品碳足迹核算。盛虹"碳足迹"认证按照 ISO 14040/44 标准和 PAS 2050 标准，使用 LCA 分析方法，测算了盛虹集团有限公司生产的"涤纶染色"等六大类产品的环境负荷。盛虹首次向公众公布了产品从原材料提取，到生产加工、运输配送以及使用和废弃处理等各个环节的生态信息，提供了可验证、可量化的产品环境绩效数据。

盛虹集团凭借其在节能减碳方面的杰出表现，顺利通过国际权威机构英国 Intertek 公司的"公司碳足迹"审查和"产品碳足迹"认证，并被正式授权使用全球性绿色标志——"绿叶"标签。代表中国印染行业在产品环境绩效信息披露方面的重大进步，标志着环境绩效信息披露的规则更加明确、程序更加透明、信息更加公开；同时积极推动了印染企业向绿色低碳、清洁安全方向发展。相信随着国家相关政策的进一步落实，客户产品环境需求的进一步提高，将有越来越多的印染企业开始接受产品碳足迹评估认证，这也将成为评估企业低碳环保社会价值的新坐标。

## 四、实施效果

管理是企业永恒的主题，是企业发展的基石。创新是现代企业进步的原动力，是增强核心竞争能力，获得跨越式发展，实现可持续成长的决定性因素。作为传统行业，印染企业进行管理创新是在激烈市场竞争中发展的必然选择。盛虹集团在"绿色印染"创新管理模式的实施背景下，通过建立"绿色印染"管理体系、引进先进设备、进行技术管理创新等手段推动企业绿色转型，将传统产业通过创新引领，实现经济效益、环境效益和社会效益的协调发展。

### （一）直接经济效益提高

"绿色印染"创新管理项目建成后，生产效率得到有效提高，在不新增产能的情况下，原辅材料消耗、燃料动力消耗均得以下降，三废排放降低，可以有效降低生产成本和三废处理成本，项目运行过程可实现直接经济效益 837.4945 万元。

## （二）社会效益显著提升

在盛虹集团看来，节能减排不是紧箍咒，而是提升企业竞争力的助推器。2012年3月，全国印染行业年会在本地区召开，行业内200余家企业代表都观摩了该项目，给予了高度的评价，纷纷表示学习创新管理的实例，看到了传统印染行业提升的方向，在行业内起到示范和导向作用。同时，该项目通过对清洁生产技术及先进设备的应用，减少了污染物排放，对太湖流域完成减排目标有一定积极作用，通过该项目的示范作用，推动行业和地区其他企业应用清洁生产技术，对太湖流域水环境综合治理具有很好的推动作用。

鉴于此，2012年3月中国印染协会授予盛虹集团全国首家"转型升级示范企业"荣誉。2013年，盛虹集团转型升级节能减排项目，被国家环保部、工信部联合评定为"全国清洁生产推广示范项目"。

## （三）节能减排综合效益明显

盛虹集团"绿色印染"创新管理项目实施后，水、电、汽等能耗、染料、助剂等物耗和三废排放等方面都取得很好的效果，使盛虹集团的清洁生产水平得到较大的提升，清洁生产绩效见表3。

表3　"绿色印染"清洁生产绩效

| 序号 | 指标名称 | 项目实施前 | 项目实施后 | 前后变化率 |
| --- | --- | --- | --- | --- |
| 1 | 单位产品综合能耗（千克标煤/万米） | 3216.11 | 2917.88 | -9.27% |
| 2 | 万元产值能耗（千克标煤/万元） | 1865 | 1693 | -9.22% |
| 3 | 单位产品水耗（t/万米） | 158.44 | 145.29 | -8.30% |
| 4 | 单位产品电耗（t/万米） | 1449.19 | 1129.36 | -22.07% |
| 5 | 单位产品汽耗（t/万米） | 16.13 | 15.32 | -5.02% |
| 6 | 单位产品煤耗（t/万米） | 0.69 | 0.6 | -13.04% |
| 7 | 染料消耗（kg/万米） | 44.22 | 39.53 | -10.61% |
| 8 | 助剂消耗（kg/万米） | 72.54 | 67.44 | -7.03% |
| 9 | 企业工业废水回用率（%） | 30 | 46 | 53.33% |
| 10 | 外排废水量（m³/万米） | 123.9 | 66.9 | -46.00% |
| 11 | COD排放量（kg/万米） | 108 | 58.31 | -46.01% |
| 12 | $SO_2$排放量（kg/万米） | 1.76 | 1.7 | -3.41% |
| 13 | 烟尘排放量（kg/万米） | 1.23 | 1.19 | -3.25% |

1. 节能降耗

实施"绿色印染"项目后,经过工艺优化、设备更新等,在不新增产能的同时,降低能源消耗,提高能效水平。单位产品能耗由原来的 3216.11 千克标煤/万米下降到 2917.88 千克标煤/万米,下降 9.27%。项目运行过程中,每年可节约电力消耗 319.83 万 kW·h,同时节约大量的蒸汽、新鲜水和煤等,年节能量为 2982.3 吨标准煤。降耗方面,染料、助剂以及其他辅料原料的消耗均有明显下降,在节约资源的同时,降低生产成本。每年可减少原辅材料消耗 834.7 吨,具有较好的降低消耗的效果。

2. 减排

项目实施后,在产能不变的前提下,项目外排废水可减少 57 万立方米/年,COD 排放可减少 496.85 吨/年,消减比例为 46%,$SO_2$ 和烟粉排放分别减少 0.6 吨和 0.4 吨,消减比例为 3.41% 和 3.25%。项目全年可减少电力消耗 319.83 万 kW·h,参考目前电力行业燃煤的 $CO_2$、$SO_2$ 排放情况测算,可以减少 $CO_2$ 排放 3.07 吨,减少 $SO_2$ 排放 0.307 吨。

3. 资源利用

盛虹绿色印染项目中使用的深度处理水回用技术,进一步提高水的重复利用率。每年可减排废水 57 万吨,通过中水回用,可以降低新鲜水使用量,提高水资源的综合利用水平。

公司所用的原料主要通过陆路运输,需要占用一定的社会运输资源,运输成本较高。公司实施绿色印染后降低了原辅材料的消耗量,既节约了成本,又降低了社会资源的占用。

## 五、盛虹集团开展"绿色印染"创新管理的启示

### (一)建立专门的企业内部管理体系,利于企业持续发展

企业内部管理是企业一切发展的基础,建立专业化、针对化的管理体系,保证企业在制度实施、生产管理、政策把握等方面得到良好的效果,有利于企业持续发展。盛虹推行"绿色印染"的同时,建立了专业化的"绿色印染"管理体系,从制度、组织结构出发建立有针对性的管理体系,针对"绿色印染"建立明确责任的节能减排工作管理小组、制定翔实的制度及节能指标,给盛虹"绿色印染"的推行建立了坚实的基础。

### (二)敢于创新,开启企业转型升级之路

传统产业在新时代发展,必须要随着时代的前进进行变革。以创新作为驱

动力,在改变产业原有的传统思维模式下,进行管理与技术的创新,才能使企业不被时代的浪潮吞没。盛虹作为印染行业的一员,不停留在陈旧、固化的模式下,勇于创新,响应新时代绿色经济理念,将绿色经济加入到生产、管理中。重视科研创新,建立研发小组在生产中积累摸索经验,将自主创新融入到生产的每一个环节,使企业在印染行业中保持"绿色印染"先驱者的地位,增加了企业的竞争力和持续发展动力。

# 智能制造推动两化深度融合的管理实践

——青岛环球集团股份有限公司

> 我们要做善于学习、勤于思考、不断创新、永不满足的企业，我们的创新和成功，将引领行业的先锋。

董事长 管阳春

---

青岛环球集团股份有限公司（简称"青岛环球集团"）创建于1966年，以传统机械制造为主业，历经近半个世纪的发展，形成了纺织机械、玻璃机械、汽车配件、鞋业四大产业板块，成为集科、工、贸于一体的现代化企业集团。目前，青岛环球集团下设10个子公司、2个事业部，现有职工1138人，占地面积1200亩，拥有国家认可实验室、省级企业技术中心、中国纺织机械行业粗细联合粗纱机产品研发中心、青岛市工业机器人专家工作站、青岛纺纱设备工程技术研究中心等。它还是国内唯一一家粗细联合系统（粗纱机）产业化生产企业、中国第一台FA 422高速悬锭粗纱机生产企业。经中国纺织机械器材工业协会统计，青岛环球集团2011~2013年生产的全自动落纱粗纱机和粗细联合智能粗纱机系统，产销量均位居同类产品第一位。

在基于智能制造推动两化深度融合的管理实践中，青岛环球集团致力于打造成两化深度融合的纺机企业，实施"智能环球"发展战略，并在以下两方面作了努力：一是建设支撑两化融合的信息化平台；二是提升产品智能化设计水平，有效促进了管理创新，推动了企业智能制造和两化融合的深入发展。

## 一、实施背景

在新一轮科技革命和产业变革风起云涌，我国经济进入新常态的大背景下，青岛环球集团作为我国纺织机械行业的龙头企业，以智能制造为核心，不断推动信息化和工业化深度融合的管理创新、转型升级。这既是适应国家两化融合政策发展的需要，是纺织机械行业转型升级发展的需要，也是青岛环球集团实现企业自身发展，打造"智能环球"发展战略的需要。

## （一）适应两化融合政策发展的需要

我国政府大力支持企业智能制造，以信息化带动工业化、以工业化促进信息化，走新型工业化道路的两化融合战略举措。

工业和信息化部部长苗圩指出：新一轮科技革命和产业变革呼唤加快推进信息化与工业化深度融合。以制造业数字化、网络化、智能化为标志的智能制造，是两化深度融合的切入点和主攻方向，也已经成为业界的普遍共识和企业的主要行动。如今，智能制造和两化融合已经成为企业发展的大势所趋，为企业的快速发展起到了有力支撑的作用。

青岛环球集团适应政府鼓励两化融合的政策要求，积极开展智能制造，把信息化与企业工业化深入融合，是抓住机遇和宏观形势的正确把握。

## （二）纺织机械行业转型升级的最新需求

自 2008 年国际金融危机爆发以来，世界经济跌宕起伏，我国纺织机械行业也受到了前所未有的挑战，面临产业低端化、环境压力大、通货膨胀等问题。除成本、资金等因素外，还面临着三方面的压力：一是项目重复建设、扎堆上马，造成了对资金的占用和浪费，增加了成本；二是国内、国际市场需求萎缩、市场低迷；三是国际竞争对手的打压，使竞争日趋激烈，企业发展举步维艰，转型升级成为大势所趋。在这种情况下，传统制造企业要想顺利度过这一瓶颈阶段，只有转变经济增长方式，加快转型升级的步伐，才能在严峻的经济形势中有所突破。

同时，我国纺机企业转型升级也拥有巨大的发展机会和空间。一方面，目前国内消费市场，正处于加速扩展时期，蕴藏在民间的巨大消费潜力，将转化为经济增长的强劲动力；另一方面，城市化进程的加快，将进一步创造出新的投资需求和消费需求。除此之外，科技创新能力和人力资本投入的提升，也将为经济增长注入新的动力。

而在纺织机械"十二五"行业发展规划中，高端纺纱装备属于重点扶持发展项目，就是纺纱工厂实现生产数字化、智能化、连续化，进而向无人化工厂发展所必需的高端装备。作为学习型企业，青岛环球集团在企业转型升级的过程中,依托科技创新,由制造转型升级为"智造",是我国纺织机械行业发展的最新需求。

### (三) 实现企业自身发展的需要

早在工业革命时期,第一台珍妮纺纱机的出现,机器生产就开始取代手工劳动。随着我国科学技术、信息技术和商业经济的迅猛发展,我国纺织机械生产已经迈入智能化阶段,让人们尝到了智能制造带来的巨大好处。

青岛环球集团作为一个纺织机械企业,十分注重智能制造,并深入实施了"智能环球"发展战略。青岛环球依靠信息化手段,将数字化工作平台和标准化工作流程相融合,形成集综合管理于一身的整驾"信息化智能马车",拉动企业经济快速发展。青岛环球集团的智能化粗细联合粗纱机系统与传统粗纱机系统的作业比较如图1所示。

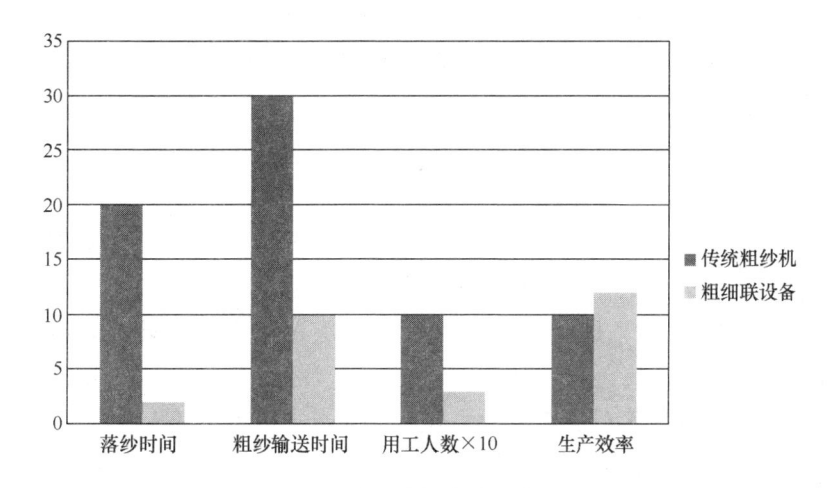

**图1 粗细联系统与传统粗纱机比较**

由图1可见,智能化的粗细联合粗纱机系统相比传统落纱机具有更加强大的优势。智能化粗细联合落纱机系统无论是在节省时间,还是减少用工、提高效率上,都具有十分显著的改善。企业如果能研发出一套智能化的机械系统,它不仅能简化人员操作,控制人为错误,完善产品研发体系,还能缩短产品开发周期,提高产品竞争力。

因此,继续实施智能制造、走新型工业化道路的两化融合战略举措,已经成为企业发展的大势所趋,为青岛环球集团的快速发展,起到强有力的助推作用,成为青岛环球集团创新发展的新引擎。

## 二、智能制造的内涵解析

### (一) 智能制造的含义

所谓智能制造，是一种由智能机器和人类专家共同组成的人机一体化智能系统，它在制造过程中能进行智能活动，诸如分析、推理、判断、构思和决策等。通过人与智能机器的合作共事，去扩大、延伸和部分地取代人类专家在制造过程中的脑力劳动。

美国赖特（Paul Kenneth Wright）和伯恩（David Alan Bourne）最早将智能制造定义为"通过集成知识工程、制造软件系统、机器人视觉和机器人控制来对制造技工们的技能与专家知识进行建模，以使智能机器能够在没有人工干预的情况下进行小批量生产"。在此基础上，英国技术大学 Williams 教授对上述定义进行了更为广泛的补充，认为"集成范围还应包括贯穿制造组织内部的智能决策支持系统"。麦格劳—希尔科技词典则将智能制造界定为：采用适应环境和工艺要求的生产技术，最大限度地减少监督和操作，制造物品的活动。

日、美、欧共同发起实施的"智能制造国际合作研究计划"指出："智能制造系统是一种在整个制造过程中贯穿智能活动，并将这种智能活动与智能机器有机融合，将整个制造过程从订货、产品设计、生产到市场销售等各个环节以柔性方式集成起来的能发挥最大生产力的先进生产系统"。

21 世纪以来，随着物联网、大数据、云计算等新一代信息技术的快速发展及应用，智能制造被赋予了新的内涵，即新一代信息技术条件下的智能制造。美国在华盛顿举办的"21 世纪智能制造的研讨会"指出，智能制造是对先进智能系统的强化应用，使得新产品的迅速制造，产品需求的动态响应以及对工业生产和供应链网络的实时优化成为可能。德国正式推出工业 4.0 战略，虽没明确提出智能制造概念，但包含了智能制造的内涵，即将企业的机器、存储系统和生产设施融入到虚拟网络—实体物理系统（CPS）。在制造系统中，这些虚拟网络—实体物理系统包括智能机器、存储系统和生产设施，能够相互独立地自动交换信息、触发动作和控制。

综上所述，新一代信息技术条件下的智能制造，就是指将物联网、大数据、云计算等新一代信息技术与先进自动化技术、传感技术、控制技术、数字制造技术结合，实现工厂和企业内部、企业之间和产品全生命周期的实时管理和优化的新型制造系统。

### (二) 智能制造的一般路径

在智能制造概念提出不久后，智能制造的研究获得欧、美、日等工业化发达国家的普遍重视，围绕智能制造技术（IMT）与智能制造系统（IMS）开展国际合作研究。根据多家大型工业企业的成功经验，总结企业在构建智能制造系统时，一般都采取自上而下、自下而上、滚雪球的螺旋发展三种方式。

1. 自上而下的方式

自上而下的发展方式，是一种面向全局全面推行的智能化解决方案。具体是指企业通过购置/升级/普及成熟硬件、软件等相关智能产品，以构建数据库、知识库为核心，然后运用智能技术和智能产品全面收集整合主体的各种数据资源，形成大数据平台，建立标杆，最终形成应用模式，实现全面推广。

例如，青岛红领集团就是通过全流程构建智能制造系统，实现智能化提升。每件西服订单都有一个身份电子卡，西服材料在生产线流转，到达某工位时，读取西服的电子卡，工作台前显示出加工指令，工人按照指令要求进行加工即可。

2. 自下而上的方式

自下而上的发展方式，是指运用智能监督系统、智能检测系统等，来对工厂员工进行监督，对产品生产环节进行检测。这有利于寻找关键瓶颈，在解决问题基础上进行升级改造。

例如，某集装箱企业原先使用一台锅炉为发泡料加温，但是偶尔会出现发泡料发泡不足问题，而随着企业生产规模扩大，客户要求提升，企业希望减少这样的问题，于是为锅炉增加了温度检测系统，记录温度过程数据。而又一次出现发泡料发泡不足问题时，企业通过分析数据，认为如果工人正常值班操作，不应该出现这样的问题，最终工人承认偶尔夜班睡觉，未能及时对锅炉进行处置。而在该事件后，工人强化了责任意识，后来该问题就没有再发生过。

3. 螺旋式发展的方式

螺旋式发展方式，是指通过以市场为导向，结合核心客户、相关客户、客户的客户等进行扩展，能够掌握合作企业的生产过程信息，有利于保证产品质量的可靠性。

例如，海尔模具随着客户需求规模提升，就在青岛本地建立企业合作，要求合作企业实施 CPS 系统，从而掌控合作企业的设备、人员、刀具等生产过程信息，保证了产品质量的可靠性，而后又把这种模式扩展到武汉的合作企业。

### （三）智能制造的作用

智能制造的核心就是提高企业生产效率，拓展企业价值增值空间。不管采用哪一种路径，把智能制造成功应用于企业生产管理中，都将对企业产生巨大作用。

第一，能够缩短产品的研制周期。通过智能制造，产品从研发到上市、从下订单到配送，时间可以得以缩短。通过远程监控和预测性维护为机器和工厂减少高昂的停机时间，生产中断时间也得以不断减少。

第二，能够提高生产的灵活性。通过采用数字化、互联和虚拟工艺规划，智能制造开启了大规模批量定制生产乃至个性化小批量生产的大门。

第三，能够创造新价值。通过发展智能制造，企业将实现从传统的"以产品为中心"向"以集成服务为中心"转变，将重心放在解决方案和系统层面上，利用服务在整个产品生命周期中实现新价值。

## 三、智能制造的创新管理模式

在国家鼓励两化融合的大背景下，青岛环球集团结合纺织机械行业趋势和企业自身发展实际，制订并实施了打造"智能环球"的发展战略，为建设两化深度融合的纺机企业而不断努力。

为此，青岛环球确立了"加快信息化、工业化两化融合为手段，实现提速转型升级，由制造转向智造"的指导思想，确立了"打造世界品牌，服务全球客户"的企业发展愿景，坚持"持续创新，引领行业先锋"的核心价值理念。

在企业内部创新管理模式中，青岛环球一方面努力打造支撑两化深度融合的信息化平台，即运用先进的信息技术，智能化企业的生产控制平台、销售管理平台和监管平台；另一方面注重提升产品的智能化设计，即对企业传统产品、跨行业产品和新产品进行优化升级，这些创举共同促进了青岛环球从"制造"向"智造"的惊人转变。

### （一）打造支撑两化深度融合的信息化平台

为支撑"智能环球"的发展战略，青岛环球集团依靠 ERP 系统、OA 系统和 3D 技术，投资建成了集网络、监控、电话、一卡通为一体的综合系统为核心的一体化信息系统支撑平台。公司 2011～2014 年来的信息化经费投入逐年增长，具体如图 2 所示。

#### 1. 智能化"ERP"生产控制管理平台

"ERP"是 Enterprise Resource Planning 的简称，即企业资源计划。ERP 系统是指建立在资讯技术基础上，以系统化的管理思想，为企业决策层及员工提供决策运行手段的管理平台，它是一种广为大型制造企业所使用的公司资源管理系统。为加强对生产的控制，实施精益生产，实现生产计划、采购、生产、加

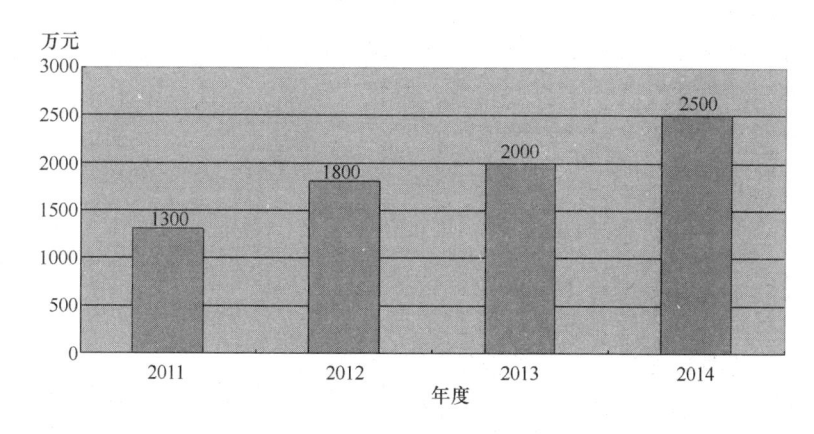

图2　公司2011～2014年信息化建设的经费投入

工、销售的一体化管理，青岛环球集团投资45万元与国家顶尖软件公司鼎捷软件公司签订了ERP项目合作协议，借助ERP系统加强企业的生产管理，该系统现已投入实施。

青岛环球集团的总体资源规划（简称"ERP"）的总体思路是：首先以集团管控的模式来构架一个大的框架，下面的子公司、事业部都在这个框架之下运作；其次在人事、财务、设备的管理上，要实现子公司自己管理和集团统一管理的功能。

在上述总体思路的基础上，还要在加工车间增加加工进度计划管理看板，并设定时间自动更新；对生产任务、计划进度、计件工时都有比较明晰的显示，提升生产流程再造，设立运行物流小组、推行电脑粗纱机的标准化装箱工作；完善提升喷漆生产线，优化提高粗细联生产线的模块化。这样，有利于企业在生产管理水平上得到创新和提高，生产管理效能和加工效能有质的提高。

### 2. 智能化销售管理平台

OA是Office Automation System的简称，即办公自动化系统，是将现代化办公和计算机网络功能结合起来的一种新型的办公方式。现在是一个信息大爆炸的时代。互联网的高速发展、迅速普及，让信息无处不在、无孔不入。我们无时无刻不在体验着信息时代的便捷。如何比竞争对手更加快速地获取、筛选信息，提高准确度和响应速度，是提高竞争力的重要手段。

青岛环球集团2010年充分利用OA网络智能办公系统，助力基础管理工作。针对集团公司厂区分散，资料审批靠书面签批比较麻烦且时效性不强的特点，为加快文件传递和实现数据共享，集团于2010年投资14万元新上了一套OA办公系统，将黄岛驻地5个生产厂区和黄岛公司以外的8个生产厂区统一纳入集团管理系统之中。

通过流程的设置，解决了以前审批一项工作需多部门审批、效率低下、浪费时间等问题，不仅节约了办公纸张，降低了成本，还提高了工作效率，使各公司、事业部、处室实现了资源的共享。在OA系统中设置"销售业务员行程日志流程"栏目，让业务员把每天的行程、事项、费用、拜访客户、工作计划等情况每日进行汇报。通过OA汇报，销售负责人可以全面了解销售人员每天的业务进展状况，并适时地提出自己的合理化建议和建设性的指导意见，以促进业务人员更好地开展工作；同时此流程单据，还可以作为审计室审核业务人员差旅费和考勤人员记录出勤情况的依据。

为处理大量的客户信息和销售记录信息，以便更好地进行市场分析和对客户进行维护保养服务，建立了一套适合公司发展的销售管理软件，把客户档案、整机档案、三包服务、配件销售等信息全部录入系统来管理，就可以通过各种报表按地区分析、按产品分析等，更有利于掌握市场，以调整产品结构和销售策略。

### 3. "全球眼"智能监控管理平台

"全球眼"是对青岛环球集团实施全方位的监控管理系统的形象比喻。2010年，集团投资了200多万元，采用信息技术和管理制度相结合的方式，在整个厂区建起了一套闭路电视监控系统。使管理人员在监控中心机房中，就能够观察到各公司车间的所有情况。

监控中心配有操控键盘，值班人员通过控制台，就可实施对所有重点部位的安全作业环境监测、人员精益生产管理、5S现场管理、异常情况处理等。

监控系统除了起到正常的监视作用外，还可以进行实时录像，以便作为事后考核的依据。就系统运行一年多以来，企业各项管理水平有了明显提高，保证了管理各项制度的有效落实，使得广大职工始终感觉到身后有一双眼睛在监督着他们。整个项目的规划和建设，把握住了服务于企业经营生产这一原则。

在建设覆盖全厂的监测监控系统的同时，青岛环球集团结合3G无线网络技术，在机房数据中心添加信号转换设备，将选定的画面实时上传到3G网络的服务器上。另外，给中层以上干部及各公司、事业部安全管理人员、销售人员统一配备了3G上网智能手机，这样管理人员可以应用3G手机，随时随地方便地查看监控画面。在青岛环球集团厂区外、出差在宾馆中都可以查看到监控画面，可随时掌握安全生产动态和客户的第一手资料，即所谓的全球眼。通过应用"全球眼"系统，管理人员的自由度和灵活度大大提升，丰富了安全管理和销售管理工作方式，真正实现了生产现场与安全管理、销售管理的无缝对接。

## （二）重点提升产品智能化设计

近年，青岛环球集团根据市场需求和企业自身发展，对产品进行了调整。青岛环球集团决策层提出了"四驾马车"战略思路，调整后的产品涉及四大行业、九大系列、200多个品种。各研发小组利用计算机信息化手段，挖掘各自的研发能力，快速高效的设计和改进满足市场需求的新产品，在各自的领域处于行业领先地位，提升了企业的竞争力。

### 1. 传统产品的智能化改造升级

青岛环球集团和中国石油大学嵌入式信息技术研究所，共同开发数字集成化智能电脑粗纱机电控系统项目的实施，对传统产品控制系统进行嵌入式控制系统信息化改造升级，提高产品控制水平和产品附加值具有重要意义。

目前正在共同研发的项目是 CMT1801 全自动落纱粗纱机研发及产业化，以自动落纱等系列关键技术为研究对象，以具有国际先进水平的全自动落纱粗纱机产业化为研究目标。通过产学研合作研究方式，对全自动落纱粗纱机的机械本体、自动落纱控制系统等关键技术及其产业化的成套控制和管理技术进行深入研究。这对于提高我国先进装备制造的竞争力，巩固青岛市纺织机械行业的领先地位，具有重要的意义。项目完成后，整机技术性能可达到国际先进水平，可获得 14 项专利技术，形成 2 项行业标准。项目实施后，可形成生产能力 200 台/年，实现新增销售收入 17000 万元，可实现利润 1830 万元，税金 960 万元。

### 2. 跨行业产品的智能化升级

随着企业的转型和产业结构的调整，青岛环球集团还涉足了一些新的行业。比如，汽车配件行业的铝合金油箱项目、国外克努德和纽哈森公司的合作项目，这些项目需要对产品结构强度、刚度、屈曲稳定性、动力响应，进行检测和分析。我们利用基于产品数字建模的计算机辅助工程（CAE）系统，来进行力学性能的分析计算和结构性能的优化设计。保证了产品质量，赢得了与客户的长期合作关系。同时加大关键零部件，实现数字化制造水平，逐步过渡到柔性加工制造阶段。

### 3. 新产品开发的智能化升级

从 2007 年公司逐步应用三维设计软件 UG、Solid Edge，现在的新产品开发设计全部采用三维软件来设计。研发部门每年的新产品开发、产品技术改造项目有五六十种，通过运用三维系统的造型工具，实现"自顶向下"和"自底向顶"等设计方法，实现装配等复杂设计过程，使设计更加符合实际设计过程。几个零件装配起来就知道是否有干涉、结构是否合理。特别是一些复杂零件，可以装配好来减料或加料，加快了新产品的开发周期。像纺机类这样复杂的产品，新产品开发设计周期，由以前的六个月缩短为三个月，汽车配件油箱的开发时间为一周。

青岛环球集团技术中心创新能力信息化建设，主要以设计手段三维化和加工手段的数字化为主。研究人员全部掌握三维设计软件，从本质上减轻大量烦琐的工作，使技术人员能集中精力于那些富有创造性的高层次思维活动中。三维 CAD 系统具有可视化好、形象直观、设计效率高以及能为企业数字化的各类应用环节提供完整的设计、研发、工艺管理、制造信息等优势。

## 四、实施效果

### （一）沟通管理水平的改善

通过螺旋式发展的方式，引入智能化信息系统，青岛环球集团的基础管理水平也获得了全面提升，尤其是青岛环球集团与驻外公司沟通、联系也更为便捷，实现了"同城"管理面对面，大大提高了管理决策的时效性。

通过信息化项目管理体制的创新构建，青岛环球集团很快就摆脱驻外公司沟通不畅，决策时效性不强的被动局面，实现青岛和外围公司管理"面对面"。目前，公司在对分公司的宏观管理上，已步入良性发展的快车道，实现了集团各子公司的协同发展。扭转了驻外公司沟通不畅的不利局面，推动公司宏观管理进程。

### （二）经济效益的显著提升

青岛环球集团从 2008 年实施两化融合管理以来，取得良好的经济效益。仅 2012 年，产品研发周期就缩短了 30%，具体产能提高了 10%，生产成本下降了 3%，库存减少了 450 万元，资金周转率提高了 10%，产生经济效益高达 800 多万元。公司 2011～2013 年的经营情况如图 3 所示。

基于智能制造推动两化深度融合的管理实践，青岛环球集团不仅提高了企业的两化融合水平，还使大额订单纷至沓来，精品工程不断涌现。这也在很大程度上提高了企业的销售收入、总产值和经营利润，产生了良好的经济效益，在 2013 年开年之初，更是在国内外纺机同行的激烈竞争中，脱颖而出，一举中标。签下纺机史上最大的合同——6000 万元粗细联订单，为 2013 年纺机飞速发展奠定坚实基础，开了一个好头。2013 年 10 月中旬，一举签下天虹集团 1.5 亿元 598 台纺机设备订单，拉开了 "598 大干" 的序幕。2013 年全年实现产值 8.6 亿元，同比增长 8%；销售收入 7.8 亿元，同比增长 8%。2014 年 1～5 月，实

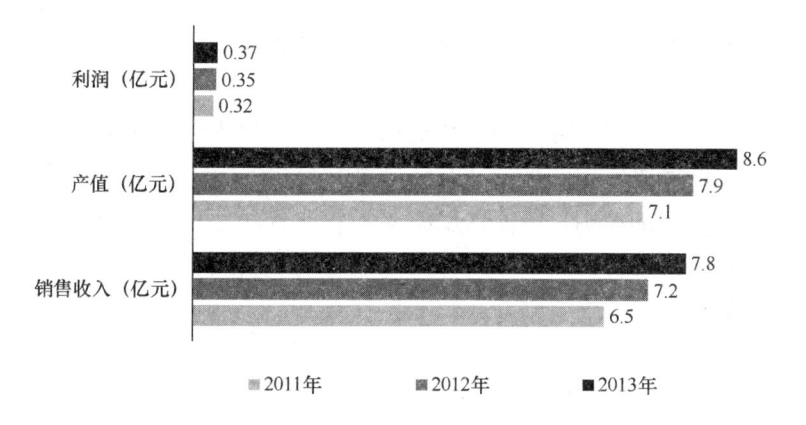

| | 利润（亿元） | 产值（亿元） | 销售收入（亿元） |
|---|---|---|---|
| 2013年 | 0.37 | 8.6 | 7.8 |
| 2012年 | 0.35 | 7.9 | 7.2 |
| 2011年 | 0.32 | 7.1 | 6.5 |

图3 公司2011~2013年的经营情况

现产值3.76亿元，同比增长9.2%；销售收入3.6亿元，同比增长9.5%。

### （三）社会效益的显著提升

青岛环球集团实施智能制造发展战略，不仅提高了企业的社会地位，还促进了我国制造业的转型升级和国家鼓励智能制造、两化融合政策的落实。

第一，青岛环球集团拥有完全自主知识产权产品的信息化水平和科技含量大大提高。集团纺机公司研发粗细联合粗纱机产品研发中心，被列入首批中国纺织机械行业产品研发中心；研发的高速喷气提花机，更是经过了国内外专家组的评定，被认定为拥有完全知识产权，整机技术水平达到了国际先进水平。青岛环球集团的纺织机械商标"HICORP"是山东省著名商标，有12种产品荣获省、市级科技奖项10多项，6种产品荣获"山东名牌产品""青岛名牌产品"称号。

第二，青岛环球智能制造实行得好，落实得好，它用实践证明了当前制造业转型升级的重大意义。有利于鼓励我国制造企业争相学习，树立行业标杆，推动我国企业改进技术、更新设备，促进我国制造业的发展。

第三，青岛环球集团作为我国两化融合的八大试点区之一，还为深入贯彻国家政策起到了示范作用。为落实国家鼓励智能制造、深入贯彻两化融合政策起到了先锋模范作用。

## 五、展望

青岛环球集团将应用PDM，通过建立产品数据管理系统，来有效控制企业部门的技术数据，同时让系统自动生产产品 BOM 数据，进而简化人员操作，控制人为错误，保证作为 ERP 源头数据 BOM 的准确性，完善产品研发体系，缩短产品开发周期，提高产品竞争力。

未来，青岛环球集团将一如既往地加大信息化投入，强化信息化管理在企业基础管理中的重要作用。贯彻"总体规划，分步实施"的方针，遵循"量力而行，注重实效"的原则，将信息化渗透到各业务环节，依托信息化提升传统机械制造产业。为传统制造业，面对严峻的市场经济形势，加快产业升级，走上快速发展的快车道而继续努力。

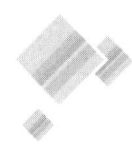

# 新澳纺织：为传统纺织业插入"时尚"芯片

——浙江新澳纺织股份有限公司

**企业文化箴言：悦享羊毛、品质生活。**

董事长　沈建华

　　转型升级是20世纪90年代，在中国经济体制改革的背景下，国家立足于经济发展和产业结构调整的视角提出的可持续发展战略。转型升级是为了让我国的经济和产业具备可持续发展的内在动力和竞争优势，转型升级的最终落脚点是企业的改革和创新，经济和产业政策的实施和创新主体最终只能由企业来承担和践行。从企业的角度来看，转型，强调的是企业的发展方式转变，即从低附加值转向高附加值，从高能耗高污染转向低能耗低污染、从粗放型转向集约型的转变；而升级，强调的是企业重新定位在价值链中的地位，调整内部的结构和纵深发展。通过转型引导升级、通过升级促进转型，二者有着相似的内涵和外延及共同的目标，不可分割。近些年来，国家屡屡出台各种经济发展和促进政策，包括互联网＋和一带一路等国家战略的提出，给正在践行转型升级的企业进一步搭建的平台指明了思路。

　　浙江新澳纺织股份有限公司（以下简称"新澳"）作为毛纺企业，以高端定位、时尚跟踪、管理创新，开辟了一条传统企业转型升级、科学发展的新路径。新澳的经验和做法，对正在转型中的中国纺织企业，具有重要的参考意义。

## 一、新澳集团转型升级的行业背景

### （一）传统纺织行业面临着诸多的压力

纺织工业是中国市场化程度最高、竞争最充分、与市场和最终消费者最接近、经济带动作用最大、劳动相对密集、国际竞争优势比较明显的产业之一，在解决就业、满足市场消费、出口创汇、推进区域经济发展等方面发挥着积极而重要的作用。

当前纺织行业进入到一个新的发展阶段，同时行业也面临着诸多矛盾和问题，既有宏观外部环境影响而显现的问题，也有纺织行业受自身情况特点约束而形成的问题。如市场需求不足、国内外棉花差价持续拉大、国际竞争压力不断加大、行业自身矛盾突出、劳动力等生产要素成本上升压力不断加大、企业经营效益分化明显、产业链上下游行业效益状况不平衡、按所有制和区域分企业效益差异明显等。在这样的背景下，靠投资驱动、规模扩张、出口导向的发展模式必需发生重大转变。这首先就需要有先进的管理理念，在通过投资驱动、规模扩张来取得效益难以为继的情况下，通过系列的管理创新抓住机遇，迎接挑战。

### （二）纺织服装行业面临着传统与时尚的交错定位

纺织服装行业既具有满足人们基础需求的传统行业特点，也具有"口红效应"的时尚行业的特色。按照产业的价值链，纺织服装行业分为材料的研发、设计、生产加工制造、渠道和品牌。我国的纺织服装产业正是处于以生产加工制造为主体的环节，也就是，处于微笑曲线的底端（图1）。而行业转型升级的核心途径是向着微笑曲线的两端延伸，即在现有的基础上向着原料研发、设计、渠道和品牌方向延伸。这与时尚产业的核心竞争力是一致的。纺织服装行业的转型升级之路是与时尚行业的进一步结合，形成新的增长点和竞争优势。

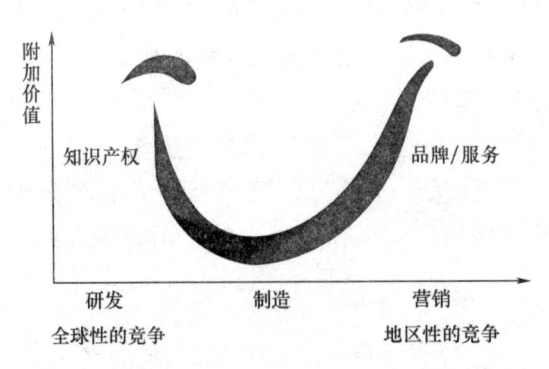

**图1　我国的纺织服装产业处于微笑曲线的底端**

## 二、新澳的定位和改革创新

浙江新澳纺织股份有限公司（以下简称"新澳"）是一家私人股份制企业，已成功跻身中国毛纺行业的龙头企业之一。公司主营业务为毛精纺纱线的研发、生产和销售，主要产品为精纺纯羊绒及羊绒混纺针织纱、精纺极细和超细美利奴纯羊毛及混纺针织纱等，以及中间产品羊毛毛条。产品主要应用于世界中高端品牌的针织服装，包括羊绒衫、羊毛衫、羊毛内衣、羊毛T恤、毛袜及其他针织品。

核心定位：源头入手，从纤维、原料开始，引导企业进行技术升级及产品创新，为客户提供从色彩到原料及成品的解决方案，引起企业整个营销模式颠覆性改革，与品牌企业建立战略合作伙伴关系，从时尚的跟随者，逐步成为时尚话语权的把握者。

### （一）高端定位，引导流行色发布趋势

要想做到引领客户需求，最基础的环节就是企业对流行趋势的研究与发布，在众多的纱线时尚趋势预测中，流行色总是最先被预测，其预测结果在全盘上对于流行趋势有引领方向的作用。新澳创建初期，由于规模小、实力弱，在纱线染色方面也曾经历过一段靠模仿国外纱线颜色、靠客户提供样本，来进行染色的时期。但是因为落后于流行趋势，而无法与欧洲同行竞争。为了摆脱这个困扰，新澳决心把流行色预测和应用，作为公司重要的战略发展课题。从2005年开始，新澳每年两次在世界流行纱线展上，发布自己的流行色卡和产品集锦卡，与世界同行同步。提前一年半预测市场流行趋势，以设计优势引导客户选择。此时的新澳，已不再是一个单纯的加工工厂，而是一个有着鲜明形象的时尚潮流引导者。新澳致力于流行色的预测与应用近十年，所走出的这条"引导客户需求，开拓高端市场"的路线，为中国纺织企业未来的发展做出了可贵的尝试。

一是超前引导，与世界同行同步。国际上一些专业机构及大型公司都会在产品上市前18~22个月发布本国的流行色预测结果，如法国的PV、意大利的纱线展览会（pitti immagine Filati）、美国纽约Spin-expo国际流行纱线展等都是提前18个月左右，通过面料展和纱线展来发布流行色。与国际流行趋势发布基本同步，新澳在产品上市前的18个月就对流行色彩进行预判。一般在每年3月份，公司就对下一年度秋冬季的纱线品种、颜色进行定位，6月份把颜色做成样本，7月份开始在Spin-expo等世界顶尖的国际流行纱线展上，向全球的客商发布推广。如2013举行的第五届美国纽约Spin-expo国际流行纱线展和上海国际流行

纱线展 Spin‐expo Shanghai 上，新澳又提前发布了一年半后的 2014~2015 年秋冬季流行色趋势色卡：FASHION COLOURS（流行色）、CASHMERE COLOURS（羊绒色卡）、Cashfeel SOLID COLOURS（羊毛素色色卡）、Cashfeel MELANGE‐MOULINE（羊毛混色色卡）、LANABLEND SOLID‐MELANGE‐MOULINE（羊毛混纺色卡）。同时发布的还有 2014~2015 年秋冬季产品集锦卡，包含了三大类，分别是 CASHMERE COLLECTION（羊绒系列产品）、MERINO COLLECTION（羊毛系列产品）、CIRCULAR KNITTING YARN COLLECTION（圆机产品）。将毛针织品流行色提前一年半时间发布给众多的客户，使新澳获得了与国际服装著名品牌公司供应商的相同竞争力，对下游客户起到超前的针织纱线流行色彩和品种的引导作用。

二是技术研发，加强流行预测的精确度。为了适应市场变化和提高预测的准确性，公司投入了大量人力、财力，不遗余力地提升流行色的预测和应用技术，现已成为新澳的核心技术之一。每年邀请意大利国际流行色专家与公司内部设计团队一起，采用以定量研究为主，辅以定性研究的方法对流行色进行预判。设计团队以目标客户的色彩偏好、不同颜色的销量、畅销度排行等统计信息作为数据支撑。调查研究上一季采用最多的颜色，并注意找出哪些颜色是较新出现的，有上升势头的，结合消费者的心理与对颜色的喜好，分析预测在下一季的政治、经济和社会形势下，他们会偏好什么样的颜色。同时，收集国际著名品牌、著名流行色协会以及相关国际机构发布的颜色趋势信息，并结合自身的技术工艺特点和高端品牌客户的需求，在充分讨论和分析的基础上，最终形成新澳自己完整、细致化的流行色预测方案。

三是关注细节，认真对待流行色传递与发布的精细环节。为便于色彩管理，避免色彩在传递中因为织造、印染、印刷技术造成色彩传递误差，公司在定位流行色预测方案后，又以贴有纱线、织片的实样手册为载体，制作推出了自己的色卡和产品集锦卡，来增强与客户在细节上的沟通。这些样品代表了不同的流行色系风格，不同的技术、纤维组合，以及不同的针织染色工艺。客户可以根据自身的品牌风格，结合现代生活的流行表达，从中选择不同的色系、纤维、纱线结构、质量性能，与新澳进行有针对性的战略研发合作。新澳选择了世界一流的国际行业顶级展会，作为吸引品牌客商的重要舞台。在每年参加的美国纽约国际流行纱线展 Spin‐expo USA（秋冬）和上海国际流行纱线展 Spin‐expo Shanghai 上，新澳会提前一年半发布最新一季的秋冬流行色趋势色卡和产品集锦卡。在纱展上，精心布置的应用流行色的图片及织物的展台，让客商能亲身体验纱线与流行色彩结合的魅力。价值客户来访量逐年增长。公司与品牌服装设计师共同探讨新一季纱线产品合作开发协议,并签订一批订单。2012 年 9 月开始,新澳作为浙江首家毛纺企业,亮相法国巴黎 PV 展(法国第一视觉面料博览会)。这是一个以欧洲纺织企业为实体,面向全球纺织专业人士开放的顶级纺织面料博览会,是全球最具权威和最新面料流行趋势发布的风向标,在业界具有公认的权威地位。公司推出的产品,以时尚的色彩设计和一流的工艺水平,受到与会客商的高度关注。

### (二) 生产管理创新,贯通产业链条

时尚产业的风格差异化和消费符号性所带来的高附加值特性,需要依赖于产品技术创新的有力支撑和先进生产设备的有效对接,并且在产业链上下游得到有效贯通。新澳在生产管理创新、贯通产业链方面,进行了积极的探索和尝试。

一是产品工艺创新。意识到与欧美等国家的产品差异后,新澳积极地进行工艺改革和创新。聘请纺纱、染色技术、质量控制等各环节的国外专家到新澳来,其中包括"精纺之父"国际毛纺专家泽罗蒂先生(Mr. Ceruti)。请他们把所有问题提出来,一项一项地改进。2003 年,新澳成功开发出了拳头产品"CASHFEEL"。该产品是高档原料和先进工艺的完美结合,蓬松、柔软、轻盈且富弹性,颜色纯正,是制作高档针织服装的首选纱线。很多客户在使用之后都觉得新澳 CASHFEEL 产品和意大利产品相比,在纱支的条干均匀度、色彩流行表达,以及制成织物的综合水平上都可以与之媲美,经过十年发展,CASHFEEL 已经发展成为一个畅销国内外市场,享誉全球,在美国、欧盟等多个国家和地区获得商标注册的高品质纱线成熟品牌。其作为新澳的主打产品。同时新澳还开发了诸多的新产品。包括各种化学纤维与羊毛混纺的产品,羊毛与丝纤维的混纺纱线,羊毛与羊绒纤维混纺的纱线,防缩系列的产品等。

二是产业链集成创新。同质化创新的涌现以及微利时代的到来,使得规模毛纺企业的利润,往往并没有随着规模扩张而同步增长。正是意识到了这一点,新澳管理层把目光投向了颇具系统意识的产业链"集成创新"阶段,较早地完成了企业在整个产业链中的角色定位和资源整合过程。作为全国毛纺行业的龙头企业,新澳是产业链整合的先行者。早在 2000 年,公司就设立了子公司,厚源纺织作为纺纱后道染整工艺的延伸。花费近十年的实践,通过合作、兼并和新建等方式,新澳形成了一整套集毛条制条、改性处理、纺纱、染整精加工于一体的纺纱产业链。产业链的整合,使新澳从之前单纯地关注如何提升纺纱技术,逐渐过渡到了关注整个行业的外部环境变化、消费者的终端诉求等方面。

并且设计与营销向两端延伸，使得集成创新概念得以覆盖到产业链上下游。新澳可以在第一时间把制条、防缩处理、纺纱、染色各个工段的专业技术人员召集起来，共同参与到产品的前端设计开发与后端客户服务中去。从原料选择开始，到如何制条、如何进行化学处理等，全方位多角度地集中提出、识别、遴选工艺方案，以保证从工艺设计到生产组织，都能最大限度地为客户提供双方契合度最高的个性化方案。

三是生产管理创新："机器换人"。覆盖全球的价值链已经基本形成，不同的国家处于价值链不同的环节，紧密地衔接，出现了"一荣俱荣、一损俱损"的利益交融格局。这种格局会动态地变化，原来处在全球价值链中低端的中国纺织业，正在逐渐往中高端走。随着劳动力成本的上升、"90后"职业观念的变化、劳动力短缺以及机器人技术的发展，越来越多的纺织企业从向人口要"红利"，转为向机器要"红利"。新澳的管理层已经看到：当前，虽然我们还有一定比例的劳动力"红利"，但已在逐步转化中。同时，在开发全球市场的过程中，与高端品牌服装客户的接触中，我们也越来越深刻地意识到，要想多接订单、多开发新产品、抢占高价值市场份额，也必须要靠一流的自动化设备来保证高品质要求。

2003年，公司开始提升设备自动化。近年来，随着国际市场的迅速铺开，市场对公司产能和产品品质提出了更高的要求。2010年以来，公司审时度势，瞄准行业发展方向，频频出手，高起点、高标准地引进了一大批国际先进的纺纱设备，大大提高了生产效率、提升了产品档次、扩大了企业产能。2010年，新澳引进世界著名的先进前纺设备德国青泽细纱机。该设备运转平稳，有着强力高、毛羽少、成纱光洁均匀的特点，代表了毛纺细纱机的国际最先进水平。2011年，公司从意大利进口一套8000锭纺纱设备，组建成了一条自动化程度较高的纺纱生产线。同年，公司又对多个老车间的络筒机进行改造，淘汰了村田20世纪90年代的高能耗络筒机，采用了国际最先进的德国赐来福络筒机。产能提高40%，劳动力减少30%的同时，质量也稳步提升。2013年，公司再次投入，从意大利、德国引进了一套10000锭的国际最先进的纺纱设备。这是公司迄今一次性投入资金最多、自动化程度最高、用工少而产量最高、质量最高且稳定的纺纱车间。

"机器换人"一方面倒逼企业加大员工培训力度，不断提升劳动力素质，不少普通操作工，因此转变为电脑操控员、设备维护工；另一方面，使公司免于过早陷入"用工荒"困境，逐渐告别劳动密集型发展之路，减少对低成本劳动力的依赖。

### (三)倡导生态环保,增强持久竞争力

绿色环保是时尚产业永恒的主题之一。对企业而言,会喊环保口号或者单纯地向商业伙伴灌输危机感都是没有用的。作为以生存发展为第一要务的企业,必须能提出现实的解决方案,拿得出能有效规避风险的产品,才能让环保概念真正落地,让供应链的运营处在共赢的平衡状态。

在国际市场上,新澳的客户定位主要是美国、欧洲、日本等发达国家的高档服装品牌商。然而要想顺利进入这些国家的中高端市场,精纺纱线产品就必须通过各种严苛的生态认证。国际上生态要求公认最先进的是欧盟生态标签 EU Eco–label 和国际环保纺织协会的 Oeko–Tex Standard 100。为了可以拿出"能有效规避风险的产品",新澳研发团队进行了多年的辛勤研发。

Oeko–Tex Standard 100 是国际上一个统一的、有科学根据的衡量纺织品中是否存在对人体健康有害物质的评估标准。国际环保纺织协会每年都会对该标准进行更新修订,其生态要求高于我国现行国标 GB/T 18885—2009《生态纺织品技术要求》。为了取得进军国际市场的主动权,新澳非常重视对该标准的申请,很早就一举通过了 Oeko–Tex Standard 100 的测试和认证,并于之后每年进行换证更新。该认证可以有效规避欧盟和北美等国的贸易壁垒,帮助新澳顺利抢滩登陆欧美高端市场。

欧盟所制订的生态标签体系,是目前世界上使用地域广泛的环保认证制度。公司积极参与 EU Eco–label(欧盟生态标签)认证计划,改进工艺,选择绿色原辅材,对自身的生产管理提出更高的绿色要求。2011 年,新澳被授予"欧洲之花"EU Eco–label(欧盟生态标签)。不同于 Oeko–Tex 的关注点,该生态标签表明了新澳的产品本身从生产过程到使用,都能满足对环境的要求,是欧盟认可并鼓励消费者购买的"绿色产品"。

以环保的理念护航,以卓越的纱线品质为内核,再加上有效的市场推广驱动,新澳产品的国际舞台不断扩大。下一步想要做到的是与供应链的合作伙伴们,在新型生态环保纱线产品的联合研发、量化生产以及营销推广层面,结成更加紧密的"利益共同体"。密切交流,协同合作,真正发挥 1+1>2 的绿色生态系统的时尚竞争力。

## 三、绩效和示范意义

#### 1. 从被动接单到主动推广,企业品牌形象更加鲜明

2005 年起对色彩流行趋势的把握和推广,成为新澳从被动接单到主动推广的转折点,成为品牌建设的原动力和发力点。流行色卡和产品集锦卡上,随时

尚而动的纱线色彩，是流行理念与先进纺纱工艺的完美结合，为新澳及CASHFEEL子品牌注入了时尚潮流文化的元素，大大提高了纱线产品的附加值。模仿一种颜色并不难，但是附着在品牌之上的潮流文化的属性却是难以复制和超越的，它是新澳多年经营积淀下来的重要"软实力"。对比十多年前，现在的新澳已不再是过去被动接单的加工工厂，而是在世界顶尖纱线展上，自主发布流行趋势、引领时尚潮流的弄潮儿。新澳卖的不只是纱线，更是潮流文化。在毛精纺行业的国际高端市场上，新澳已经打响了自己的名气，全球的品牌服装客商们都知道，在中国新澳就能找到他们所需求的高档羊毛纱线。

*2. 深度开发国际主销市场，取得良好经济效益*

主动推广的营销模式和鲜明的品牌形象为公司带来了良好的经济效益。经过十多年在国际主销市场的精耕细作，新澳的营销网络覆盖香港、日本、意大利、德国、美国、澳大利亚、新西兰、法国、英国、瑞典、挪威、丹麦等二十多个国家和地区。现在新澳已成功跻身世界毛精纺纱线销售市场的前列，与意大利的顶尖公司一起，共同逐鹿国际高端市场。据海关总署信息中心统计显示，近几年，在纺织业大环境不景气的情况下，公司的CASHFEEL产品依然凭借其国际领先的产品特点和鲜明的流行色彩表达，销量逐年上升，公司的经济效益良好。

*3. 规模化生产和准确备货，使企业增强隐形竞争力*

有了流行色预测和应用技术，销售人员可以拿着新澳自己的色卡和产品集锦卡，让品牌客户设计师和买手挑选。与之前的被动接单不同，从公司既有的样品中挑选，使得客户反馈的需求不再是零星、多变的。色卡有很强的操作性，方便了客户选色，客户选中颜色后只需告知色号即可。这大大方便了公司组织标准化、规模化生产，增大单批次数量，提高生产效率。大生产的颜色准确性高，色牢度有保证。同时，缩短了中间打板、染色打样、确认及修改时间。特别是远距离的外销订单，大大省却了来回邮寄样品的麻烦，方便了双方的合作。

凭借重新定位和管理创新，新澳成功地实现了企业的转型和升级，主动服务的营销策略，为企业树立了良好的品牌形象，也为企业带来了丰厚经济利益，尤其是旗下的品牌CASHFEEL产品，即使在整个行业不景气的情况下，也为公司带来了良好的经济效益。同时，生产环节的技术设备创新和供应链整合创新，帮助企业增强了竞争优势。众多的荣誉和积极的评价，反映出新澳取得的社会效益。

新澳的成功之路，为我国纺织企业走出困局，实现行业的转型升级、科学发展提供了一个范例。其时尚企业的创新型定位、创新的营销理念、产品创新、科技创新、系统管理思想的创新，以及可持续发展的理念值得中国的企业学习和推广。

# 时尚、快乐、健康
## ——浩沙集团转型升级之路

——浩沙实业（福建）有限公司

浩沙自创建以来一直倡导休闲、健康的生活方式，三十年来与时俱进、锐意创新，在运动健康行业中从倡导者成为领军者。如今浩沙正致力打造完善的运动健康生态圈，为实现"浩沙梦"而不懈努力！

董事长　施洪流

自 2008 年国际金融危机爆发以来，世界经济跌宕起伏，贸易保护主义逐步抬头，中国的经济发展面临前所未有的复杂环境和挑战。面对这种严峻的形势，我国经济发展必须要转型升级。转型升级不仅势在必行，而且是恰逢其时。随着世界经济环境的变化，外需拉动经济增长的因素正逐渐降低，中国经济增长的脚步也逐步放慢。此外，随着材料、劳动力成本上升，资源、环境对经济增长的约束力增强，传统行业的生存发展都受到了一定的影响。作为传统行业的代表，服装行业一直是我国的支柱行业，服装行业主要是由中小型企业构成的。要顺利渡过这一瓶颈阶段，中小型服装企业必须转变经济增长方式，加快转型升级的步伐。除此之外，中小型服装企业需增强自身的实力，实现可持续发展，加强企业品牌文化建设，努力建立独具特色的企业品牌文化，打造出一个健康、快乐的企业，为全面建设小康社会，提高人民生活水平做出新贡献。

浩沙实业（福建）有限公司（以下简称"浩沙集团"）创业于 20 世纪 80 年代初，它以传播运动健身文化，倡导时尚、快乐、健康的生活方式为己任，主要从事设计、生产及销售中高端室内运动服饰产品，包括水运动、健身瑜伽、运动内衣及配饰件。在 30 多年的发展过程中，浩沙集团不断转变经济发展方式，加快自身升级步伐，凭借优良的产品品质及先进的品牌经营理念，它已发展成为一个引领时尚健康生活的集品牌、设计、生产制造、商业、地产等为一体的大型国际化的多元化产业集团，拥有最完整的室内运动产业链。

## 一、浩沙集团转型升级的背景

### （一）外部环境的挑战

2016年，世界经济复苏仍在持续，但速度较为缓慢，国际金融危机的深层次影响尚未完全消除，国际贸易前景存在较大的不确定性，纺织服装行业正面临着诸多挑战。中国纺织服装业在国际市场占有率超过30%，国际时尚消费与贸易仍持续增长，国内服装零售一直以两位数增长。受国内生产成本急剧上升、国家银根收紧、货币政策频繁调整、汇率波动加大、人民币持续升值、原辅材料价格波动等因素影响，企业出口利润空间被不断压缩，国内运动装、休闲装相继遭遇库存积压困境，大品牌纷纷收缩门店，传统"追底杀低"的竞争模式面临严峻挑战。由于我国服装加工型企业大多生产设备陈旧、生产管理方式粗放，无法满足现在服装市场的需要，转型升级迫在眉睫，从粗放式到精细化，从生产导向到市场导向，从规模导向到效益（经济效益和社会效益）导向，从成本导向到价值导向，从效率导向到可持续增长导向，从服装大国到服装强国，目前，服装行业需要迫切进入一个全新的变革时代。

### （二）转型升级是纺织行业未来发展的趋势

国家"十二五"规划纲要提出，轻纺行业要强化环保和质量安全，加强企业品牌建设，提升工艺技术装备水平。《纺织工业"十二五"规划》具体提出，纺织工业要发展成为结构优化、技术先进、绿色环保、附加值高、吸纳就业能力强的现代工业体系，为实现纺织工业强国奠定更加坚实的基础。行业协会对服装企业在提升装备技术水平、淘汰落后产能方面提出了更高要求，在当前背景下，转型升级成为我国纺织行业未来发展的趋势。

### （三）浩沙集团科学抉择的需要

企业做出转型升级的决定，主要有两个方面，一是企业在行业内的竞争力和竞争优势不足，通过组织的变革，产业结构的调整等，提升企业在行业内的竞争力和话语权；二是企业所处的行业属于"夕阳产业"，已经被新的行业所取代或者发展前景非常黯淡，企业要想生存发展，就必须转型升级，寻求新增长点，使企业获得新的核心竞争力。随着服装品牌尤其是快时尚品牌的不断壮大，服装产品逐渐形成"量少、多款、流行周期短"的特征并朝着多元化、快时尚化的方向发展。纺织业现在面临很多挑战，挑战同时还伴随着一系列机遇，在扩大内需的进程中，浩沙具有更广阔的发展空间。快时尚继续扩张，而泳装等生活方式消费更是逆势上扬。浩沙集团面对新的形势，需要站在更高的起点上，以积极的姿态面对国际、国内形势，导入"健康、快乐、时尚"的新理念，通过技术与管理创新实现转型升级、产品升级、功能升级和价值链升级，探索纺织服装企业转型发展的新道路。

## 二、浩沙集团转型升级的内涵和目标

### （一）浩沙集团转型升级的内涵

随着经济的发展，"转型升级"受到了前所未有的关注，大到国家，小到企业，都在关注企业的转型升级。企业转型升级，指企业长期经营方向、运营模式及其相应的组织方式、资源配置方式的整体性转变，是企业重新塑造竞争优势、提升社会价值，达到新的企业形态的过程。转型大师拉里·博西迪和拉姆·查兰（Larry Bossidy & Ram Charan）指出，"现在到了我们彻底改变企业思维的时候了，要么转型，要么破产"。无论企业主动还是被动，都要实行战略转型，能否分析、预见和控制风险是转型成功的关键。

浩沙集团是在中国第一波改革开放中成长起来的一个典型的南方企业，从服装加工开始发展。当大多数纺织服装创业者以"买进卖出"或从事简单的加工制造捞取第一桶金，满足从短缺经济走出的饥渴消费者迅速膨胀的消费需求时，浩沙集团在创业之初就不走寻常路，创建自己独特的事业模式。浩沙集团作为传统的健身企业，目前积极转型升级，将开智能健身房。浩沙设计了智能手环、智能服装、虚拟跑步场景、贴身的健身管家，还在设计包含有智能装备的泳衣或帽子等。浩沙为了更好更快地转型，甚至在2015年专门成立了大数据部门和O2O。

### （二）浩沙集团转型升级的目标

#### 1. 打造"时尚、健康、快乐"的品牌文化

21世纪的企业竞争，很大程度上是企业品牌文化的较量。企业要想在竞争中生存和发展下去，必须建立属于自己的品牌文化，并让消费者意识到自身的品牌文化，通过品牌文化建立企业的核心竞争力。现代营销学之父科特勒在《市场营销学》中的定义，品牌是销售者向购买者长期提供的一组特定的特点、利益和服务。一个品牌最持久的含义就是它的价值、文化和个性，正是它们确定了品牌的基础。品牌文化是企业文化在营销过程中的集中表现，是决定品牌构造的价值取向、心理结构、行为模式和符号表征的综合，是品牌构造的价值

内核。品牌文化的内涵一方面是通过品牌名称、品牌标志、品牌包装等展示出来的文化；另一方面其实质是企业形象、企业经营理念等的总和。

浩沙集团注重品牌文化的建立，它以推广自然、健康、快乐的健身文化为宗旨，倡导休闲、健康的生活方式。在全球新消费主义统领的市场趋势下，今天的浩沙已成为同类产品中最受欢迎和认同的品牌之一，浩沙品牌代表了一种健康时尚，代表了一种人文精神。浩沙将继续秉承"时尚、快乐、健康"的品牌理念，致力于成为运动休闲、家居休闲和健身产品的第一品牌。

2. "时尚、健康、快乐"品牌文化的建立过程

浩沙集团凭借清晰的品牌定位、专业时尚的设计、高品质的产品、专业时尚的健身服务成为健身瑜伽、水运动、运动内衣、健身服务等室内运动行业的专家，缔造了一个引领健康时尚生活的集纺织印染、服饰设计、服饰生产、品牌营销、国际贸易、健身服务等为一体的大型室内运动产业集团，并拥有其完整的室内健身运动产业链。

（1）不断进行自身品牌推广。浩沙集团以文化角度和高度发展产业，植入"文化创意"和"科技创新"的理念，缔造服装产业价值链高端部分的品牌、设计、研发和营销。在浩沙集团发展的过程中，它不断通过赞助选美比赛、游泳队、参加服装发布会和店内宣传等各种形式进行多样化的品牌推广活动，提高品牌知名度。近几年来，浩沙集团赞助了三百多场的各项选美赛事，其中包括：国际比基尼小姐大赛、国际旅游小姐大赛、世界超模大赛、环球国际模特大赛、世界休闲小姐大赛、世界华裔小姐大赛、亚洲超模大赛、亚洲小姐大赛、中日韩友好大使国际超级模特大赛、中国职业模特大赛、中国超模新面孔大赛世界决赛、新丝路模特大赛、华人风采模特大赛等。长期承办每年一届的中国最大规模的全国万人健美操大赛，几年来共赞助一百多场全国或省级健身健美大赛和瑜伽大赛。多渠道、多方式培育新生活方式下新消费市场，提高了浩沙集团相关品牌的知名度。

（2）"以人为本"的品牌文化定位。一个品牌的核心问题是作为主体的人，满足主体的需求是服装品牌实现自我价值的关键。自浩沙集团建立以来，它始终站在消费者的角度考虑问题，抓住消费者的心理，努力在消费者心中树立难以忘怀的浩沙集团形象。浩沙集团的质量优于同行的对手，在设计上不断变化来迎合消费者的审美观。经过三十多年的发展，浩沙集团以其完美的品质、符合运动和人体需求的舒适和时尚设计以及产品的人文关怀，成为时尚运动服饰和高档内衣的专家。从香港到中国大陆，以及亚洲地区直至全球市场，浩沙集团逐步成为炙手可热的时尚运动服饰和内衣品牌，受到了越来越多的消费者的

拥戴和信任。

（3）坚持"时尚、健康、快乐"的宗旨。随着经济的快速发展，人们生活节奏不断加快，现代人承受着越来越大的压力，作为人们生活中不可缺少的服装，在为消费者减轻压力带来快乐的过程中扮演着越来越重要的角色。浩沙集团一直秉承"时尚、快乐、健康"的品牌主题，为广大消费者提供符合其需求和流行趋势的优质服饰产品。浩沙集团的完美品质，来源于其几十年时尚运动服饰和高档内衣的专业设计以及制造经验，还有对消费者需求和流行趋势的准确把握，精湛的板型设计和工艺水平及国际领先的面辅料的应用。作为运动休闲和家居休闲的领先品牌，浩沙集团希望可以为消费者带来快乐、健康和时尚，它希望当消费者穿上浩沙品牌的衣服时有一种不一样的感受。浩沙集团的品牌文化也受到了消费者的广泛认可。浩沙集团的服饰已成为众多顶级的模特大赛，全球和地区的选美比赛，健美、游泳、沙滩排球、花样游泳比赛等首选品牌之一，也是中国时尚运动服饰和内衣流行趋势的风向标。

## 三、浩沙集团转型升级的具体做法

### （一）实现浩沙集团功能升级

功能升级是企业走向成熟的基础，只有实现了功能升级，企业再进行链条升级，才具备建立新产业价值链的完整能力，才能进入新价值链的高附加值环节。浩沙集团通过功能升级，提高自主创新能力，从而全面提升浩沙集团各方面的能力，增强浩沙集团的独立性。

#### 1. 前瞻性开发，提高自身核心竞争力

浩沙集团从专注泳装这样一个小众市场的产品开始，1986年在中国市场率先推出健美裤，风靡全国。同时浩沙集团最早引进了弹力面料，用以泳装生产并进而向产业链前端延伸，从事针织面料的织造、印染。以新面料的开发研制、生产与制造，扩大了经营范围与企业规模，提高了企业原料供应端的创新水平，从而提高浩沙集团的核心能力。同时助推了晋江乃至全国泳装及相关产业集群的发展和产业综合竞争力。在培养竞争者和培育泳装产业的同时，以不断的产品升级使自己站在一个更扎实的产业基础和更高的市场竞争平台上。

#### 2. 注重自有品牌建设，走在行业发展前端

浩沙集团是最早的国内泳装品牌，直接跨过了OEA和OEM模式，进入ODM和OBM阶段。目前旗下拥有HOSA，HAOSHA，FAFA，REIA，AYYA等面向不同消费群的知名品牌，产品系列包括专业泳装、时尚泳装、健身服、瑜伽服、运动内衣、时尚内衣、男式内衣、家居服和系列健身产品众多产品系列。

浩沙集团早在20世纪90年代，就以自有品牌进入时尚百货渠道。以自有品牌为旗帜，其产品生产模式、经营管理、设计制造，整合自营、外包授权等时尚品牌经营模式。浩沙集团从泳装、健身运动等价值链中的学习者而成为开拓者、主导者，成为国内相关市场的引领者。因此，浩沙集团在中国服装产业是最早完成产业升级中最重要突变——价值链的功能升级（Function Upgrading）。

### （二）实现浩沙集团价值链的升级

价值链升级理论的研究始于 Gereffi（1994）对东亚纺织链的研究，分析了香港纺业是如何通过参与国际纺织链生产发展设计和营销功能以及外包部分生产能力而实现技术台阶跃升的。早期对价值链升级的研究是带有规范性质的，即遵循委托组装（OEA）向委托加工（OEM）到自主设计（ODM）及自有品牌生产（OBM）的价值链升级路径。

#### 1. 创建浩沙健身，挖掘企业新的增长点

浩沙集团从生产泳装到经营泳装及其相关产品（如泳镜），以及健身服、运动内衣和家居服，从纺织服装到面料，已经在进行品牌、产品衍生、延伸和尝试跨界经营，并获得成功。在此基础上，浩沙集团推进新的战略，创建了浩沙健身，缔造了以都市时尚为核心的现代室内运动产业链，创造了企业新的增长点。浩沙集团发展健身板块已有七八年的时间，目前在全国有100多家健身俱乐部。去年，浩沙集团开始提出"健康管理"的新理念，通过和权威健康体检机构合作，根据每个人体检状况的不同，分析其健康因素，利用科学、医学的方式，用非药疗式来替代传统药疗的调理方式，即从生活习惯以及适合自身的运动方式去调理身体健康状况。

作为中国大陆最早成立的大型连锁健身俱乐部，浩沙健身以"引领室内运动、倡导健康生活、体验快乐人生"作为企业使命，长期致力于推广快乐、时尚、健康的健身文化，倡导休闲、健康的生活方式，积极推进全民健身活动，努力提升国民身体素质。2011年12月，浩沙国际在香港证券交易所主板上市，极大地促进了浩沙健身的品牌升级和服务改善，开启了健身行业健康发展的新局面。2012年6月，浩沙健身成功登陆台湾，开辟了海外首家浩沙健身俱乐部，标志着浩沙健身海外扩张和国际化战略的启动。

#### 2. 注重合作，不断促进企业的联动发展

浩沙健身作为健康生活方式的传播者，深受海内外健身爱好者的青睐。多年来连续荣获中国健身行业"C-BP品牌力第一名""全国优秀健身俱乐部"等各种荣誉称号。展望未来，浩沙健身将一如既往地发扬"团结和谐、拼搏创

新"的企业精神，努力打造中国领先、国际一流的室内运动和健身产业集团。浩沙健身连锁城市和地区包括北京、上海、南京、镇江、溧阳、郑州、成都、厦门、福州、晋江、台湾。浩沙健身开拓新的推广模式，与中国健康促进基金会、全国各大医院教授专家组、奥美之路，共同推出的"健康体适能测评与运动管理应用研究"课题启动会，2014年7月27日，在北京小汤山医院健康管理中心召开。以"医+体"的模式，将健康管理与运动管理结合，提出"一个人、一家庭、一辈子，学会自我管理，享受健康人生""运动健康管理，健康八十八"等理念。启动会期间，来自浩沙健身的明星教练，带领专家们现场感受普拉提、身心平衡等课程，享受运动，享受健康，为未来企业的联动发展提供了新的视角和方向。

### （三）实现浩沙集团流程升级

为了支持浩沙集团功能升级和价值链升级，由做"内容"向做"内涵"转型，从而实践"时尚、快乐、健康"的品牌宗旨的基础与前提，浩沙集团进行了流程升级。

#### 1. 创新传统经营模式，提高经营效率

服装市场是多元化、多层次变化发展的引导型市场，表现出个性化、小批量、多品种的特点。产品的使用周期越来越短，产品的种类越来越多。服装供应链涉及的支持产业多，采购和供应关系复杂，具有服装产业链长和市场变化快的特点，放大了"长鞭效应"，激化了生产与市场的矛盾。泳装作为服装行业中的一类特殊产品，季节性强，更替周期短，流行变化快。一个夏天买一到两套泳装就已足够，到了第二或第三年，又去买新款。在配件上，消费者的普及率更低。对于以泳装销售为主的浩沙集团来说，在这个变革的时代，浩沙注重提高经营效率，向管理要利润，强化系统性分析，以便更好地支持决策，它改变了传统的经营模式，采用期货订货会模式获取远期订单、规避销售预测风险和渠道库存风险，有效降低风险的市场营运方式，使产品能够快速对接市场，在最短的时间内获得最大的利润。

#### 2. 攻坚克难，走管理创新之路

浩沙集团通过管理创新，延续现有期货订货制的优势，改进其缺陷，通过订货会100%订单额确认，实施按月滚动供货机制。根据市场销售情况反映，提前一个月调整本月期货供货数量的30%，从而减少滞销品带来的库存积压风险，又能保证采购计划和生产计划与仓库存量相匹配，将缺货和剩货损失和经营成本降到最低。

浩沙集团完善了已有的 DRP 分销系统、仓库和终端条码系统、专卖店 POS 系统。在此基础上，浩沙集团建立了生产领域的信息系统，以达到柔性生产、精益生产的目标。在生产过程中，自设计师开发到成为消费品，要经过选择面辅料、颜色和制作样品并送样确认、估价、制订单、进一步投入放样、排版，同时由业务人员和质量检验人员在裁剪、缝纫、后处理的生产过程中，不断地进行产品质量的跟踪管理来确保顺利交货，将这些过程信息化后，大大缩短了生产周期。为了早日实现与面辅料供应商、附件协作厂商的信息系统对接，摆脱服装整体运作中采购周期过长这一制约，浩沙集团建立了自己的采购领域信息系统。

### （四）实现浩沙集团产品升级

浩沙集团除了通过流程升级来辅助功能升级和价值链升级，对自身的产品也加快了升级的步伐。浩沙实业的泳装和健身运动服装是高度功能性和时尚化的服饰，多年来它不断引进新材料、新工艺、新技术充实泳装的科技含量，提高其品质、性能，打造更时尚、更健康、更舒适、更超值的产品。

**1. 不断引进优秀人才，加强产品研发团队建设**

浩沙集团有一支优秀的设计和研发团队，浩沙在香港特区的设计中心，拥有众多水准一流的设计师。来自韩国、日本、新加坡等亚洲不同国家与地区的设计师，凭借着激情、丰富经验和对时尚元素的敏锐，勇于挑战传统设计手法、冲破传统思维模式，使泳装、健身服、活力装等运动系列的设计富有动感、更前卫。家居服和内衣系列淡化了年龄界限，采用高科技材料和人性化的制作工艺，更加舒适、健康、时尚。在人员培训方面，公司每年定期开展技术培训课堂达 50 课时，每年培养新技术骨干 3~5 名。

**2. 丰富产品类型，提高产品质量**

浩沙集团在创立之初就应用新技术革命的成果，不断拓展产品类型，开发新的面料，设计新款式，开发新产品，提供新服务，创造新体验。应用运动力学和人体工学设计生产专业水上运动、室内健身、瑜伽服装，推出室内训练系列服饰，加之其流畅的版型，舒适的功能面料，细致精良的做工，充满活力动感而不失优雅的形象，受到越来越多消费者的喜爱。

**3. 依靠科技创新与合作，提升产品竞争力**

浩沙集团多年来一直走在国际泳装等健身运动面料领域的前沿，通过与欧美顶级专业公司合作，采用优质弹性材料进行精工制作，生产出品质一流的产品。同时广泛应用功能性面料，如 COOLMAX、TACTEL 等，使产品更具吸湿排汗功能和柔软弹性的质感。"性感、动感、自由、自我"是浩沙集团品牌的主题，所有产品系列均以全方位时尚视角，淡化年龄的界限。"浩沙 hosa 设计工作室"秉承浩沙集团"传统与现代融合，品质与品牌优先"的经营理念，采用天然纤维，如棉、羊毛、羊绒，以及 modal 等人造纤维素纤维，与最新的功能纤维相结合，使产品达到最为完美的效果。

## 四、浩沙集团转型升级取得的成果

### （一）浩沙集团经济效益显著提升

经过浩沙集团全体员工的共同努力，通过创新变革流程升级和产品升级，在管理及经营的许多方面均取得了显著成效。数据对比显示，采用管理创新后的浩沙服饰的库存周转天数，由 2012 年的 111 天降低到 2013 年的 101 天，渠道库存周转天数也由 2012 年的 90 天下降到 75 天，库存周转率逐年攀升。同时，积淀库存逐年减少，使得库存结构和库存控制水平不断得到了改善和提高。库存资金成本及库存折损（按 3 年折损 100% 计算）显著降低，实现了令人欣喜的经济效益。从 2009 年至今，公司效益增长明显，2010 年销售额 4.7 亿元，成为中国出厂销售额最大的室内运动服饰公司。2011 年销售额 7 亿元，实现了 51% 的增长。2012 年销售额达到 8.5 亿元，纳税 1.6 亿元。

### （二）浩沙集团社会影响力不断增大

浩沙集团通过整个价值链的带动效应，浩沙品牌目前已经成为中国出厂销售额最大的室内运动服饰品牌。2004 年浩沙内衣被国家质检总局评为"国家免检产品"，2006 年被福建省科技厅认定为"福建省高新技术企业"。同时，公司在科技研发方面取得了重大成就，每年开展多项研发项目，均取得了相应成果。至今公司已拥有 15 项专利，并于 2013 年 9 月获得福建省高新技术企业资质认定。2006 年浩沙集团，被福建省工商行政管理局复评为"福建省著名商标"；2006 年浩沙针织泳装、内衣、健身服产品被福建省人民政府复评为"福建省名牌产品"；2007 年浩沙公司被认定为"福建省省级企业技术中心"；自 2008 年起，浩沙品牌每年均获选为"中国 500 最具价值品牌"之一；于 2008 年被认定为中国泳衣行业标志性品牌，获选为 2008 年奥运游泳项目举办场地——国家游泳体育中心（"水立方"）的水运动产品独家供货商，处于行业领导地位；2010 年第七届中国服装品牌年度大奖公众大奖；2011 年福建省知名字号等荣誉。

### (三)浩沙集团创新能力日益增强

浩沙集团沿着纺织服装供应链的足迹,通过以"时尚、快乐、健康"为主旨的品牌和企业文化建设,通过浩沙健身的成功发展实现了价值链升级,提高了产品的价值和品牌内涵,为企业的可持续发展奠定了基础。浩沙集团的发展和壮大选择了一条和一般纺织服装企业不同的道路,以泳装生产为起点,探索具有时尚、健康、快乐特色的企业成长模式,为纺织服装企业起到了模范带头作用,实现了整个产业链的共同融合发展。

# 产学研合作体系发展道路的开拓者

——原江苏奥神集团有限责任公司
（现合并连云港市工业投资集团有限公司）

**企业使命**：引导高新产业、推进产业转型、服务企业发展、重大项目投资。

**发展愿景**：打造成为产融协同发展，核心业务突出，全国一流的工业投资集团。

**企业精神**：品质工业、精诚投资。

**核心价值观**：求实、担当、创新、卓越。

**经营理念**：稳健经营、创造价值。

董事长 杨 龙

江苏奥神集团有限责任公司是经江苏省人民政府批准设立的国有独资公司，主要从事高性能纤维的研发、生产及销售服务。集团坐落在黄海之滨连云港市，连云港市是丝绸之路经济带和海上丝绸之路的交汇点，是长三角一体化发展和江苏沿海开发两大战略叠加区，而新材料产业正是连云港市的主导产业。集团现有参控股企业9家，固定资产5.14亿元，2013年销售收入3.93亿元，利税4000余万元。

奥神集团的发展使命是"做高新纤维材料产业的引领者和主力军"，推动中国纺织产业的转型升级。经过不懈的努力，近年来，集团获得了中国纺织工业联合会、中国化学纤维工业协会等单位授予的"产品开发贡献奖""国家高性能纤维材料产业研发制造示范基地""全国化纤行业优秀品牌贡献奖"等多项殊荣。集团取得的这一系列优秀的成绩，很大程度上要归功于他们多年来不断创造和完善的企业主导型产学研技术创新体系。

## 一、产学研技术创新体系的实施背景

### 1. 产学研创新管理机制——应国家战略要求而生

基于我国经济增长过度依赖能源资源消耗，环境污染严重，自主创新能力较弱，企业核心竞争力不强，经济效益有待提高的国内现状，和将长期面临发达国家在经济、科技等方面占有优势的国际压力，党的十八大和《国家中长期科学和技术发展规划纲要（2006~2020年）》，都明确提出了要全面实施创新驱动发展战略、加快国家创新体系建设。

以企业为主体、市场为导向、产学研结合的技术创新体系已经成为党和国家未来建设的重点，只有加强企业、高校和科研机构之间的协同创新，加快培育一大批拥有核心技术和自主知识产权、具有知名品牌和持续创新能力的创新型企业，才能为我国进入创新型国家行列奠定坚实的基础。近几年，国家鼓励企业与科研院所合作进行项目研发，各级科技主管部门的科技计划项目导向性、引导性越来越明确，支持对象已由原来单一的企业或科研院所向产学研合作体倾斜，政府主管部门对产学研合作研发项目的认同感越来越强。

在这样的新形势下，实现产学研合作的创新管理机制成为大势所趋，走产学研创新管理的发展道路，无疑是江苏奥神集团迅速实现科技成果项目产业化、市场化，做大做强产业链条的有效途径。

**2. 科研院所、高校和企业环环相扣——推动行业国际竞争力提升**

高性能纤维及其复合材料被广泛应用于航天、交通、能源、建筑、环保以及海洋产业等各个领域，是国防建设和国民经济发展中极为重要的战略性新材料。

当前世界化纤行业格局已经出现结构性调整，西方发达国家已经退出了常规化纤生产领域，产业重点向高科技、高性能纤维新领域转移，行业整体竞争处于世界领先地位。反观我国，虽然国内绝大部分高性能纤维的研发已有40多年的历史，但行业整体技术水平和竞争力与发达国家还有不小的差距，有些品种差距甚至超过40年。因此，加大投入研发，尽快缩短与发达国家的行业水平差距，提升行业整体竞争力的问题亟待解决。

江苏奥神集团自身在发展之初便具有扎实的高性能纤维研发基础，而致力于高性能纤维研究的东华大学、江南大学等多家高校和科研院所与江苏奥神集团关系密切，并先后取得了许多前沿性的科研成果。正是高性能纤维研发企业与研究院校的密切联系，为江苏奥神集团发挥企业主体作用，创新管理机制，开展产学研协同创新提供了无限可能。这也为其推进高性能纤维行业的产业化进程，提升我国纺织行业的国际竞争力创造了条件。

**3. 行业内领跑和集聚平台建设——助力集团产业发展壮大**

高性能纤维具有科技含量高、应用领域广、产业化难度大的特性，于是在行业内掌握了先进技术成果的企业往往能抓住发展先机。而江苏奥神集团正是手握尖端技术成果的行业领先者。

近年来,集团不断贯彻产学研创新管理机制,不断推进产业转型升级,以创新驱动引领产业发展,孵化出了一批高性能纤维新材料企业。通过多年的建设,以碳纤维、超高分子量聚乙烯纤维、聚酰亚胺纤维三大高性能纤维为主的产业链初具雏形,作为研发基地,中国高新纤维材料连云港产业园区的吸引力和综合优势日益增强,逐渐发展成为融产学研于一体的高新纤维材料产业发展的综合性集聚平台,辐射范围从研发到后道制品制造销售的整个产业链条,起到了有效汇聚资源、降低成本、推动高新纤维材料产业快速有序发展的重要作用,为实现集团"用新材料,创新生活"的美好愿景提供了良好的产业环境。

此外,推进产学研合作,也是高校推动自身研究发展的内在需求。我国很多行业背景高校在高性能纤维及复合材料研究方面科技成果丰富,而将其科研成果转化为现实生产力和惠及民生的实际应用,是广大科技工作者的共同夙愿和努力目标。正是高校和院所与奥神集团的集聚化发展,为高新纤维材料产业园区的壮大和发展提供了强大的助力。

## 二、奥神集团产学研创新体系的理论与实践

### 1. 产学研合作技术体系理论——奥神集团的践行与完善

在产学研合作的技术创新体系中,企业、高校、科研院所是合作创新中的内部技术提供者,是产学研合作的核心力量,而政府、金融机构和中介机构等则是产学研合作的服务者,是促进产学研合作的外部服务力量,它们在产学研结合的技术创新体系中扮演着不同的角色。不同国家由于产学研发展阶段的不同和具体国情的差异,政府、高校和科研机构以及企业在产学研合作中的地位和作用也有所不同,因此,采用的合作模式也不同。总的来说主要有学研主导型产学研合作模式、企业主导型产学研合作模式以及政府主导、倡导、诱导型产学研合作模式等。

江苏奥神集团积极建设研发平台,完善管理机制,创新管理理念,提升管理效率,推动并促进企业、高校和科研机构在相关领域进行高新技术研发和科技成果转化的方式,正是属于上述产学研合作技术体系中的企业主导型产学研合作模式。企业主导型是指企业除了提高自身的研发能力以外,还积极主动吸引、号召大学和科研机构参与自身的产品开发和市场开拓,创造利润,在该模式中,企业处于主导地位,在项目的确立、合作对象的选择、紧密程度以及利益分配方面居主导地位,同时也承担更多的风险。在该模式中,高校、科研机构作为配角参与企业研发活动,为企业提供技术支持,政府则在宏观上为企业

创新提供一些政策性的服务和法律性的保护。企业主导型的特点：企业与外部资源的合作完全是自发的，企业是决策和研究开发投入的主体、技术创新活动的主体和创新成果利益分配的主体，也就是说企业既是技术创新的创造者，也是科研成果转化的主导者和分配者。

企业主导型模式的建立主要是基于企业对利润的不懈追求可以导致对创新特别是技术创新的迫切希望。企业主导型的产学研合作技术创新以委托开发、合作开发和共建研究机构等形式来与国内高校和科研机构合作构成了产学研合作技术创新体系。在产学研合作技术体系模式下，江苏奥神集团与高性能纤维及其复合材料领域内的高校院所、科研机构及行业协会积极开展产学研合作，建立了长期有效的管理机制，充分调动各主体积极性，整合利用多方力量共同创新，实现了资源共享、责任共担、成果高效转化和各主体的长期共赢发展。

**2. 产业集群效应理论——奥神集团的汇聚与引领**

产业集群一词最早由波特在其《国家竞争优势》一书中提出：钻石体系会形成"产业集群"，也就是一国之内的优势产业以组群的方式，借助各式各样的环节而联系在一起，而不是平均分散在经济体中。根据波特的观点，产业集群作为一种空间集聚现象，表现为大量密切联系的企业及相关支撑机构在某一特定领域、某一空间范围聚集形成持续的竞争优势。

产业集群的基本特征：一是集群带来地理上的集中，企业可以方便地获取所需要的诸如专业化信息、专有技术、技能劳动力、原材料等生产要素，便于企业降低生产成本，并通过企业间价值链的联系整合形成较强的竞争力；二是集群通过纵向专业化分工和横向经济协作实现弹性专精的生产和经营活动，具有专业化的明显特征。集群中的企业由产业链连接在一起，具有同质性和较高的关联度；三是集群内共有的文化背景和制度环境是产业集群发展中独有的社会资本。产业集群内生的信任、文化、沟通等人文因素，促进了企业间的交流与合作，各主体之间共有社会文化联系，产生共同行为准则，有助于集群企业的技术创新，并使集群在面对外来竞争者时，拥有独特的竞争优势。

江苏奥神集团充分发挥了自身发展理念中的"汇聚"和"引领"作用，坚持产业集聚、引领汇聚的发展道路，充分发挥国有资产"四两拨千斤"的杠杆作用，拉动了数十倍的产业投融资，促使集团顺利实现从传统纺织业向高新纤维材料产业的转型升级，促进了区域、行业新材料产业的发展。集团先后发起投资了国产化装备程度最高、产能和销量最大的万吨碳纤维项目。目前，这三大高性能纤维新材料产业已经初具规模，连云港产业园区的吸引力和综合优势也日益增强，逐渐发展成为融产学研于一体的高新纤维材料产业发展的综合性集聚平台。而这样集聚的创新平台在产业集聚效应理论中有以下几点优势。

（1）由于规模经济与范围经济效应带来的成本优势。企业在一定区域内的相互临近，或者同时处于生产链的某一个环节而分工不同，从而降低了成本；由于共同的交易市场与采购中心降低原材料成本与销售成本；集群企业的临近使得信息的搜寻与获得更加迅速，从而降低了信息成本；由于企业的集聚带来劳动力的集聚，从而减少了劳动力的搜寻成本。最重要的是由于知识的外溢效应，核心技术与知识扩散速度加快，有利于产品的创新等。

（2）促进分工与合作。新的贸易理论认为，市场与分工交互作用产生的内生的绝对优势具有更为普遍的意义，竞争最终的结果将主要取决于资源使用的效率。在一定区域内集聚，能够更好地发现各个企业的比较优势，从而形成纵向与横向的协作，促进规模经济发展和产业结构升级，从而提高资源的利用效率。

（3）享有区域与品牌优势。由于一个区域在某一或某些方面或品牌做得比较出色，从而提高了整体的知名度和提升了整体的企业形象，商品需求者就会自动来此地区购买商品，同时由于地区集聚的诸多便利条件，也会吸引投资商前来投资。

### 三、奥神集团产学研技术创新体系分析

经过多年的建设，奥神集团的产学研技术创新体系大致趋于成熟，其明确的分工和完善的机制保证了集团的高效运作。而集团产学研体系的奥妙大致体现在三个方面：组织架构、重点内容建设和运行保障机制。

#### 1. 奥神集团产学研体系的组织架构

以奥神集团为主体的企业主导型产学研体系的突出优势是高效率的科技成果转化及科技项目申报，高质量的市场推广和行业合作，以及有效的引导、监督、协调、推动和支持等。

主体主要包括奥神集团、高校和科研院所、行业协会等，参见图1。

其技术创新体系的主体分工如下。

（1）奥神集团。奥神集团主要提供项目研发资金、研发场所，以及配备相关技术研发人员。负责研发过程管理及科技成果产业化，集团企业研究生工作站及博士后创新实践基地，为高校培养应用型创新人才等；利用产业装备优势，结合集团发展方向，完成高校、科研院所相关研发成果的中试及产业化工作；负责联合高校、科研院所进行国家科技政策扶持项目的申报争取工作；为合作单位研发人员在集团开展研发工作提供生活条件保障。

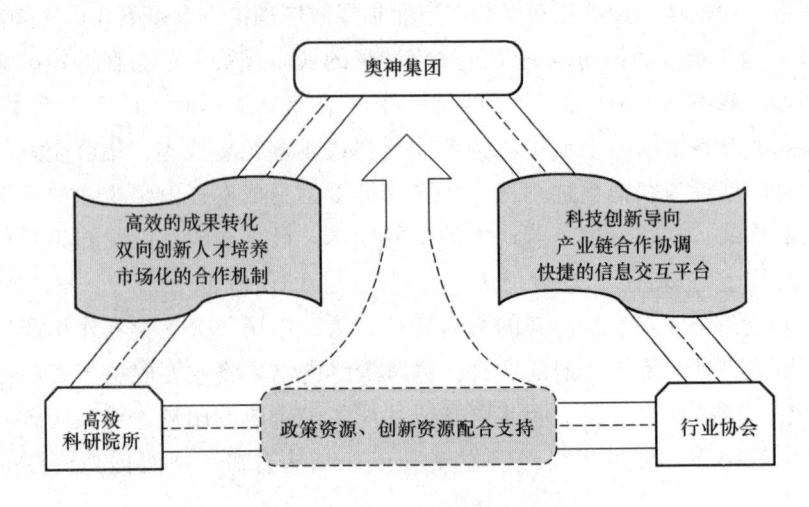

**图 1　产学研合作体系参与运行的主体**

（2）高校和科研院所。主要利用其人力、智力资源优势和设备优势，与集团共同进行技术研发或项目实施，通过与集团建立长期稳定产学研体系中的合作关系，建立共同研发平台，为各项技术开发和项目实施工作提供硬件支撑，共同组成高素质的研发团队，有效推进产学研的技术创新和合作项目实施。

（3）行业协会。在产学研体系的运行中，行业协会承担着引导、协调、推动和支持的义务，如制定激励、优惠政策和约束机制，使得各主体的合作热情提高，机制渐趋完善。行业协会的作用主要体现在四个方面：第一，协调推动，即运用计划资源调控产学研各主体要素，协同推进技术创新和项目合作，同时，调解运行过程中的摩擦与冲突；第二，政策支持，即通过制定必要的经济政策、产业政策鼓励、支持、引导、规范企业和高校科研院所的合作，联手推进产学研平台的长期有效运行；第三，通过特色专项，提供必要的资金支持；第四，建立快捷的信息交互平台，协调上下游产业链企业进行合作，促进新产品、新技术的产业化应用进程。

**2. 奥神集团产学研体系的重点内容建设**

产学研体系的运行和创新的重点内容主要包括进行产业化项目合作研发、共建研发平台、共建公共技术服务平台、科技创新资源共享等，具体参见图2。

（1）进行产业化项目合作研发。项目合作研发是产学研创新体系的核心部分，集团通过创新项目研发模式，创造性地采取多元化的项目合作研发模式，充分整合产学研多方资源，实现产学研合作项目效益最大化。

研发项目内容的多元化，合作研发项目由单一的产品中试及产业化研究，

```
产学研合作体系创新重点内容
├── 产业化项目合作研发 ── 多元化项目合作研发模式
├── 共建研发平台
│   ├── 自建：江苏省企业技术中心和江苏省氨纶弹性纤维工程技术研究中心
│   └── 共建：聚酰亚胺纤维工程技术研究中心、高性能纤维应用研发平台
├── 共建公共技术服务平台
│   ├── 纤维新材料研究院
│   └── 技术创新战略联盟
└── 科技创新资源共享 ── 共享仪器设备、技术、人力资源等
```

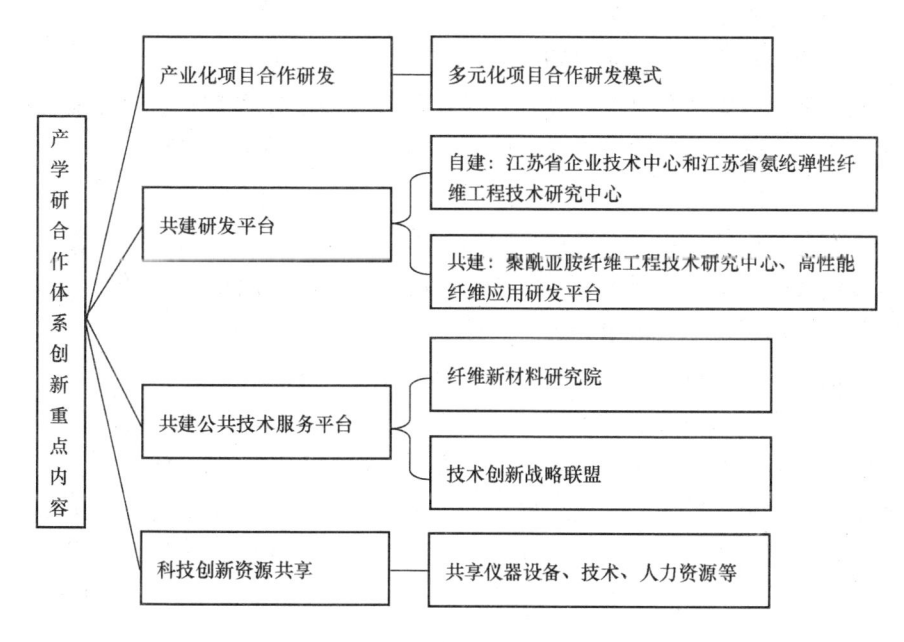

**图2　产学研合作体系创新的重点内容**

向更广范围延伸，在初期单一的高性能纤维新品种研发基础上，与合作方进一步拓展研发领域，向企业生产及产业链项目研发渗透；项目实施主体选择多元化，根据项目性质，综合各种因素，选择最适合的产学研合作单位完成项目研发，保证项目完成的效率和质量；项目研发成果应用形式多元化，多元化的成果应用形式，可以充分挖掘项目价值，实现利益的最大化。奥神集团如此创新的多元化项目合作研发模式，实现集团对固定高校院所、科研单位点对点或点对面的有效合作，其研发项目内容包括纤维生产工艺技术优化提升研发、纤维改性技术研发、纤维后道应用研发等方面，内容涉及产业链的各个环节，实现了全方位的项目合作研发。新产品的产业化转化、企业生产线工艺优化及技术改造、技术服务转让和技术储备的形势，将研发成果成功转化为现实生产力。

2012年，集团全资子公司江苏奥神新材料公司、东华大学，联合长春高崎公司、长春应化所共同申报并承担国家科技部863计划项目——"高强高模聚酰亚胺纤维制备关键技术"。目前研究已经取得阶段性成果，产品的拉伸强度已达到3GPa，初始模量达到140GPa，极限氧指数38，已经接近于研发目标值。2013年，江苏奥神新材料公司与东华大学联合承担江苏省科技成果转化专项资金计划项目——"高温过滤及特种防护领域用聚酰亚胺高性能纤维研究及产业化"，合作研发并突破了稳定聚合原液制备、高质量原丝纺制、环化拉伸一体

化、全套设备研发等一系列关键技术。

（2）共建研发平台。集团通过自建、产学研共建方式建立了多形式、全方位的研发平台。集团自建了江苏省企业技术中心和江苏省氨纶弹性纤维工程技术研究中心，这两大研究中心是集团开展自主创新工作的主战场，也是产学研合作研发工作的重要平台。

在选择合作单位方面，奥神集团极为慎重。奥神集团要求合作单位应在高性能纤维及其复合材料产业研发方面具有技术、人才和科研条件优势；而且，双方都有共建研发平台需求，即平台能实现双方资源充分互补，且前期在项目研发方面已有一定的合作基础；在此基础上，奥神集团与合作单位才会确立平台长期研发方向及规划，建立长期稳定的合作机制，保障平台运行的规范性、长效性。在与合作单位合作期间，奥神集团坚持"互惠互利、优势互补、合作共赢、共同发展"的原则。平台建设地点为双方研发机构所在地及集团参控股企业。集团提供资金、工程化人才资源，负责工程化建设以及设备购置。合作单位主要提供技术及人才资源，负责研发设备、原料试剂、生产工艺技术方案，并配合辅导设备的管理与使用。管理方面，奥神集团负责平台日常管理，并负责研发方向制订及研发项目确立，投入研发经费。高校、科研单位以创新人才、领先的技术成果加盟，形成"人才＋技术＋资金"的产学研结合模式。这样创造性的管理运行模式，使平台研发工作更为有序，运行效率显著提高。

经过多年合作经验积累，集团在共建研发平台方面取得了良好的成绩，2013年8月，集团与东华大学签订了合作共建"连云港—东华聚酰亚胺纤维工程技术研究中心"协议书，深化产学研合作，为集团技术创新注入了新活力，对于引领我国聚酰亚胺纤维产业发展意义重大。2013年9月，集团联合江南大学、江苏省产业用纺织品行业协会合作共建"高性能纤维应用研发平台"。平台主要开展碳纤维、超高分子量聚乙烯纤维、聚酰亚胺纤维等高性能纤维产品应用设计、技术研发及测试，满足更高、更广的国内外市场需求，有力地推动了高性能纤维行业科技创新与产业转型升级。

（3）共建公共技术服务平台。集团作为连云港市国有资产工业投资平台，以及国家高性能纤维材料产业研发制造示范基地，承担着连云港地方经济发展与高性能纤维行业转型发展的双重责任，履行好社会责任是实现集团愿景——"责任奥神"的必然要求。合作高校同样也承担着为国家经济和社会发展、行业技术进步服务的重要责任。

2013年，集团积极推动公共技术服务平台创建，与连云港市政府、连云港科技创业城积极沟通，规划引入东华大学、江南大学等高校在连云港科技创业城设立"连云港纤维新材料研究院"。最大限度地集成各方面的优势资源,开展纤维新材料新品开发及生产技术提升研究服务工作,为产业发展提供了强有力的人才支撑。另外,奥神集团还积极与连云港市科技局、相关高校院所、科研单位以及行业内企业沟通交流,筹建"江苏省高新纤维产业技术创新战略联盟",谋求联盟企业、高校及科研院所的优势资源互补,促进联盟成员的自身发展及相关产业的振兴。

(4) 科技创新资源共享。高性能纤维材料属于高新技术行业,很多关键技术受制于发达国家的技术封锁。在技术创新过程中,为保障创新工作顺利开展,解决技术瓶颈难题,需要全面的科技创新资源支撑。为集团的高层次人才、研发检测设备及科技、市场信息等创新资源相对不足的难题,奥神集团不断加强产学研合作模式的基础上,充分引入各类外部创新资源,为自身产业发展服务。

奥神集团先后与东华大学、江南大学、江苏省高性能纤维质量监督检验中心、江苏省产业用纺织品行业协会等签订合作协议书,明确集团在新产品、新技术研发过程中可以共享人才及实验仪器设备资源,节省了检测费用及研发时间,工作效率显著提高,仅仅三年,集团节约各类检测及技术服务费用已高达600万元。

**3. 奥神集团产学研体系的运行保障机制**

产学研合作体系的运行保障机制包括人才引进与合作培养机制、职责分工及权益分配机制、有效激励机制、管理创新机制等,参见图3。

(1) 人才引进与合作培养机制。人才是产学研合作各项工作的实施主体,人才发展环境的优化,有利于激发创新创造活力。奥神集团也高度重视人才引进与人才培养工作,不断优化人才发展环境,科学培养人才,努力激发人才的创新活力。

为此集团制定了集团"十二五"人才发展规划、柔性引进高层次人才管理办法、股权激励方案等制度,科学系统地规范人才引进与成长环境,使人才工作符合市场化要求。集团的人才引进包括三种形式:一是高层次兼职人员引进,担任项目技术负责人或顾问,一般为领域内学科技术带头人;二是依据岗位需求,从合作单位引进全职技术人员,此类人员除专业能力强外,一般参与过集团项目研究,能快速胜任工作;三是柔性引进人员,主要为承担招标项目的技术团队,签订劳务协议实施项目研发,项目完成后合同终止。

(2) 职责分工及权益分配机制。制定规范的职责分工及权益分配机制。奥神集团坚持公平、共赢原则,制定科学规范的职责分工产学研权益分配机制。在职责分工上,充分发挥双方优势条件,明确职责义务,团结协作完成项目研

```
                                    ┌─ 优化人才发展环境
                   ┌─ 人才引进与合作培养机制 ─┼─ 建立创新人才制度
                   │                └─ 人才引进与培养形式多元化
产                 │
学                 │                ┌─ 规范的职责分工及权益分配机制
研                 ├─ 职责分工及权益分配机制 ─┤
体                 │                └─ 长期有效的互信机制
系                 │
的                 │                ┌─ 待遇优化机制
运 ────────────────┼─ 有效激励机制 ───┼─ 创新人才培养和输送机制
行                 │                └─ 完善考核激励制度
保                 │
障                 │                ┌─ 可持续发展的常态工作机制
创                 └─ 管理创新机制 ───┼─ 独具优势的创新创业平台
新                                  └─ 和谐的人文环境和企业文化氛围
机
制
```

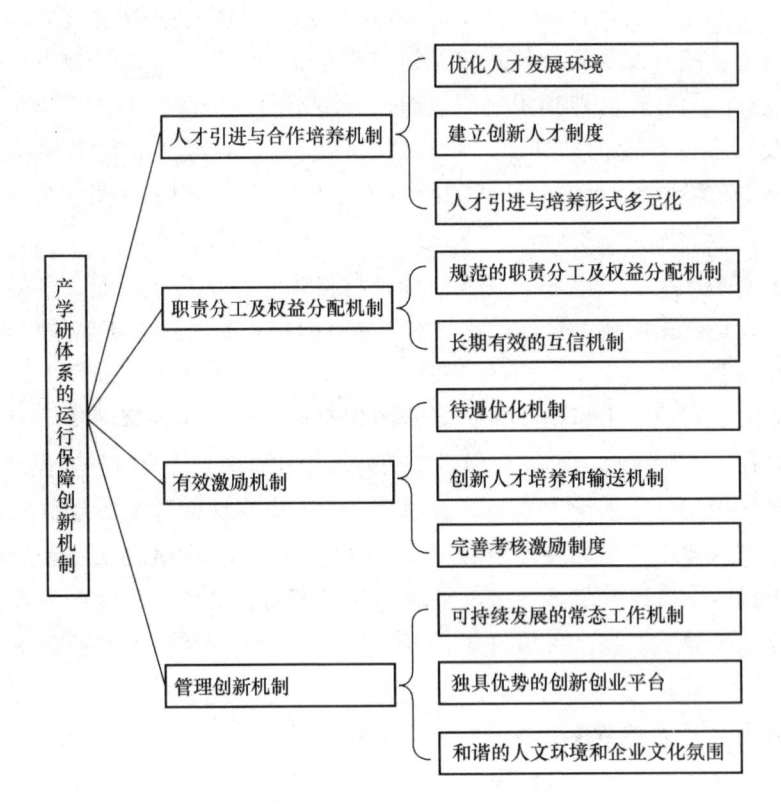

**图 3　产学研合作体系的运行保障创新机制**

究。在权益分配上，采取多元化的分配方式，保障产学研合作的稳步、持续发展。通过签订协议约定收益分配内容，对于资金收益，按协议比例分配；对于科技成果，则根据双方意向，采取直接无偿转让给集团，双方共有，或者向第三方转让，转让收益双方合理分配等方式。

建立长期有效的互信机制。高性能纤维研究与产业化并非易事，各项工作不可能百分之百成功，集团对于产学研合作过程中不可避免的失败保持宽容态度，与合作方相互理解、相互支持。在相互理解的基础上，集团与合作单位建立了互信机制，形成了互信文化，使双方进行广泛、深入的产学研合作成为可能，保障了产学研合作的可持续发展。

（3）有效激励机制。集团针对产学研人才引进与培养政策，制定了有效的激励机制。一方面，为了给新进人员提供具有竞争优势的薪酬待遇，奥神集团为特殊引进人才提供了人才安置房、住房津贴、政府优惠购房待遇以及申请人才引进专项补助资金。另一方面，集团与高校和专业培训机构合作，建立了不同层面人才的培养合作机制。

不仅如此，集团内部也会根据不同岗位建立差异化考核评价标准，考核结果与月薪酬、年绩效、股份期权、员工个人职业生涯发展挂钩。集团每年设立 300 万元创新资金，用于集团内部重大科技成果、管理创新成果的奖励。制定知识、技术、管理、技能等生产要素，按贡献参与分配的办法，对高层次人才、高技能人才，推行股权、期权等中长期激励制度。

(4) 管理创新机制。奥神集团领导高度重视产学研合作，建立了合理有效的创新激励机制，以人才扶持资金、特殊人才薪酬补贴、股权、期权等各种激励方式，调动各方积极性，保障产学研合作的长期性、有效性。

奥神集团还致力于创新创业平台建设，先后建成 1 家省级科技创业园、3 家省级高新技术企业、1 家省级认定的科技孵化器。各类平台为高校培养研究生、博士生等提供专业实践场所、中试研发设备以及大型产业化设备，并安排工程技术人员对其提供技术培训与指导，提高高校人才培养质量。高校发挥师资优势，为集团开展人才培养和专业技能培训，提升集团人才的专业理论及技术水平。

和谐的人文环境和企业文化氛围是奥神集团企业进步的无形的驱动力，集团注重人文关怀，关心和爱护企业职工，努力为给员工努力创造一种"家"的氛围。坚持感情留人、事业留人，是奥神集团的用人原则，而这样的原则培养了职工正确的职业健康心态、健康人格，增强了员工对事业的责任感和对企业的归属感。

## 四、产学研技术创新体系的实施效果

江苏奥神集团通过不断贯彻和完善企业主导型产学研创新发展模式，真正形成了一套适合自身发展的创新体系。这套产学研创新发展模式的实施，使奥神集团充分利用了外部资源，取得了显著的效果。

### 1. 提升了企业的自主创新能力

多年来，集团坚定不移地完善学研相结合的技术创新模式，成功与东华大学、江南大学、江苏省高性能纤维质量监督检验中心、江苏省产业用纺织品行业协会等高校院所、科研机构建立了稳定的合作关系。使得企业的自主创新能力得到不断提升，集团市场竞争力及行业地位显著提升。2012 年，被中国化学纤维工业协会、国家纺织化纤产品开发中心，联合授予全国唯一的"国家高性能纤维材料产业研发制造示范基地"。

目前，集团已拥有的省级企业技术中心、聚酰亚胺纤维工程技术研究中心、碳纤维工程技术研究中心等研发平台，处于同行业的领先地位。

### 2. 取得了一系列显著的创新成果

集团在前期东华大学基础研究的基础上，进行产学研联合攻关，成功实现国际首条干法纺聚酰亚胺纤维生产线顺利投产，提升了技术水平的同时，培养了一支聚酰亚胺纤维研发及生产的专业技术团队。通过产学研合作，集团参股公司中复神鹰碳纤维有限责任公司，经过4年研发，率先在国内突破干喷湿法聚丙烯腈基高性能碳纤维生产工艺，建成SYT45（相当于日本东丽T700级）高性能碳纤维生产线。现阶段，中复神鹰是我国唯一一个、也是世界上第三个攻克干喷湿纺碳纤维工艺难题的企业。

产学研的创新合作模式，使集团研发实力明显增强，近几年研发投入占比平均达6%以上，科技人员占比超过25%，科技创新人才的梯队建设正逐步完善。近三年，集团承担的省级以上科技计划项目8项。拥有国家战略性创新产品1个，国家重点新产品3个，省级高新技术产品5个，通过省级以上新产品新技术鉴定5项，十余项新产品获得江苏省纺织技术创新奖。集团拥有授权专利33项，其中发明专利11项，参与制定国家及行业标准5项。

### 3. 推进了产业转型升级

集团通过创新管理机制，构建产学研合作创新体系，增强了企业整体的创新研发实力，提升了新产品、新技术研发成功率以及效率。集团产业转型升级步伐加快，顺利实现从"老三丝"（涤纶、丙纶、氨纶），到"新三丝"（聚酰亚胺纤维、超高分子量聚乙烯纤维、碳纤维）的转型升级。

### 4. 创造了显著的经济效益和社会效益

近几年，化纤行业景气度较差，高性能纤维产业在初创期面临较大的市场风险，多数企业未能实现盈利。通过创新管理机制，推进产学研合作，集团高性能纤维产业得到了快速发展。仅2013年，新产品的产值率就达到61.5%，同时新增就业岗位300余个。

综上来看，江苏奥神集团通过对产学研创新体系不懈建设和科学运作，已经成为国内产学研技术创新体系道路探索中领先的开拓者，并在高性能纤维材料产业发展方面取得了显著的成效。奥神集团的产学研体系是在长期的横纵向合作和技术创新中的经验积累，是一套科学、完整、可复制的创新管理体系。该产学研体系为我国高性能纤维企业管理和创新提供了成功的范例，对于提升我国高性能纤维企业研发能力、管理能力、成果交流推广有积极意义，对于促进行业发展，提高行业国际竞争力具有较高的实践应用价值。

# 纺织品生态安全风险防范体系的建设与实施

——山东南山纺织服饰有限公司

> 企业的核心理念就八个字：空谈误事，实干兴业。

董事长 赵 亮

山东南山纺织服饰有限公司（以下简称"南山纺织"）成立于2007年，注册资本3725.5万美元，员工8000余人。主营业务为毛精纺呢绒面料和高档服装，年产高档精纺呢绒3000万米、高档西服500万套，是全球规模最大的精纺紧密纺面料生产基地，拥有现代化的高档西服生产基地。南山纺织致力于打造全球最完善的纺织服装产业链，目前已形成了从羊毛原料到毛条、染色、纺纱、织造、后整理、成品面料再到高档服装的完整的产品研发、生产与服务体系。完善的纺织服装产业链为设计创造了更大的空间，每一个环节都可以进行产品创新，将有利于产品的个性化化设计，提高本公司的产品差异化；同时，也有利于成本的控制。但是，对企业的管理也提出了很高的要求。比如：当国内外纺织品消费安全面临严重形势时，就要考虑更多影响纺织品消费安全的风险管理因素，不仅要考虑上游供应商的控制问题，也要考虑自身清洁生产的问题，还要考虑下游客户的消费需求变化问题。南山纺织为了公司持续健康发展，在准确识别这一系列问题后，建设与实施了纺织品生态安全风险防范体系。

## 一、南山纺织关于该体系建设与实施的背景

### （一）纺织品消费安全形势严峻

随着人们对生活品质越来越高的要求，纺织品的消费品安全问题，也被提

升到前所未有的高度。国际市场上，我国纺织服装类产品在欧盟 RAPEX 系统召回通报中所占比重不断上升。2010 年为 26.46%，通报的原因主要是不符合欧洲相关标准和法规，包括儿童服装上的抽绳长度超标，以及化学品超标，违反了 REACH 法规等。这些事件使南山纺织意识到：无视消费者权益就会被市场淘汰，纺织品生态安全与消费者权益息息相关，安全领域无小事。

### （二）中国出口纺织品遭遇多重技术性国际贸易规则

随着经济全球一体化进程加快和全球纺织品贸易自由化的实现，技术性贸易标准已经取代传统的贸易壁垒，而成为目前纺织品国际贸易中新的规则。

（1）欧共体第 76/769/EEC 号指令，即《对某些危险物质和制剂的销售和使用的限制》，该指令限制的有害物质非常多，大多为无机或有机化学物质。

（2）美国的《消费品安全改进法令》，即 CPSIA。

（3）日本纤维产业联盟自律标准。

（4）加拿大的 PFOS 法规。

（5）挪威的 PoHS 法令等。

欧盟 REACH 法规，于 2007 年 6 月 1 日正式实施。其对中国纺织业最大的影响是增加了纺织品服装出口的风险，其次是提高了化学品的价格，增加行业成本。REACH 法规目前已不断深入实施，欧盟客户对中国纺织企业提出的生态安全标准不断升级，对纺织品中的物质信息传递要求也越来越细致。

### （三）南山纺织的上游供应商资质良莠不齐

南山纺织的产业链环节多，涉及制条、染色、纺纱、织布、后整理等多个制造环节和工序。在这些环节中，需要外购或部分外购的原材料的种类，相应地也是品类繁多。涉及的供应商众多，这些供应商既有知名的国际供应商，也有很小的化工厂，其资质水平参差不齐，供给南山纺织的原材料的生态安全性难以保证。

客户对产品的要求不同、消费者的消费习惯也会发生变化，多重贸易规则，业务链多且供应商繁杂，这些上游和下游环境的变化都给南山纺织带来很大的风险。

## 二、关于该体系建设与实施的理论和实践

风险一词最初指不确定性。风险概念的早期提出者海恩斯（美国）认为"风险在经济领域和其他学术领域中并无任何技术上的内容，它意味着损害或损

失的可能性，如果某种行为具有不确定性，则该行为就承担了风险。"另一学者奈特认为"风险是可预测的不确定性"。1983年，日本学者武井勋认为"风险是特定环境中和特定期间内自然存在的导致经济损失的变化"。纺织品生态安全风险是指在纺织品生态安全方面存在的导致企业经济损失的变化。企业要想在严重的标准威胁和激烈的市场竞争中获得生存和发展，就必须要控制和管理外部市场环境和内部管理运营所遇到的各种风险，进行风险管理活动。美国国防部（DOD）认为风险管理是"处理风险的行为或实践，它包括风险计划、估计（辨识和分析）风险区域、制订风险解决方案、监督风险事件以确定风险估计值的变化，并且归档整体风险管理方案。"国内学者陈秉正将风险管理定义为"风险管理是通过对风险进行识别、衡量和控制，以最小的成本使风险损失达到最低的管理活动。"一般来说，风险管理基本包括以下四个步骤：一是识别导致企业损失的风险；二是选择合适的风险管理方法；三是实施风险管理方法；四是对该风险管理方法的实施情况和适用性进行持续性的监督。风险管理方法大致可以分为三类：风险应对、风险控制和内部风险抑制。风险防范属于风险控制类型，是有目的、有意识地通过计划、组织、控制和检察等活动来阻止风险损失的发生，削弱损失发生的影响程度，以获取最大利益；目的是：使风险行为变得更安全并且降低风险事件的发生频率和损失程度。纺织品生态安全风险是指在纺织品生态安全方面存在的导致企业经济损失的变化；其中，纺织品生态安全是指在现有的科学技术水平下，纺织品由对周围环境无害或少害的原材料制成，对人体健康无伤害。纺织品生态安全风险防范体系是南山纺织准确识别企业所面对的各种影响纺织品消费安全的风险后，进行风险管理而提出的应对策略，它是南山纺织为了预防纺织品生态安全方面存在的变化，而导致企业经济损失的发生，从而建立起来的一个体系，是一种以预防为主的质量管理方法。

　　南山纺织在生态安全方面遇到的风险就是：纺织品消费安全形势严峻，中国出口纺织品遭遇多重技术性国际贸易规则，南山纺织的上游供应商良莠不齐、急需整合。准确识别风险后，南山纺织根据自身情况选择了风险管理的方法——建设并实施纺织品安全防范体系。南山纺织早在2007年开始建设并实施该体系，是国内较早建设并实施适合自己企业的纺织品生态安全风险防范体系的纺织企业。我国纺织工业"十二五"发展规划中强调要加强纺织标准体系及生态纺织品标准的建设。所以，越来越多的纺织服装企业都在建设自己的纺织品生态标准，但是很多企业在认证方面还不够全面、系统，难以得到国际市场的认可。

## 三、南山纺织建设与实施该体系的内涵

南山纺织为了保障纺织品的生态安全性，根据自身在 REACH 法规中的角色定位，决定进行系统性的、持续性的纺织品生态安全防范体系建设和实施。纺织品生态安全防范体系是南山纺织有目的、有意识地通过计划、组织、控制和检查等活动来阻止纺织品生态安全方面存在的导致企业经济损失的发生或削弱损失发生的影响程度。其直接目标是通过打造生态供应链，来降低纺织品生态安全风险，确保消费者安全和出口顺畅；根本目标是使南山纺织与上游供应商、下游顾客等各利益相关方建立起和谐共生的供应链关系，从而使得企业真正走上生态发展、和谐发展、可持续发展之路。南山纺织从 2007 年开始建设并实施该体系，是国内较早进行该体系建设和实施的纺织企业。纺织品生态安全风险防范体系的体系建设与实施内涵如下。

通过把下游客户标准和国际市场标准准确传导至上游供应商，使全部供应商均以南山纺织的市场标准为标准，向南山纺织提供符合相关生态安全标准的染料、助剂、纤维、纱线等原材料。南山纺织使用供应链上供给的优质原材料，制造出符合国内外市场安全标准的纺织品供给客户，并积极主动通过国际市场纺织品生态安全标准认证，以最大限度降低产品安全风险，满足顾客消费安全需求，使得南山纺织与供应商和顾客处于一种生态和谐的共生关系之中，全部供应链企业，均得到可持续发展。体系建设实施内涵如图 1 所示。

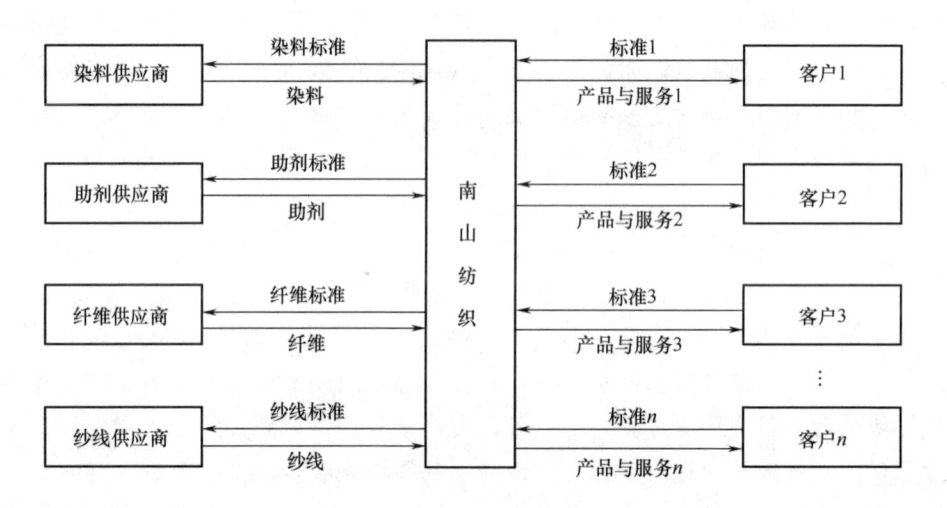

**图 1　体系的建设与实施内涵**

## 四、南山纺织建设与实施该体系的具体方法

南山纺织根据自身在纺织产业链物质信息传递中的角色,确定了纺织品生态安全风险防范体系的整体思路:上游以打造生态供应链为目标,加强对全部原辅材料的生态安全性能控制;中间加强企业自身的清洁生产和安全标准建设,通过主要的国际市场标准认证,获得进入国际市场的通行证;下游供给客户符合其市场生态安全标准的纺织品并积极为客户传递真实的化学品使用信息。主要做法如下。

**1. 评估存在生态安全风险的主要目标市场并根据相应标准确定体系建设的内容**

(1) 评估出口纺织品存在生态安全风险的主要目标市场。南山纺织的海外市场遍布欧盟、北美、南美、非洲、澳洲、日韩、东南亚、中东、俄罗斯等全球各地。近年来,根据市场调研和客户反映,来自欧盟各国、美国、加拿大、日本等海外客户对纺织品生态安全的标准要求越来越严格,且这些国家和地区还在不断出台新的纺织品贸易法规,使得南山纺织出口到这些国家和地区的纺织品面临风险,对南山纺织的对外贸易构成严重威胁。

(2) 确定要达到的国际市场纺织品生态安全标准。在上述国家和地区的市场上,与纺织品生态安全有关的标准和法规,主要是欧盟的 REACH 法规、全球生态纺织品标准 Oeko-tex Standard 100、全球有机纺织品标准 Global Organic Textile Standard、日本纤维产业联盟不使用特定偶氮染料行业自律标准等,涉及的纺织品生态安全指标涵盖重金属、有机氯载体、可释放芳香胺染料等几十类。只要达到了这些国际标准,同时,也完全能够满足国内要求。

(3) 确立体系建设的目标框架内容。南山纺织是基于能够满足欧盟 REACH 法规的最高级别安全标准,而建设纺织品生态安全防范体系的。目前该体系主要包括 REACH 法规应对体系、APEO 有害物质来源控制体系、Oeko-tex 标准下的全球生态纺织品体系、GOTS 标准下的全球有机纺织品体系、符合日本纤维产业联盟标准的中国纺织工业联合会白名单资质建设体系五个分体系。如图 2 所示为南山纺织的纺织品生态安全防范体系建设与实施的目标框架内容。

**2. 以纺织品生态安全国际标准为标准打造生态供应链**

(1) 排查南山纺织全部原辅材料和相应的供应商。南山纺织实行产业链运作模式,生产流程包括了毛精纺行业的洗毛、制条、染色、纺纱、织造、后整理和成品检验等多个环节,这给控制纺织品成品的安全性能带来诸多不便,纺织品安全风险较大。为了切实做好纺织品安全,南山纺织纵向按照染料、助剂、纤维、纱线、辅材等进行了分类,横向按照不同供应商进行了汇总,摸清了南

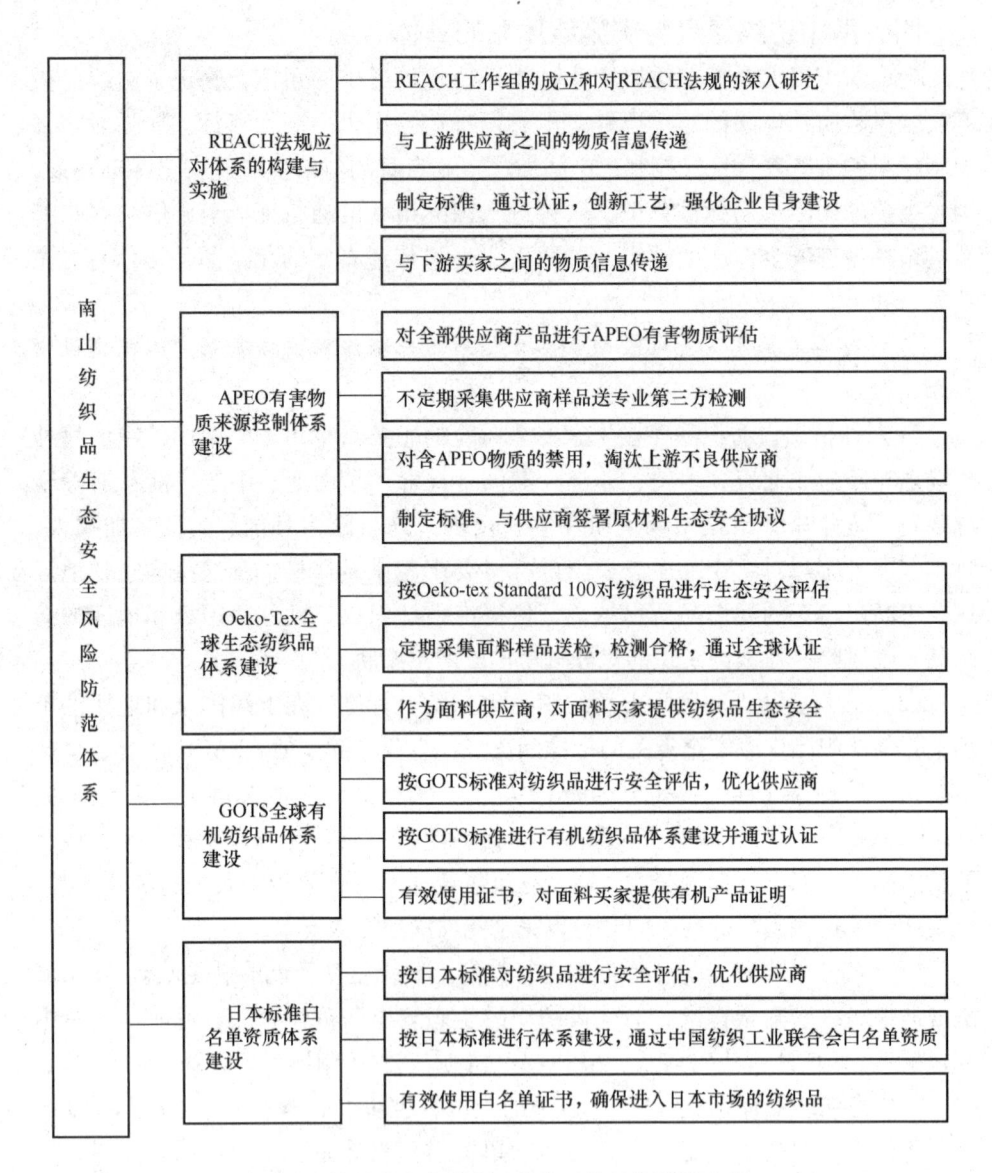

```
                        ┌─ REACH工作组的成立和对REACH法规的深入研究
          ┌─ REACH法规应 ─┼─ 与上游供应商之间的物质信息传递
          │  对体系的构建与 ├─ 制定标准，通过认证，创新工艺，强化企业自身建设
          │  实施         └─ 与下游买家之间的物质信息传递
          │
          │               ┌─ 对全部供应商产品进行APEO有害物质评估
南        ├─ APEO有害物   ├─ 不定期采集供应商样品送专业第三方检测
山        │  质来源控制体系├─ 对含APEO物质的禁用，淘汰上游不良供应商
纺        │  建设         └─ 制定标准、与供应商签署原材料生态安全协议
织        │
品        │               ┌─ 按Oeko-tex Standard 100对纺织品进行生态安全评估
生        ├─ Oeko-Tex全球 ├─ 定期采集面料样品送检，检测合格，通过全球认证
态        │  生态纺织品   └─ 作为面料供应商，对面料买家提供纺织品生态安全
安        │  体系建设
全        │
风        │               ┌─ 按GOTS标准对纺织品进行安全评估，优化供应商
险        ├─ GOTS全球有   ├─ 按GOTS标准进行有机纺织品体系建设并通过认证
防        │  机纺织品体系 └─ 有效使用证书，对面料买家提供有机产品证明
范        │  建设
体        │
系        │               ┌─ 按日本标准对纺织品进行安全评估，优化供应商
          └─ 日本标准白   ├─ 按日本标准进行体系建设，通过中国纺织工业联合会白名单资质
             名单资质体系 └─ 有效使用白名单证书，确保进入日本市场的纺织品
             建设
```

**图2　纺织品生态安全防范体系的目标框架内容**

山纺织的整体原辅材料使用情况和供应商情况。

（2）进行原辅材料安全评估和第三方测试。南山纺织根据 REACH 法规、Oeko – Tex Standard 100、GB 18401—2010 等法规标准的最新版本，对所有原辅材料进行了安全性能初评，充分了解上游化工产品的名称、化学分子式、结构式、理化性能、稳定性和反应性、毒理性、生态性、危害处理、排放和运输等资料。通过评估筛选出了有安全风险的原辅材料送专业机构进行了甲醛含量、

APEO、PFOS/PFOA 等方面的测试。通过第三方测试全面掌握了企业所用原辅材料的安全状况，掌握了各种类化学品、各工序原辅材料、各供应商所供产品的全面的、详细的信息和数据，对非环保化学品予以弃用。

（3）严格筛选供应商，切断有害物质来源。南山纺织通过对全部原辅材料实行招标制，从企业资质、产品性能、安全性、环保性、生态性、价格、服务、社会责任状况等方面全面评价供应商，优选出可靠的合作伙伴，从源头上切断有害物质来源，有效降低南山纺织品生态安全风险，为纺织品安全打下了坚实基础。

（4）要求供应商提供全部化学品准确的 MSDS。向所有供应商索取每种化学品的 MSDS，是纺织品生产企业应对 REACH 的最直接方式，也是最基本最重要的要素。南山纺织会严格评判供应商提供的 MSDS 的真实性和准确性，对于提供的 MSDS 不真实不准确的，会要求供应商重新提供，或者弃用该化学品并淘汰该供应商。

（5）制定原材料进厂标准并向上游传递和执行。南山纺织根据实际并充分参考了 REACH 法规、Oeko – Tex Standard 100、日本纤维产业联盟自律标准、GB 18401—2010 国家纺织产品基本安全技术规范、重要客户纺织品生态安全标准等法规和标准，制定了进厂原辅材料生态安全标准，严格禁用和限用各类有害物质。在对染料、助剂、纤维、纱线等原料进行招标时，要求供应商确认他们的化学品达到南山纺织的标准要求，并签署承诺书，一旦发生纺织品安全问题，供应商要承担责任。

通过以上措施，南山纺织在一定程度上整合了上游供应商，南山纺织及其所有供应链企业，在生态安全领域形成了利益共同体，共同应对和承担来自市场的生态安全风险。

**3. 做好信息传递角色，强化自身建设，通过相关认证**

在纺织品对外贸易中，南山纺织遇到的很多客户基于相互信任，不需要其提供认证证书或检测报告，但需要向其提供详细的物质信息清单，即面料使用了哪些种类的染料、助剂、纤维等，用量是多少，供应商是否有资质，提供各类化学品的 MSDS 等，这些信息对于客户而言是至关重要的，是欧盟国家的普遍做法，是客户必须履行的。在这种情况下，南山纺织必须有能力向客户提供准确的面料物质信息，以便于迅速向客户传递这种信息。南山纺织与上下游之间的纺织品物质信息传递关系如图 3 所示。

因此，对上游供应商，南山纺织督促其共同应对 REACH 法规等，及时向南山纺织提供相关原材料物质信息。对下游客户，南山纺织向其提供面料的化学

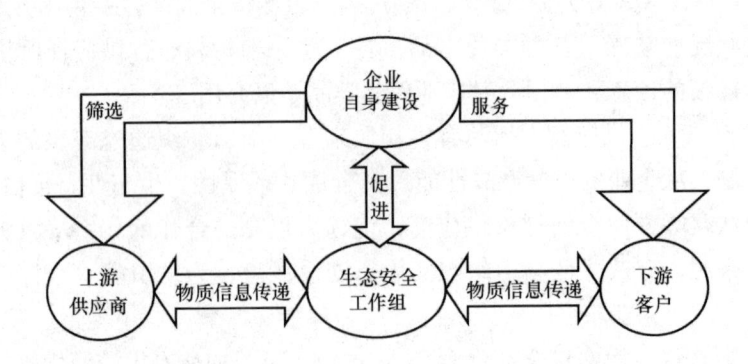

**图3　南山纺织与上下游之间的物质信息传递关系**

品使用等各类信息。

要想获得持续健康的发展，南山纺织意识到积极做好信息传递角色还不够，又把各国的纺织品安全法规等当作一种技术标准来严格要求自己。南山纺织参考了 REACH 法规、Oeko – Tex Standard 100 全球生态纺织品标准、GOTS 全球有机纺织品标准、日本纤维产业联盟自律标准、GB/T 26382—2011 精梳毛织品、GB 18401 国家纺织产品基本安全技术规范等标准，制定了科学合理的企业标准。努力推进企业的毛精纺产品，通过国际公认的生态安全认证工作，加强科技创新和工艺改进，在各工序推广清洁生产技术，努力试图从根本上确保南山纺织面料产品的生态、环保和安全性能。

**4. 建立出厂纺织品物质档案和信息化追溯平台**

随着信息时代的来临，信息在管理中的作用愈加明显和重要。南山纺织为确保制造的每一匹面料都具备物质安全可追溯性，利用先进的信息技术，在 ERP 系统中创建了纺织品物质档案查询服务平台。截至 2013 年年底，该平台已全面建成。纺织品的物质档案包含了面料在生产加工过程中的每一个环节，所用到的原料和染化料产品名称、用量和供应商等信息。一旦下游客户反馈出现面料安全问题，南山纺织可以快速地查询其物质档案并能够准确定位其问题所在。纺织品物质档案的建立，能使南山纺织销售出的每一匹面料，其物质信息和生态安全都具有可追溯性。

在知道某一面料的大批号的条件下，南山纺织通过 ERP 系统可以迅速追溯到所用原料的批次及相应供应商等信息。

追溯查询示例：查询大批号为 TE140025 面料的原料信息。

第一步，在查询系统中选择"大批号"输入"TE140025"，确认后显示：该面料的原料为羊毛/涤纶/导电纤维，点击色号为 1 的毛条，显示出该原料的唛头号（批号）为 DH1527-1。界面如图 4 所示。

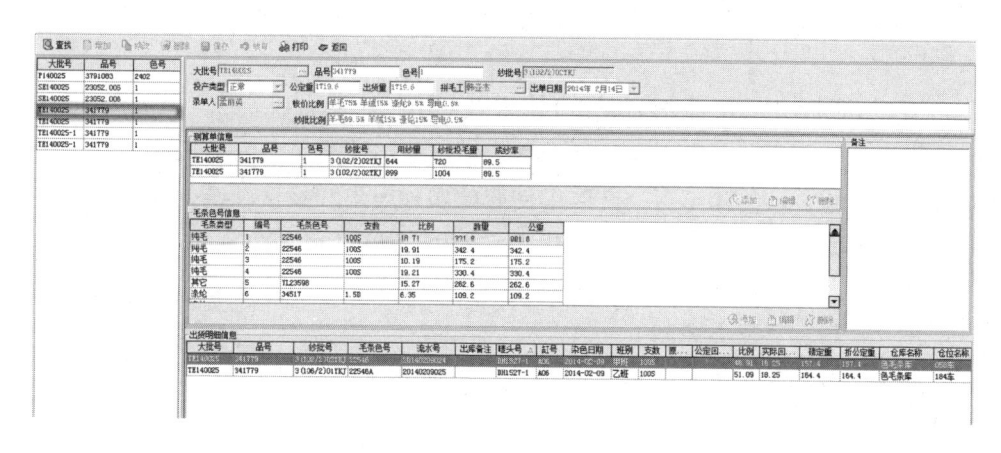

**图 4　面料使用的原料档案查询界面**

第二步，原料查询模块中，通过输入某种信息，可立即查询到唛头号为 DH1527-1 的羊毛信息，包括入库时间 2014 年 1 月 10 日、规格（羊毛细度）100S（公支）、供应商百达凯等信息。该界面如图 5 所示。

**图 5　原料（与供应商关系等）信息追溯查询界面**

### 5. 建立纺织品生态安全事件应急处置机制

（1）成立纺织品生态安全事件应急处置小组。虽然做了风险防范措施，但是也不能保障纺织品安全事件一定不会发生。因此，南山纺织成立了纺织品生态安全事件应急处置小组。由总经理任组长，成员包括纺织品生态安全风险防范体系建设小组专家及核心成员、对外贸易部经理及业务员、客户服务部经理、供应部经理及采购员等。

（2）进行内部培训提升一般应对和应急处置能力。纺织品生态安全风险防范体系事关重大，一旦出现问题，具备强有力的应急处置能力就显得尤为重要。但这种能力不是轻易就具备的，必须建立在广泛的培训基础之上。体系建设的专家把取得的阶段性成果和体系建设的最新进展，向南山纺织的技术部门和业务部门进行通报和培训。让其他更多的业务骨干了解学习 REACH，了解应对该类问题的程序和方案，在直接面对欧盟客户时多一份从容和底气。

## 五、南山纺织实施该体系的效果及评价

南山纺织基于生态供应链进行全面、系统的纺织品生态安全风险防范体系的建设与实施，发展几年后，已取得良好的实施效果和经济社会效益，主要有以下几个方面。

### （一）实现了源头控制

通过该体系的建设与实施，南山纺织对所有原辅材料都进行了重新招标，筛选出了资质高、产品质量好、服务好、产品生态安全有保障的供应商，坚决淘汰了达不到要求的劣质产品和供应商。通过建设与实施该体系，南山纺织成功实现了基于生态供应链的源头控制。

### （二）获得重要市场国际通行证，降低了出口风险

在高质量的生态供应链的强力支撑下，南山纺织的纺织品生态安全水平已达到几乎所有重要国际市场的标准要求。连续 6 年通过 Oeko‑tex 全球生态纺织品认证、在国内毛纺织行业率先通过 GOTS 全球有机纺织品认证、在国内首批通过中国纺织工业联合会白名单资质认证。另外，建成了欧盟 REACH 法规应对体系，APEO 有害物质来源控制体系等关键的纺织品生态安全风险防范体系。这些体系的建成和持续稳定的实施，使得南山纺织的纺织品生态安全质量，不仅能够满足欧盟各国、美国、加拿大、日本等对纺织品生态安全有较高标准要求的海外市场。同时也能满足非洲、东南亚、中东、俄罗斯以及中国国内市场的要求。

### （三）客户和订单增加，经济效益显著

5 年来，公司因实施生态纺织品体系建设和生态供应链整合及客户宣传，而避免了许多订单损失，同时又新增了大量的客户和订单。由此新增的客户超过 150 家，绝大部分为欧、美、日客户。新老客户新增呢绒订单 950 万米，同时避免订单损失 400 万米，总计增加了 1350 万米呢绒的利润，利润额为 32791 万元。其中 2012 年新增订单 300 万米，避免的订单损失 90 万米，总计 390 万米，利润 9165 万元。具体增效产量和经济效益如图 6 和图 7 所示。

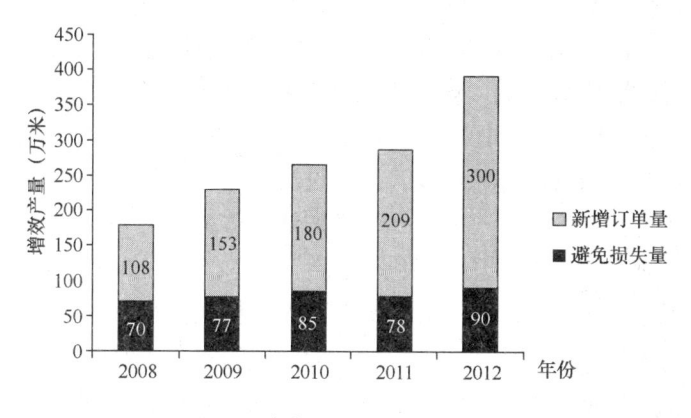

图 6　该成果实现的增效产量

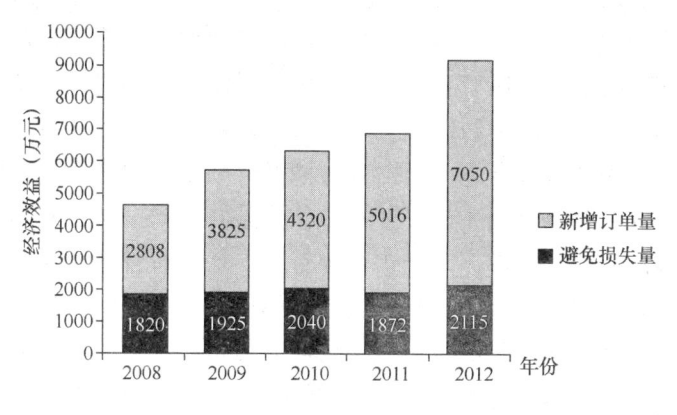

图 7　该成果实现的经济效益

### （四）南山纺织的品牌形象和行业地位得到了提高

在当前严峻的经济形势下，该体系的建设和实施确保了南山纺织的出口纺织品畅通无阻，提升了公司形象，使客户对南山纺织的产品更有信心。在包括该体系在内的管理体系的有力支撑下，使得南山纺织在中国纺织行业的地位得到了进一步巩固和提升。据中国纺织工业联合会 2013 年发布的统计结果，南山集团位居 2012 年度中国纺织服装行业出口 100 强第一位，2012 年度中国纺织服装行业主营业务收入 100 强第三位，南山纺织位居 2012～2013 年中国毛纺织行业竞争力 10 强第三位。

以上是南山纺织实施纺织品生态安全防范体系以来的情况，但是，企业的外部环境是不断发生着变化的，现在适合企业的管理方法，或许在未来不久就会失效，因此，企业必须对该体系的适用性进行持续性的监督。南山纺织意识到了这一点,并预测未来 5～10 年,全球经济形势和纺织品贸易必将发生更加深刻的变化,企业面临的纺织品生态安全问题将更加突出;于是,南山将在维持好原有创新成果的基础上,进一步做好纺织品生态安全的风险防范工作,以生产全球最安全的纺织品为目标,不断完善,接下来会强化以下方面的工作。

(1) 继续强化对既有体系的完善和建设。
(2) 努力开拓纺织品生态安全领域新的认证体系。
(3) 持续整合建设纺织品生态供应链。
(4) 不断推动更新纺织品和化学品生态安全标准化建设。
(5) 大力引进熟悉纺织品生态安全和国际贸易的专业化人才。

综上所述,企业是在一定的社会和经济环境中从事经营活动的,一旦外部环境发生改变,就要求企业在生产经营活动中进行相应的调整;南山纺织在国际化经营中,通过有效的信息搜集和整合,准确识别了企业所面对的各种影响纺织品消费安全的风险;其风险主要包括纺织品消费安全形势严峻、中国出口纺织品遭遇多重技术性国际贸易规则、南山纺织的上游供应商良莠不齐急需整合。准确识别风险后,南山纺织顺应时代潮流,主动承担社会责任,进行积极攻击型创新——进行风险管理,根据自身情况选择了风险管理的方法——建设并实施纺织品安全防范体系;建设并实施该体系时,南山纺织制订了一系列的直戳痛处的措施,主要按以下几个步骤进行:一是认清自己企业的业务概况和存在生态安全风险的主要目标市场,进行目标创新,确定了要达到的国际市场纺织品生态安全标准和体系的目标框架内容。二是以纺织品生态安全国际标准为标准打造生态供应链,进行了标准化的管理,对进厂原辅材料设立了生态安全标准和一些规范化的准则。三是做好信息传递角色、强化自身建设,通过一系列相关认证。四是建立出厂纺织品物质档案和信息化追溯平台。五是创新机制,建立了纺织品生态安全事件应急处置机制。这一系列措施实施发展五年来,企业取得了不错的业绩,南山纺织实现了源头控制保障了产品质量,获得了重要市场的国际通行证,大幅降低了出口风险,增加了客户和订单量,经济效益也显著增加;与此同时,南山纺织的品牌形象和行业地位也得到了很大的提高。南山纺织通过风险管理办法的实施,实现了全体供应链企业的协同合作,保障了纺织品贸易安全和消费者安全;不仅体现了中国纺织企业的社会责任,还为我国纺织行业发展和地方经济转型升级和可持续发展做出了表率和示范。在取得一定创新成果后,还得到不断创新、不断完善,这也是值得很多企业借鉴的地方。